U0057999

SPSS 就是這麼簡單

SPSS Demystified:
A Step-by-Step Guide to Successful Data Analysis

Ronald D. Yockey 著

陳正昌、簡清華 譯

本書各章所提到的網址 http://www.pearsonhighered.com/yockey/ 已修改為
http://www.routledgetextbooks.com/textbooks/9780205735822/student.php
請讀者多加注意

SPSS DEMYSTIFIED

A Step-by-Step
Guide to Successful Data Analysis

For SPSS Version 18.0

Second Edition

Ronald D. Yockey

California State University, Fresno

譯者簡介

陳正昌（序言；第 1 至 4 章；第 14 至 16 章；附錄；注釋）

國立政治大學教育學博士

國立屏東教育大學教育學系副教授

簡清華（第 5 至 13 章；注釋）

美國喬治亞大學數學教育博士

國立屏東教育大學數理教育研究所助理教授（退休）

序　言

　　毫無疑問，統計學是社會及行為科學領域學生最害怕的課程。當進入第一門統計課時，學生通常會對教材感到憂慮、害怕，或極度焦慮。雖然 SPSS 是相當容易使用的統計軟體，但是對於焦慮的學生而言，他們知道所要學習的不只是統計而已，也包含了新的軟體，而這看起來似乎是件不可能完成的工作。

　　因為清楚知道學生對統計學的焦慮（焦慮會影響表現），我在本書中加入許多特色，以減少學生對教材的焦慮，並讓他們在使用 SPSS 進行分析時有成功的經驗。以下為本書的特色。

本書的特色

　　首先也是最主要的，本書設計成使用者在閱讀每一章時，可以一邊使用電腦動手操作。我使用循序漸進的方式，以幫助讀者跟上腳步。從在 SPSS 中建立變數開始，到使用美國心理學會（American Psychological Association, APA）的格式撰寫結果，每一個 SPSS 的操作步驟都有畫面截圖，並使用外加的文字框以強調報表中重要的資訊。這些特色在於讓讀者於使用 SPSS 時感到親切友好並有成功的經驗，進而減少對教材的焦慮。書中的每個特色詳細說明如表 1。

　　除了表 1 說明的特色之外，每一章後面都有練習題，附錄 C 則有每個練習的解答。我鼓勵同學們完成練習，以獲得對統計學及 SPSS 更加精熟的經驗。

本書的內容及組織

　　本書的內容適用於統計學導論及研究方法課程、中等統計學，及研究所量化方法課程。本書涵蓋了統計學導論及研究方法課程中會包含的描述統計、t 檢定、單因子組間（獨立樣本）變異數分析、單因子組內（相依樣本）變異數分析、二因子組間變異數分析、卡方檢定、相關及迴歸等方法。對於中等統計學及研究所課程，第 9 章說明了較深入的二因子受試者間變異數分析，而多元迴歸、組間－組內（混合）變異數分析及信度分析，本書也都有專章。由

於每門課會有不同的教學內容，本書每一章都只說明單一的分析方法，因此教學者可以選擇最適合課程目標及學生需求的章節。

在內容組織上，本書分為兩個部分。第一部分介紹 SPSS 統計軟體（第 1 章），涵蓋描述統計（第 2 章），討論如何利用 SPSS 產生各種統計圖（第 3 章），並說明利用 alpha 係數以估計內部一致性信度（第 4 章）。第二部分涵蓋推論統計，包括：t 檢定（第 5-7 章）、變異數分析（第 8-11 章）、相關（第 12 章）、簡單及多元迴歸（第 13-14 章），及卡方檢定（第 15-16 章）。此外，附錄 A 及 B 也分別包含了資料轉換及匯入 Excel 檔案到 SPSS 中。

對於剛開始使用 SPSS 並選用本書以獲得特定統計方法協助的讀者，在閱讀完簡介的章節後，可以跳到有興趣的章節，跟著指引以正確輸入及分析你的資料。

表 1　本書的特色

特色	說明
資料分析的四個步驟	在每一章中，[a] 資料分析的過程都分解為四個容易跟隨的步驟，它們包含： 步驟 1：建立變數。有需要時則輸入數值註解。 步驟 2：輸入資料。說明資料檔的正確結構。 步驟 3：分析資料。說明如何使用下拉的 SPSS 選單進行正確的分析。 步驟 4：解讀結果。逐步對每個輸出結果之表格進行討論，並在第 4-16 章提供 APA 格式的撰寫範例。
畫面截圖	在每一章中都有一些畫面截圖，以幫助讀者在閱讀時能夠跟上步調。
外加文字框	使用外加文字框以強調重要資訊，在操作 SPSS 可能會遇到困惑時給予提醒（如，進行單一樣本 t 檢定時，在**檢定值**中要輸入什麼）。
研究問題、虛無假設及對立假設	對於每一個分析說明對應的研究問題、虛無假設及對立假設，以使資料及研究問題與感興趣的假設之間有更好的連結（適用於第 5-16 章）。
效果量	說明如何計算、陳述，及解釋效果量（投稿時，APA 建議應陳述效果量，而部分期刊則是強制要求。此適用於第 5-14 及 16 章）。
假定	說明每個推論統計程序的假定，及違反此假定對精確性的影響，以幫助讀者判斷資料是否符合他們感到興趣之統計程序的要求（適用於第 5-16 章）。

[a] 第 3 章不包含步驟 1 及 2。

本書使用的格式

　　就本書的格式而言，變數及重要的名詞，以小寫的**粗體字**表示。當提到特定的視窗、對話窗，或對話窗中的選項，則使用*斜體字*（**譯注**：考量易讀性，中譯本改為**粗楷體**）。當要輸入資訊到 SPSS 中（除了變數），同樣使用*斜體字*。

IBM SPSS/PASW 18 版（及早期版本）

　　雖然這一版的書是專為 SPSS 18 版統計軟體（也稱為 PASW Statistics）而寫，但是使用 17 版或更早版本的讀者在依照本書說明進行資料分析時，也應該不會感到困難，且能成功完成資料分析（**譯注**：使用較新的 SPSS 19-21 版也不會有困難）。本書所包含的統計方法，在 18 版中與 17 及 16 版非常相似，主要的區別在於 18 版採用不同的圖形。SPSS 16 到 18 版與早期版本的差異，在於對話窗中的按鈕位置互相調換了（此改變是從 SPSS 16 版採用 Java 為基礎的程序開始）。例如，在 18 版中，**確定**（*OK*）的按鈕是在對話窗的**左手邊**，而 15 版以下則在對話窗的**右手邊**。如果你使用 15 版或更早期的版本，只要記得按鈕位置改變了，就不會碰到任何的困難。另一項要留意的事與 SPSS 產生之輸出（瀏覽器）檔有關。15 版及更早版本的輸出檔，無法使用 16 版之後的 SPSS 開啟，除非從 SPSS.com 下載免費的早期版本瀏覽器（**譯注**：目前改為 IBM.com 了）。

致謝

　　我要對許多幫助完成本書的人致上謝意。首先，我要感謝多年來的學生，他們的許多疑問及回饋，讓我在教統計及 SPSS 時，知道「怎樣的教學才有效」的寶貴資訊。謝謝 Prentice Hall 的執行編輯 Jeff Marshall 熱情及持續對本專案的支持。謝謝 Prentice Hall 的組稿編輯 Jessica Mosher，她促使本書的第一版印行。我也要感謝對本書前兩版提供寶貴評論及建議的學者，他們是愛納學院（Iona College）的 Linda Refsland、北科羅拉多大學（University of Northern Colorado）的 Thom Dunn、艾德菲大學（Adelphi University）的 Carolyn Springer、聖約翰費舍爾學院（St. John Fisher College）的 Timothy Franz、休士頓大學（University of Houston）的 Joshua Priddy、密西根大學蒂爾博校區（University of Michigan-Dearborn）的 Dan Swift、佛羅里達大

學（University of Florida）的 Eve Brank、北卡大學夏洛特校區（UNC Charlotte）的 Arnie Cann、羅徹斯特大學（University of Rochester）的 Rafael Klorman、德州大學聖安東尼校區（University of Texas at San Antonio）的 Paul Westmeyer、佛羅里達大學的 Brian Stults、新罕布夏大學曼徹斯特校區（University of New Hampshire at Manchester）的 John Sparrow、加州州立大學沙加緬度校區（California State University, Sacramento）的 Jianjian Qin、德州大學聖安東尼校區的 James Dykes、德州農工大學（Texas A & M University）的 Meg Horner、密西根州立大學（Michigan State University）的 Robert Griffore、奧克蘭大學（Oakland University）的 Raymond Liedka，及 Katie Hartman。

　　雖然我已經盡力撰寫本書，以對 SPSS 分析資料的過程加以「揭秘」（demystifies），然而，最終仍需要各位來評斷我是否成功達到此目標。我衷心期盼本書能夠協助你成功完成分析及了解你的資料。請隨時與我聯繫（ryockey@csufresno.edu），提供任何對本書的回饋（請在信件的主旨上加上 *"SPSS Demystified"*）。

　　現在，各位已經知道在本書中我們將採用的方式以及涵蓋的內容，也該是開始動手的時候了。那麼，我們就開始吧！

Ronald D. Yockey

譯序與導讀

　　SPSS 無疑是國內目前使用者最多的統計軟體。而每年更新一個版本，也使 SPSS 的功能不斷增加。SPSS 的優點在於只要藉由選單選擇自變數及依變數（偶爾要加入共變量），並配合內定的選項，即可完成多數的統計分析。然而，如果沒有統計學的基礎，對於報表的解讀極可能有「臨表涕泣，不知所云」之感。

　　國內有關 SPSS 的著述可謂汗牛充棟，何以在這麼多優秀的書籍之外，我們還要費神翻譯此書？而在閱讀本書時，又有哪些需要留意的事項？以下是我們的說明與建議。

本書的特色

　　本書的特色在於循序漸進，使用 SPSS 統計軟體，配合建立變數、輸入資料、分析資料，及解讀結果等四個步驟，介紹研究者常用的單變量統計方法。

　　這本書雖然篇幅不多，但是提綱挈領說明多數學者及研究生會用到的單變量統計方法。對於分析所得的每一個報表都有詳細的解讀，並使用美國心理學會的論文格式撰寫簡要的結果。這對於初次利用 SPSS 分析資料的讀者有相當大的助益。

　　要言之，本書的特色在於使用精簡的敘述，配合各研究領域的範例資料，依據具體的 SPSS 操作步驟進行分析，及對報表進行詳細的解釋，同時，又不會增加讀者太多的負擔。

實際操作並做完練習題

　　要學會游泳的最好方式，就是跳到水中。同樣地，要學會使用 SPSS 分析資料，一定也要動手操作。

　　我們建議讀者根據書中的範例建立變數及輸入資料，並跟著書中的分析步驟實際操作，再將分析所得的報表與書中的解釋加以對照，相信一定可以很快同時掌握 SPSS 軟體及單變量統計方法。

每章後面，作者都提供二至三個練習題，其中第一題提供原始數據，讀者最好實際輸入一次，再進行分析。後面的題目則可以從原出版社的作者網頁下載（網址是 http://www.routledgetextbooks.com/textbooks/9780205735822/student.php，點選各章檔案即可），直接分析。各題的解答在附錄 C，建議讀者實際練習之後，再對照解答。

把握統計方法的適用時機

根據我們的教學經驗，學生也許將統計公式背得很熟，也了解每個統計方法的內容，但是卻不知道何時該使用這個方法。

本書第二篇的每一章，在一開始都會說明該方法適用的時機，也會整理成檢定的目的及資料要求之表格。建議讀者一定要詳細閱讀這個表格，如此就能掌握每種統計方法的適用時機。

留意統計方法的基本假定

每個統計方法都有其基本假定及限制，如果違反假定仍不予理會，就會做出錯誤的結論。

本書在每個統計方法的最後部分，都會詳細解釋該方法的假定，讀者一定要加以留意。作者也說明如果違反某種假定的可能影響，假使會嚴重影響統計的正確性，最好不要使用該種方法。

如果違反統計假定之後，應如何處理，或是否有其他替代方法，本書較少著墨。讀者可以再參考相關的統計著作。

兼顧統計及實務顯著性

多數研究者都會熟記，當 $p < .05$ 時，就達到統計上的顯著，但是，卻常常忽略了該結果在實務上是否有意義。例如，花了大筆經費使學生平均成績提高 1 分，或許有統計上的意義，但是實務上卻不見得有太大的意義。這也是美國心理學會現在都要求研究者要提供效果量的主要原因。

本書在每個統計分析之後，都附有效果量的計算公式，並參考 Cohen（1988）的建議，呈

現效果量大小的臨界值。讀者對此部分也要多加留心。

致謝

　　本書的翻譯由我們先統一專有名詞的譯法，再就各自負責部分進行翻譯（簡清華負責本書第 5 至 13 章，其餘部分由陳正昌負責），接著互相校閱彼此譯稿，並做修正。

　　在翻譯過程中，發現原書有部分錯誤，我們也與原作者取得聯繫，經其確認後，在中譯本中加以更正。此部分，要感謝 Yockey 教授的耐心回答。

　　感謝林素秋老師詳細閱讀譯稿兩次，並提出許多建議。施俊名教授也閱讀了幾個章節的譯稿，在此一併致謝。

　　中譯本能夠出版，要感謝心理出版社林敬堯總編輯的首肯及協助取得授權，編輯李晶小姐的居間聯繫功不可沒，在此致上謝意。

陳正昌
簡清華

目　次

第1篇　SPSS 簡介、描述統計、資料圖示，及 alpha 信度係數 · 1

第1章　SPSS 簡介 ··· 3

啟動 SPSS ·· 3
資料編輯視窗 ··· 5
在 SPSS 中建立資料檔 ·· 10
輸入及分析資料 ··· 12
瀏覽器（輸出）視窗 ·· 21
儲存檔案 ·· 23
列印檔案 ·· 27
練習 ·· 29

第2章　描述統計：次數分配、集中量數，及變異量數 ············ 31

次數分配 ·· 34
集中及變異量數 ··· 36
使用平均數程序分析各組描述統計 ····························· 38
執行次數分配表及平均數程序步驟之摘要 ····················· 47
練習 ·· 48

第3章　繪圖程序 ··· 51

條形圖 ·· 52
直方圖 ·· 54
散佈圖 ·· 56

盒形圖 ·· 58

在 SPSS 中繪製條形圖、直方圖、散佈圖，及盒形圖步驟之摘要 ··········· 64

練習 ·· 66

第 4 章　信度（以 alpha 係數測量）······················· 67

範例 ·· 68

Alpha 係數的目的及資料要求 ·· 69

在 SPSS 中輸入及分析資料 ·· 70

陳述結果 ·· 76

在 SPSS 中執行信度分析步驟之摘要 ······································ 77

練習 ·· 78

第 2 篇　推論統計··· 81

第 5 章　單一樣本 t 檢定 ······································· 87

範例 ·· 87

單一樣本 t 檢定的目的及資料要求······································ 87

虛無及對立假設 ·· 88

研究問題 ·· 88

在 SPSS 中輸入及分析資料 ·· 89

效果量 ·· 95

以 APA 格式陳述結果 ·· 96

單一樣本 t 檢定的假定 ·· 96

在 SPSS 中執行單一樣本 t 檢定步驟之摘要 ······················ 97

練習 ·· 97

第 6 章　獨立樣本 t 檢定 ······································· 101

範例 ·· 101

獨立樣本 t 檢定的目的及資料要求······································ 101

虛無及對立假設 ·· 102

研究問題 ·· 102

在 SPSS 中輸入及分析資料 ···························· 103

效果量 ·· 112

以 APA 格式陳述結果 ·································· 112

獨立樣本 *t* 檢定的假定 ································ 113

在 SPSS 中執行獨立樣本 *t* 檢定步驟之摘要 ········ 113

練習 ·· 114

第 7 章　相依樣本 *t* 檢定 ·································· 117

範例 ·· 117

相依樣本 *t* 檢定的目的及資料要求 ·················· 117

虛無及對立假設 ·· 118

研究問題 ·· 118

在 SPSS 中輸入及分析資料 ···························· 120

效果量 ·· 125

以 APA 格式陳述結果 ·································· 125

相依樣本 *t* 檢定的假定 ································ 126

在 SPSS 中執行相依樣本 *t* 檢定步驟之摘要 ········ 126

練習 ·· 127

第 8 章　單因子獨立樣本變異數分析 ·················· 131

範例 ·· 131

單因子獨立樣本變異數分析的目的及資料要求 ········ 131

虛無及對立假設 ·· 132

研究問題 ·· 132

在 SPSS 中輸入及分析資料 ···························· 133

效果量 ·· 143

以 APA 格式陳述結果 ·································· 143

單因子獨立樣本變異數分析的假定 ···················· 144

在 SPSS 中執行單因子獨立樣本變異數分析步驟之摘要 ················· 144

練習 ··· 145

第 9 章　二因子獨立樣本變異數分析 ····························· 149

範例 ··· 149

二因子獨立樣本變異數分析的目的及資料要求 ··························· 150

虛無及對立假設 ·· 150

研究問題 ··· 152

在 SPSS 中輸入及分析資料 ·· 153

效果量 ·· 170

以 APA 格式陳述結果 ·· 170

二因子獨立樣本變異數分析的假定 ·· 171

在 SPSS 中執行二因子獨立樣本變異數分析步驟之摘要 ················· 172

練習 ··· 173

第 10 章　單因子相依樣本變異數分析 ························· 177

範例 ··· 177

單因子相依樣本變異數分析的目的及資料要求 ··························· 177

虛無及對立假設 ·· 178

研究問題 ··· 178

在 SPSS 中輸入及分析資料 ·· 179

效果量 ·· 194

以 APA 格式陳述結果 ·· 194

單因子相依樣本變異數分析的假定 ·· 195

在 SPSS 中執行單因子相依樣本變異數分析步驟之摘要 ················· 196

練習 ··· 197

第 11 章　二因子混合設計變異數分析 ························· 201

範例 ··· 201

二因子混合設計變異數分析的目的及資料要求⋯⋯⋯⋯⋯⋯⋯⋯⋯⋯ 202

虛無及對立假設⋯⋯⋯⋯⋯⋯⋯⋯⋯⋯⋯⋯⋯⋯⋯⋯⋯⋯⋯⋯⋯⋯ 202

研究問題⋯⋯⋯⋯⋯⋯⋯⋯⋯⋯⋯⋯⋯⋯⋯⋯⋯⋯⋯⋯⋯⋯⋯⋯⋯ 203

在 SPSS 中輸入及分析資料⋯⋯⋯⋯⋯⋯⋯⋯⋯⋯⋯⋯⋯⋯⋯⋯⋯ 205

效果量⋯⋯⋯⋯⋯⋯⋯⋯⋯⋯⋯⋯⋯⋯⋯⋯⋯⋯⋯⋯⋯⋯⋯⋯⋯⋯ 222

以 APA 格式陳述結果⋯⋯⋯⋯⋯⋯⋯⋯⋯⋯⋯⋯⋯⋯⋯⋯⋯⋯⋯⋯ 222

二因子混合設計變異數分析的假定⋯⋯⋯⋯⋯⋯⋯⋯⋯⋯⋯⋯⋯⋯ 223

在 SPSS 中執行二因子混合設計變異數分析步驟之摘要⋯⋯⋯⋯⋯ 224

練習⋯⋯⋯⋯⋯⋯⋯⋯⋯⋯⋯⋯⋯⋯⋯⋯⋯⋯⋯⋯⋯⋯⋯⋯⋯⋯⋯ 225

第 12 章　皮爾遜 r 相關係數⋯⋯⋯⋯⋯⋯⋯⋯⋯⋯⋯⋯⋯⋯229

範例⋯⋯⋯⋯⋯⋯⋯⋯⋯⋯⋯⋯⋯⋯⋯⋯⋯⋯⋯⋯⋯⋯⋯⋯⋯⋯⋯ 229

皮爾遜 r 相關係數的目的及資料要求⋯⋯⋯⋯⋯⋯⋯⋯⋯⋯⋯⋯⋯ 229

虛無及對立假設⋯⋯⋯⋯⋯⋯⋯⋯⋯⋯⋯⋯⋯⋯⋯⋯⋯⋯⋯⋯⋯⋯ 229

研究問題⋯⋯⋯⋯⋯⋯⋯⋯⋯⋯⋯⋯⋯⋯⋯⋯⋯⋯⋯⋯⋯⋯⋯⋯⋯ 230

在 SPSS 中輸入及分析資料⋯⋯⋯⋯⋯⋯⋯⋯⋯⋯⋯⋯⋯⋯⋯⋯⋯ 231

效果量⋯⋯⋯⋯⋯⋯⋯⋯⋯⋯⋯⋯⋯⋯⋯⋯⋯⋯⋯⋯⋯⋯⋯⋯⋯⋯ 236

以 APA 格式陳述結果⋯⋯⋯⋯⋯⋯⋯⋯⋯⋯⋯⋯⋯⋯⋯⋯⋯⋯⋯⋯ 236

皮爾遜相關係數的假定⋯⋯⋯⋯⋯⋯⋯⋯⋯⋯⋯⋯⋯⋯⋯⋯⋯⋯⋯ 237

在 SPSS 中執行皮爾遜相關係數步驟之摘要⋯⋯⋯⋯⋯⋯⋯⋯⋯⋯ 237

練習⋯⋯⋯⋯⋯⋯⋯⋯⋯⋯⋯⋯⋯⋯⋯⋯⋯⋯⋯⋯⋯⋯⋯⋯⋯⋯⋯ 238

第 13 章　簡單線性迴歸⋯⋯⋯⋯⋯⋯⋯⋯⋯⋯⋯⋯⋯⋯⋯⋯241

範例⋯⋯⋯⋯⋯⋯⋯⋯⋯⋯⋯⋯⋯⋯⋯⋯⋯⋯⋯⋯⋯⋯⋯⋯⋯⋯⋯ 241

簡單迴歸分析的目的及資料要求⋯⋯⋯⋯⋯⋯⋯⋯⋯⋯⋯⋯⋯⋯⋯ 241

虛無及對立假設⋯⋯⋯⋯⋯⋯⋯⋯⋯⋯⋯⋯⋯⋯⋯⋯⋯⋯⋯⋯⋯⋯ 242

研究問題⋯⋯⋯⋯⋯⋯⋯⋯⋯⋯⋯⋯⋯⋯⋯⋯⋯⋯⋯⋯⋯⋯⋯⋯⋯ 242

在 SPSS 中輸入及分析資料⋯⋯⋯⋯⋯⋯⋯⋯⋯⋯⋯⋯⋯⋯⋯⋯⋯ 243

效果量⋯⋯⋯⋯⋯⋯⋯⋯⋯⋯⋯⋯⋯⋯⋯⋯⋯⋯⋯⋯⋯⋯⋯⋯⋯⋯ 252

以 APA 格式陳述結果⋯⋯⋯⋯⋯⋯⋯⋯⋯⋯⋯⋯⋯⋯⋯⋯⋯⋯⋯⋯ 253

簡單迴歸分析的假定 ……………………………………………… 253

在 SPSS 中執行簡單線性迴歸分析步驟之摘要 ………………… 254

練習 ……………………………………………………………… 254

第 14 章　多元線性迴歸 …………………………………… 257

範例 ……………………………………………………………… 257

多元迴歸的目的及資料要求 …………………………………… 257

虛無及對立假設 ………………………………………………… 258

研究問題 ………………………………………………………… 260

在 SPSS 中輸入及分析資料 …………………………………… 261

效果量 …………………………………………………………… 270

以 APA 格式陳述結果 ………………………………………… 271

多元迴歸的假定 ………………………………………………… 271

在 SPSS 中執行多元迴歸分析步驟之摘要 …………………… 272

練習 ……………………………………………………………… 272

第 15 章　卡方適合度檢定 ……………………………… 277

範例 ……………………………………………………………… 277

卡方適合度檢定的目的及資料要求 …………………………… 277

虛無及對立假設 ………………………………………………… 278

研究問題 ………………………………………………………… 278

在 SPSS 中輸入及分析資料 …………………………………… 281

以 APA 格式陳述結果 ………………………………………… 288

卡方適合度的假定 ……………………………………………… 289

在 SPSS 中執行卡方適合度檢定步驟之摘要 ………………… 289

練習 ……………………………………………………………… 290

第 16 章　卡方獨立性檢定 ……………………………… 293

範例 ……………………………………………………………… 293

卡方獨立性檢定的目的及資料要求 ⋯⋯⋯⋯⋯⋯⋯⋯⋯⋯⋯⋯⋯⋯ 294

虛無及對立假設 ⋯⋯⋯⋯⋯⋯⋯⋯⋯⋯⋯⋯⋯⋯⋯⋯⋯⋯⋯⋯⋯⋯ 294

研究問題 ⋯⋯⋯⋯⋯⋯⋯⋯⋯⋯⋯⋯⋯⋯⋯⋯⋯⋯⋯⋯⋯⋯⋯⋯⋯ 294

在 SPSS 中輸入及分析資料 ⋯⋯⋯⋯⋯⋯⋯⋯⋯⋯⋯⋯⋯⋯⋯⋯⋯ 295

效果量 ⋯⋯⋯⋯⋯⋯⋯⋯⋯⋯⋯⋯⋯⋯⋯⋯⋯⋯⋯⋯⋯⋯⋯⋯⋯⋯ 304

以 APA 格式陳述結果 ⋯⋯⋯⋯⋯⋯⋯⋯⋯⋯⋯⋯⋯⋯⋯⋯⋯⋯⋯ 305

卡方適合度的假定 ⋯⋯⋯⋯⋯⋯⋯⋯⋯⋯⋯⋯⋯⋯⋯⋯⋯⋯⋯⋯⋯ 305

在 SPSS 中執行卡方獨立性檢定步驟之摘要 ⋯⋯⋯⋯⋯⋯⋯⋯⋯ 306

練習 ⋯⋯⋯⋯⋯⋯⋯⋯⋯⋯⋯⋯⋯⋯⋯⋯⋯⋯⋯⋯⋯⋯⋯⋯⋯⋯⋯ 307

附錄 A　資料轉換及其他程序 ⋯⋯⋯⋯⋯⋯⋯⋯⋯ **311**

重新編碼（轉碼）程序 ⋯⋯⋯⋯⋯⋯⋯⋯⋯⋯⋯⋯⋯⋯⋯⋯⋯⋯⋯ 312

計算程序 ⋯⋯⋯⋯⋯⋯⋯⋯⋯⋯⋯⋯⋯⋯⋯⋯⋯⋯⋯⋯⋯⋯⋯⋯⋯ 317

選擇觀察值程序 ⋯⋯⋯⋯⋯⋯⋯⋯⋯⋯⋯⋯⋯⋯⋯⋯⋯⋯⋯⋯⋯⋯ 320

分割檔案程序 ⋯⋯⋯⋯⋯⋯⋯⋯⋯⋯⋯⋯⋯⋯⋯⋯⋯⋯⋯⋯⋯⋯⋯ 326

關閉分割檔案程序 ⋯⋯⋯⋯⋯⋯⋯⋯⋯⋯⋯⋯⋯⋯⋯⋯⋯⋯⋯⋯⋯ 329

附錄 B　匯入資料到 SPSS ⋯⋯⋯⋯⋯⋯⋯⋯⋯⋯⋯ **331**

附錄 C　各章之解答 ⋯⋯⋯⋯⋯⋯⋯⋯⋯⋯⋯⋯⋯⋯⋯ **337**

注釋 ⋯⋯⋯⋯⋯⋯⋯⋯⋯⋯⋯⋯⋯⋯⋯⋯⋯⋯⋯⋯⋯⋯⋯⋯⋯⋯ **367**

參考文獻 ⋯⋯⋯⋯⋯⋯⋯⋯⋯⋯⋯⋯⋯⋯⋯⋯⋯⋯⋯⋯⋯⋯⋯ **375**

<table>
<tr><td>第 1 篇</td><td>SPSS 簡介、描述統計、資料圖示，
及 alpha 信度係數</td></tr>
</table>

在第 1 篇中，第 1 章介紹 SPSS 軟體，包含建立變數、輸入及分析資料、儲存檔案，及列印結果。第 2 章說明使用 SPSS 計算不同的描述統計量，包含次數、集中量數，及變異量數。第 3 章說明如何在 SPSS 中繪製不同的統計圖，包含長條圖、直方圖、散佈圖，及盒形圖。最後，第 4 章說明如何使用 SPSS 計算 alpha 係數，以估計量表之內部一致性信度。

第 1 章	SPSS 簡介

在這一章，將介紹 SPSS 軟體，包括啟動 SPSS、建立變數、輸入資料、利用下拉式選單完成基本分析，及列印結果。現在讓我們從啟動 SPSS 開始。

啟動 SPSS

要啟動 SPSS，首先必須找到它在你電腦中的位置。依照電腦的配置，SPSS 會在以下幾個地方：

1. 桌面（桌面是在電腦螢幕上工作的主要區域）上的圖示[1]（ Σ ）。
2. **程式集**的選單中。
3. 快捷工具列（快捷工具列在電腦螢幕下方**開始**按鈕的右邊）。

從以下說明的任一位置啟動 SPSS。（當你讀完以下的說明，只要選擇下列**一個**方法開啟 SPSS 即可，以免在電腦中開啟多個程式。）

從螢幕的圖示啟動 SPSS

1. 在桌面上找到 SPSS 的圖示（ Σ ）。
2. 雙擊[2] SPSS 圖示，不久即可開啟 SPSS。

從程式集選單啟動 SPSS

1. 點擊**開始**按鈕（ 開始 ）。
2. 點擊**程式集**（或**所有程式**）。

3. 選擇 *SPSS Inc.*（或 *SPSS for Windows*）。（**譯注**：19-21 版會在 IBM SPSS Statistics 中。）

4. 選擇 *PASW Statistics 18.0*。（**注**："PASW" 標題等同於 "SPSS"。如果使用不同於 18 版的 SPSS，會看到 "SPSS" 的名稱。無論如何，它都表示使用 "SPSS" 軟體。）詳細說明如圖 1.1。

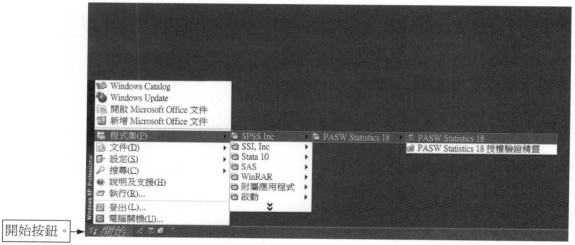

圖 1.1　從程式集選單中啟動 SPSS。（**注**：雖然你的螢幕會與上面的畫面不同，不過 SPSS 應該在電腦的**程式集**選單中。）

從快捷工具列中啟動 SPSS

1. 依照電腦的配置，你可能會在**開始**按鈕的右邊找到 SPSS 圖示（ Σ ）。如果能在**開始**按鈕的右邊找到 SPSS 圖示，你可以單擊它以啟動 SPSS 程式。（在圖 1.1 中，SPSS 是在**開始**按鈕的第二個圖示。）

如果你還沒有這樣做，那麼就使用上述的任一方法打開 SPSS 吧。

當開啟 SPSS，會出現一個對話窗[3]，上端有「**您想執行什麼工作？**」（*What would you like to do?*）的句子（見圖 1.2）。這個對話窗是設計用來在剛進入 SPSS 時協助使用者的。不過，在本書中不使用這個對話窗（我們會用自己的方式來探索 SPSS），所以如果看到這個對話窗，就按「**取消**」（*Cancel*）按鈕關掉它。

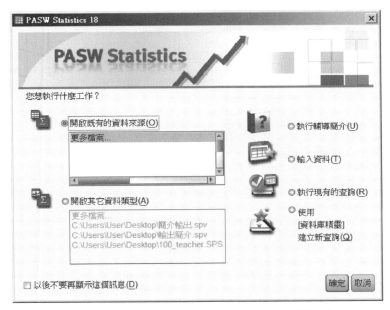

圖 1.2　SPSS 18 版之「**您想執行什麼工作？**」對話窗。

資料編輯視窗

　　進入 SPSS 後，會在螢幕上看到**資料編輯**視窗（**資料編輯**視窗顯示在第 6 頁圖 1.3）。**資料編輯**視窗在 SPSS 中用來建立變數及輸入資料。在視窗的最上端，會顯示 SPSS 的檔案名稱〔「**未命名標題**」（*Untitled*）表示檔案還未命名〕。在檔案名稱下有選單，上面有不同的選項（**檔案、編輯、檢視**等），在 SPSS 中利用它們可以完成不同的工作（如儲存檔案、列印結果等）。在選單的正下方有一些工具按鈕，可以快速點選不同的選項。在**資料編輯**視窗的主要區域，包含許多白色方形物件（稱為儲存格），用來輸入資料。

　　資料編輯視窗包含兩個不同的視窗：**資料檢視**視窗與**變數檢視**視窗。經由點擊螢幕左下角的適當標籤，就可以進入該視窗。有黃色背景的標籤表示兩個視窗中何者是被開啟的（留意，在圖 1.3 中**資料檢視**的視窗是開啟的）。假如你的電腦中的**資料檢視**視窗還未開啟，就點擊**資料檢視**的標籤開啟它。

　　接著要討論**資料檢視**及**變數檢視**視窗。

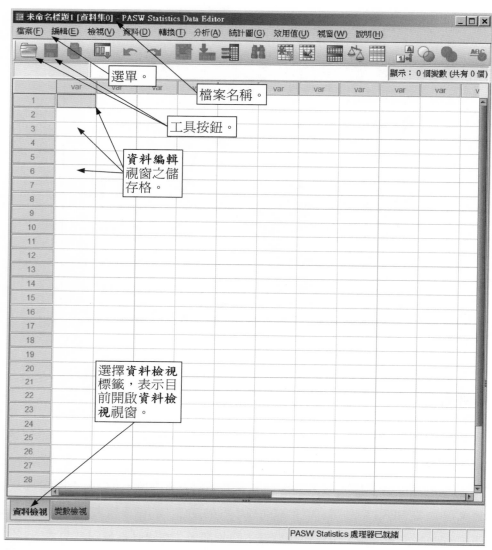

圖 1.3 SPSS 之**資料編輯**視窗(選擇**資料檢視**標籤)。

資料檢視視窗

　　圖 1.4 **資料檢視**視窗的主要區域包含許多儲存格，用來輸入**資料**（資料通常由數字組成，但也可以是字母或符號）。[4] **資料檢視**視窗的列都有編號（圖 1.4 顯示 1-28 列），而欄（或行）一開始的名稱都是 *var*（變數）。第一個儲存格（左上角的位置）為黃色背景，表示它被**啟動**或是準備接受輸入資料。

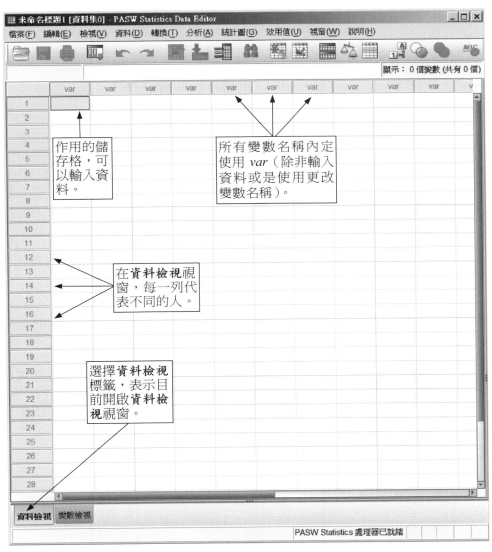

圖 1.4　SPSS 之**資料檢視**視窗。

資料檢視視窗——SPSS 用來輸入資料的視窗。

變數檢視視窗

在 SPSS 中，**變數檢視**視窗用來建立變數及增加資訊到資料檔。點擊螢幕左下角的**變數檢視**標籤就可以進入**變數檢視**視窗。由於**資料檢視**視窗是開啟狀態，因此需要點擊**變數檢視**標籤以打開**變數檢視**視窗。

1. 經由點擊**變數檢視**標籤以打開**變數檢視**視窗。圖 1.5 是**變數檢視**視窗。

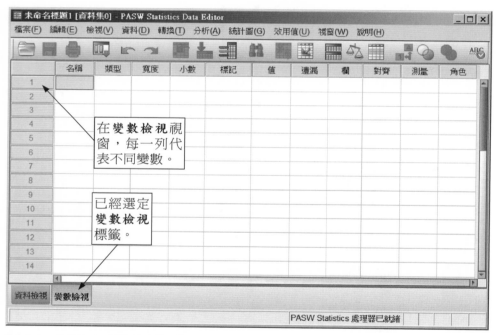

圖 1.5　SPSS 之**變數檢視**視窗。

與資料檢視視窗相同，變數檢視視窗的每一列也都有編號，而且主要區域也有許多儲存格。但是，不同於資料檢視視窗，在變數檢視視窗的每一欄有不同的名稱及功能。變數檢視視窗中每一欄的功能詳如圖 1.6。

在這些變數檢視視窗的屬性中，後面的課文將使用名稱及值這兩個選項（其他欄則使用內定的值）。

變數檢視視窗——在 SPSS 中，用來建立變數及增加資料檔資訊的視窗。

欄名	功能
名稱（*Name*）	名稱是用來對變數進行命名。在 SPSS 11.5 或更早期的版本中，變數名稱長度不能超過 8 個字元（一個字元可以是字母、數字，或符號）。在 12.0 或之後的版本，變數名稱長度可以到 256 字元。變數要以字母為第一個字元（譯注：可以使用中文），兩個變數不可以同名（譯注：英文大小寫無差別），且變數名稱不可以使用空格。
類型（*Type*）	類型表示要儲存在變數中的資料形式。類型包含數值型、逗點、點、科學記號等。在本書中，我們將以數值型進行分析。
寬度（*Width*）	寬度表示要顯示在資料檢視視窗中的字元數。內定值[5]為 8。
小數（*Decimals*）	小數表示要顯示在資料檢視視窗中的小數位數。內定值為 2。
標記（*Label*）	標記用來描述變數，最多可以有 256 個字元。輸入在標記欄中的資訊會顯示在輸出結果中。
值（*Values*）	值是用來對變數的類別進行編碼（類別變數將在下一節討論）。本書全部都使用這個屬性。
遺漏（*Missing*）	遺漏表示哪些讀入的值為遺漏值（遺漏值代表變數中沒有特定的值或是「遺漏」）。遺漏值的內定值是英文的句點 "."
欄（*Columns*）	欄表示要顯示在資料檢視視窗中的欄寬。內定值寬度為 8 個字元。
對齊（*Align*）	對齊指定在資料檢視視窗中，資料朝儲存格的左邊、右邊，或中間對齊。
測量（*Measure*）	測量描述變數的測量水準。選項有名義、次序，或尺度。內定值為尺度。
角色（*Role*）	角色是 18 版新增的功能，可以對某些特定對話窗所要使用的變數預先定義。角色類別包含輸入、目標、兩者、無、區隔，及分割。內定角色為輸入，本書都使用此設定。

圖 1.6　變數檢視視窗中不同欄位之名稱及功能。

　　介紹過**資料編輯**的主要功能，接著讓我們在 SPSS 建立資料檔。

> 切記：在**資料編輯**中，**變數檢視**視窗是用來建立**變數**，而**資料檢視**視窗則用來輸入**資料**。

在 SPSS 中建立資料檔

　　SPSS **資料檔**是包含一個或更多變數資訊（資料）的電腦檔。**變數**則是有兩個或更多數值的屬性或特徵。

> **資料檔**——包含一個或更多變數資訊的電腦檔。
> **變數**——有兩個或更多數值的屬性或特徵。

　　我們將使用圖 1.7 的資料在 SPSS 中建立資料。圖 1.7 有五個人在四個變數的資料：**gender**（性別）、**age**（年齡）、**employment**（就業），及 **iq**（智商）（在本書中，變數都以**粗體字**表示）。留意，圖 1.7 的每一列包含每個人在我們感到興趣變數的資料。例如，第 1 列顯示第 1 個人的數值：第 1 個人是男性、23 歲、就業，智商為 115。第 2-5 列是其他四個人的所有數值。

　　留意，在圖 1.7 中變數 **age** 及 **iq** 是數值型（也就是它們的值是數字的），而 **gender** 及 **employment** 是字串型（也就是它們值是字元的）。要記得重要的一點（在本書中絕大多數涵蓋的內容），**在 *SPSS* 中要對一個變數進行分析，它必須是數值型的**。因此，將資料輸入 SPSS 前，要將字串的變數（**gender** 及 **employment**）轉為數值型。此過程將在後面說明。

個人	性別 （Gender）	年齡 （Age）	就業狀況 （Employment）	智商 （IQ）
第 1 個人	男	23	就業	115
第 2 個人	男	19	未就業	90
第 3 個人	女	32	就業	120
第 4 個人	女	28	未就業	90
第 5 個人	男	18	就業	116

圖 1.7　將輸入至 SPSS 之範例資料集。（**注：**包含**個人**這一欄只是為了說明之用，不需要輸入到 SPSS 中。）

將數值指派到 **gender** 及 **employment** 的類別中

首先，我們將指派數值到 **gender** 的不同類別。指派的原則是，任何數值都可以指派到變數中的不同類別，只要每一個類別的數值彼此不同即可（你可以知道這是測量中名義尺度的例子）。為了說明這過程，我們將男性指派為 1，而女性指派為 2。因此，在資料集當中我們對於每一個男性輸入 1，而每一個女性則輸入 2。

在 **employment** 變數，我們將就業指派為 1，而未就業指派為 2。

資料集（變數 **gender** 及 **employment** 輸入為數值後）顯示於圖 1.8。

個人	性別 （**Gender**）	年齡 （**Age**）	就業狀況 （**Employment**）	智商 （**IQ**）
第 1 個人	1	23	1	115
第 2 個人	1	19	2	90
第 3 個人	2	32	1	120
第 4 個人	2	28	2	90
第 5 個人	1	18	1	116

圖 1.8　將 gender 及 employment 轉為數值資料。（**注**：gender 中，1=「男」，2=「女」；在 employment 中，1=「就業」，2=「未就業」。）

像性別（**gender**）及就業狀況（**employment**）這樣的變數稱為類別變數。**類別變數**的數值是有限的，只有兩個數值的類別變數（如 **gender** 及 **employment**）稱為**二分變數**（dichotomous variables）。年齡（**age**）及智商（**iq**）是**連續變數**（continuous variables）。連續變數有許多不同的數值。

> 類別變數——有限個數值的變數。
> 二分變數——只有兩個數值的類別變數。
> 連續變數——有許多不同數值的變數。

輸入及分析資料

將所有變數轉為數值形式，就可以在 SPSS 中輸入及分析資料。在本書中，資料輸入及分析將分為以下四個步驟：(1)建立變數；(2)輸入資料；(3)分析資料；及(4)解讀結果。在本章，將以圖 1.8 的例子說明每個步驟。

步驟 1：建立變數

現在我們從建立 **gender**、**age**、**employment**，[6] 及 **iq** 等變數開始。在 SPSS 中，依照以下的說明建立變數。

在 SPSS 中建立變數

1. 確認已開啟**變數檢視**視窗。如果沒有，點擊螢幕左下角的**變數檢視**標籤。
2. 啟動**變數檢視**視窗中左上角第一個儲存格。如果第一個儲存格未啟動，就點擊它。
3. 在**變數檢視**視窗的第 1 列輸入 **gender** 並按**輸入**（*Enter*）鍵。留意，右邊所有儲存格都會自動填上內定值（**標記**欄的內定值是空白格）。
4. 在第 2 列輸入 **age** 並按**輸入**鍵。
5. 在第 3 列輸入 **employment** 並按**輸入**鍵。
6. 在第 4 列輸入 **iq** 並按**輸入**鍵。現在已經建立四個變數，詳見圖 1.9。

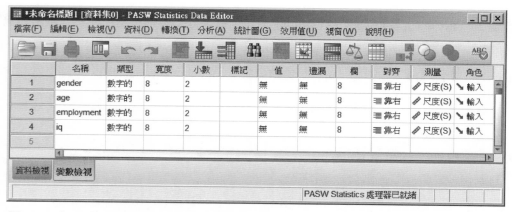

圖 1.9 在**變數檢視**視窗中已輸入變數名稱 gender、age、employment，及 iq。

數值註解（標記）

由於 **gender** 及 **employment** 要轉換為數值形式才能在 SPSS 中進行分析，所以我們為每個類別指派不同的數字（也就是 1 及 2）。你可能也記得指派的數字是任意的（可以挑選任何兩個數字），它們只代表變數中不同的類別。為了幫助我們更容易記得指派的數字，我們要在 SPSS 中輸入不同數字所代表的類別（也就是 1 代表男性，2 代表女性），此過程稱為建立數值註解。我們將為類別變數 **gender** 及 **employment** 建立數值註解。

讓我們從建立 **gender** 的數值註解開始吧。

為 **gender** 建立數值註解（標記）

1.　確認**變數檢視**視窗已開啟。在**變數檢視**視窗第 1 列（變數 **gender** 這列），點擊**值**這一欄的儲存格（此時顯示**無**）。點擊標記為**無**的儲存格之後，在右邊會出現刪節號按鈕（ ⋯ ）。[7]

2.　點擊刪節號按鈕（ ⋯ ），詳見圖 1.10。

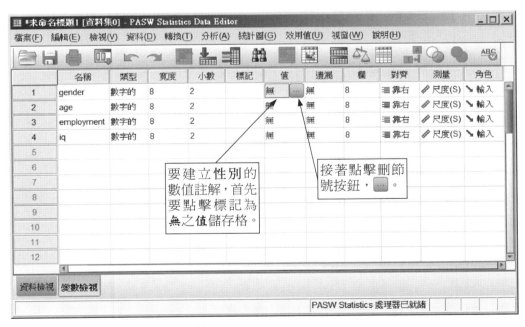

圖 1.10　選擇 gender 之**值**儲存格。

3. 此時會開啟**數值註解**的對話窗（見圖 1.11）。

圖 1.11　**數值註解**對話窗。

4. 首先，我們在 SPSS 中將男性編碼為 1。在**值**右邊輸入 *1*，**標記**右邊輸入**男性**。詳見圖 1.12。

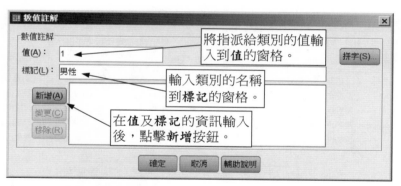

圖 1.12　**數值註解**對話窗（續）。

5. 點擊**新增**。在**新增**按鈕的右邊會出現 1.00 = "**男性**"，詳見圖 1.13。

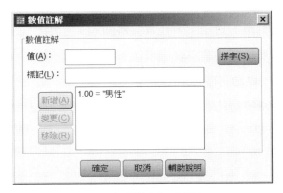

圖 1.13　**數值註解**對話窗（續）。

6.　接著，我們在 SPSS 中將女性編碼為 2。在**值**右邊輸入 *2*，**標記**右邊輸入**女性**。

7.　點擊**新增**。在**新增**按鈕的右邊會出現 *1.00 = "男性"*及 *2.00 = "女性"*，詳見圖 1.14。

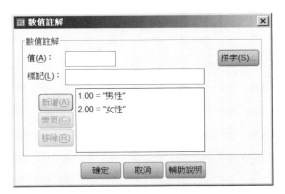

圖 1.14　**數值註解**對話窗（續）。

8.　點擊**確定**。

　　完成 **gender** 的數值註解後，下一步將輸入 **employment** 的數值註解。記得，就業者的代碼為 1，未就業者的代碼為 2。

為 **employment** 建立數值註解

1.　在**變數檢視**視窗第 3 列（變數 **employment** 這列），點擊**值**這一欄的儲存格。

2.　點擊刪節號按鈕（**⋯**）。

3. 此時會開啟**數值註解**的對話窗。在**值**右邊輸入 *1*，**標記**右邊輸入**就業**。

4. 點擊**新增**。在**新增**按鈕的右邊會出現 *1* = "*就業*"。

5. 在**值**右邊輸入 *2*，**標記**右邊輸入**未就業**。

6. 點擊**新增**。在**新增**按鈕的右邊會出現 *1.00* = "*就業*" 及 *2.00* = "*未就業*"。

7. 點擊**確定**。

完成 **gender** 及 **employment** 的數值註解後，接著我們將在 SPSS 中輸入資料。

步驟 2：輸入資料

在 SPSS 中輸入資料

1. 點擊**資料檢視**視窗標籤，以開啟**資料檢視**視窗（見圖 1.15）。

在**資料檢視**視窗中你可以注意到前四個欄位分別被命名 **gender**、**age**、**employment**，及 **iq**，分別對應我們稍早於 SPSS 所建立的四個變數。記得，在**資料檢視**視窗每一**列**代表一個**人**，所以當我們輸入資料後，第 1 列包含第 1 個人的數值，而第 2 列則包含第 2 個人的數值，依此類推。

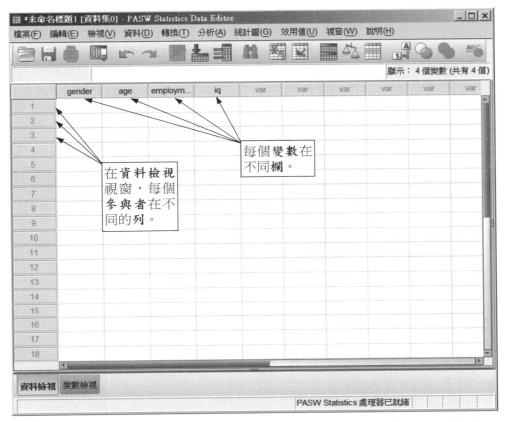

圖 1.15　在**資料檢視**視窗中已輸入變數名稱 gender、age、employment，及 iq。

2. 參照圖 1.8 的資料，我們將輸入每個人在四個變數上的值。要輸入第一個參與者的值，要先點擊**資料檢視**視窗第 1 列的第 1 個儲存格。接著分別輸入 **gender**、**age**、**employment**，及 **iq** 變數的值——*1*、*23*、*1*，及 *115*。〔比較有效率的方法是在輸入每個變數的值之後，按鍵盤上的右方向鍵（ → ）。例如，輸入第 1 個人 **gender** 變數中的 *1* 後按右方向鍵，輸入 **age** 變數中的 *23* 之後再按右方向鍵，依此類推。〕

3. 要輸入第二個參與者的數值，點擊**資料檢視**視窗第 2 列第 1 個儲存格，分別輸入 **gender**、**age**、**employment**，及 **iq** 變數的值——*1*、*19*、*2*，及 *90*。

4. 輸入其他三個參與者的資料，完整的資料檔如第 18 頁圖 1.16。

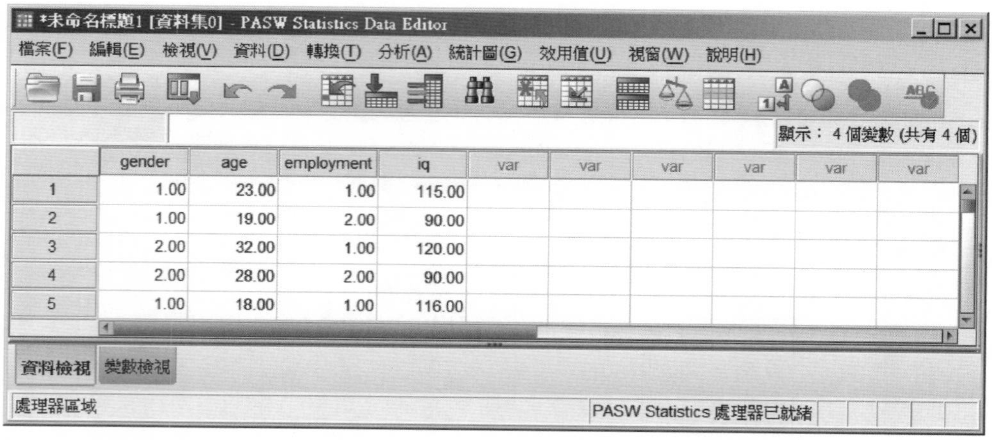

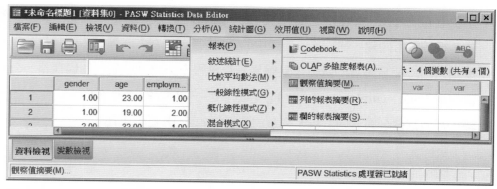

圖 1.16 SPSS 的完整資料檔。

現在，所有的資料都輸入完畢，我們要在 SPSS 中進行基本的分析。

步驟 3：分析資料

在本書中，我們都將在 SPSS 中使用下拉式選單來分析資料。第一個分析，我們將進行基本的分析——使用**觀察值摘要**（*Case Summaries*）程序對每個變數產生摘要報表。

在 SPSS 中執行觀察值摘要程序

1. 從選單列選擇**分析＞報表＞觀察值摘要...**（見圖 1.17）。（當出現選單指令時，"＞" 符號表示要進行下一個選擇。在此處，「**分析＞報表＞觀察值摘要**」讀為「選擇分析，接著選擇報表，接著選擇觀察值摘要。」）

圖 1.17 在 SPSS 中**觀察值摘要**的選單指令。

此時，會出現**摘要觀察值**的對話窗（見圖 1.18）。

　　圖 1.18 的**摘要觀察值**對話窗是以後你會在 SPSS 中看到的許多對話窗的範例。首先，當開啟對話窗後，**gender**、**age**、**employment**，及 **iq** 變數會出現在左手邊。在變數的右邊有兩個向右箭頭按鈕（ ），它用來將左邊窗格中的變數移到右邊以進行分析。在 SPSS 中還有其他按鈕（**統計量**、**選項**、**確定**、**貼上之後**、**重設**等等），可以進行不同的操作。而確認框則可以開啟或關閉某些特定的選項。當對話窗開啟之後就已勾選的項目，稱為內定選項。

　　讓我們將每個變數都移到**變數**窗格中以進行**觀察值摘要**程序。

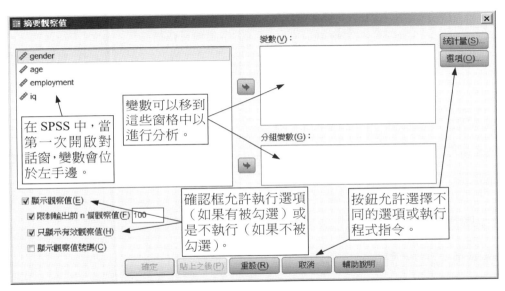

圖 1.18　**摘要觀察值**對話窗。

2.　要移動變數時，先點選 **gender** 變數，然後按住 *shift* 鍵，接著點選最後一個 **iq** 變數，此時四個變數就會被選取。點選上面的向右箭頭按鈕（ ），移動四個變數到**變數**窗格中。[8]詳見第 20 頁圖 1.19。

3.　按**確定**鈕。

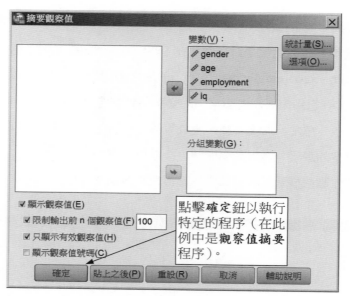

圖 1.19 **摘要觀察值**對話窗。

SPSS 會開啟一個包含輸出結果的視窗〔稱為**瀏覽器**（*Viewer*）視窗〕，它會呈現**觀察值摘要**程序的結果。我們將在後面討論輸出結果。

步驟 4：解讀結果

觀察值摘要程序的輸出呈現在圖 1.20。

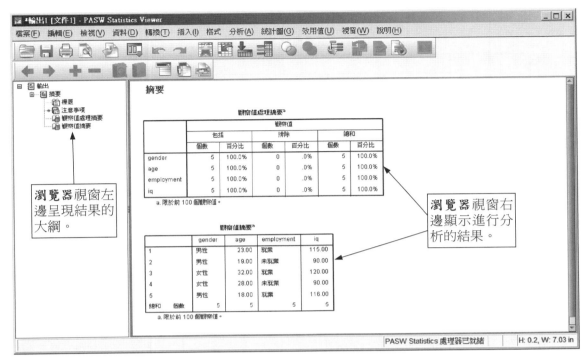

圖 1.20　顯示**觀察值摘要**結果的 SPSS **瀏覽器**視窗。

瀏覽器（輸出）視窗

在 SPSS 中，**瀏覽器**視窗分為兩部分，左邊包含所進行分析的**大綱**，右邊則顯示分析後的**結果**。在本書中，我們主要關注**瀏覽器**視窗右邊的結果，在此例中，包含**觀察值處理摘要**及**觀察值摘要**。這些表格將在後面加以討論。

觀察值處理摘要及**觀察值摘要**的表格顯示在第 22 頁圖 1.21。

摘要

觀察值處理摘要[a]

	觀察值					
	包括		排除		總和	
	個數	百分比	個數	百分比	個數	百分比
gender	5	100.0%	0	.0%	5	100.0%
age	5	100.0%	0	.0%	5	100.0%
employment	5	100.0%	0	.0%	5	100.0%
iq	5	100.0%	0	.0%	5	100.0%

a. 限於前 100 個觀察值。

觀察值摘要[a]

	gender	age	employment	iq
1	男性	23.00	就業	115.00
2	男性	19.00	未就業	90.00
3	女性	32.00	就業	120.00
4	女性	28.00	未就業	90.00
5	男性	18.00	就業	116.00
總和　個數	5	5	5	5

此處會顯示變數 **gender** 及 **employment** 的標記（男性／女性、就業／未就業），這是在SPSS中設定數值註解的好處。

a. 限於前 100 個觀察值。

圖 1.21　SPSS 中**觀察值摘要**程序的結果。

摘要

在輸出報表的最上端的標題為**摘要**，代表我們在 SPSS 中選擇的程序（**觀察值摘要程序**）。

觀察值處理摘要

第一個報表是**觀察值處理摘要**，顯示在資料檔中每個變數的參與者（也就是觀察值）數目。第一欄（**包括**）顯示每個變數的**個數**（N）是 5（N 是資料中參與者或個案的數目），表示分析的每個變數有五個人。在**排除**這一欄的**個數**是 0，表示沒有參與者被排除在分析之外（每個人在全部四個變數都有數值）。最後一欄（**總和**）表示在資料中全部的參與者有 5 個。

觀察值摘要

　　第二個報表是**觀察值摘要**，顯示研究者感興趣之四個變數中參與者的所有數值。留意，我們為 **gender** 及 **employment** 所建立的數值註解會用來取代一開始在 SPSS 中輸入的數值（也就是 1 與 2），這也讓報表比較容易閱讀。

　　在 SPSS 中的**觀察值摘要**程序說明到此。接著我們要說明如何儲存 SPSS 的檔案。

儲存檔案

　　在 SPSS 中，輸出檔及資料檔分別使用不同的附屬檔名。附屬檔名在檔案名稱最後面，通常包含三到四個字母，之前則是英文句點（如 ".docx"、".html"，及 ".mp3"）。在 SPSS 中，資料檔的附屬檔名是 ".sav"，而輸出檔的附屬檔名則是 ".spv"。

　　我們將實際演練在 SPSS 中儲存資料檔及輸出檔。讓我們從儲存輸出檔開始。要儲存輸出檔，首先要確認已開啟**瀏覽器**（輸出）視窗。（如果已開啟**瀏覽器**視窗，你可以在螢幕的視窗上端看到深藍色的橫條。）如果**瀏覽器**視窗未開啟，就點擊它。

儲存輸出檔

1.　開啟**瀏覽器**視窗，選擇**檔案**＞**另存新檔**...（見第 24 頁圖 1.22）。

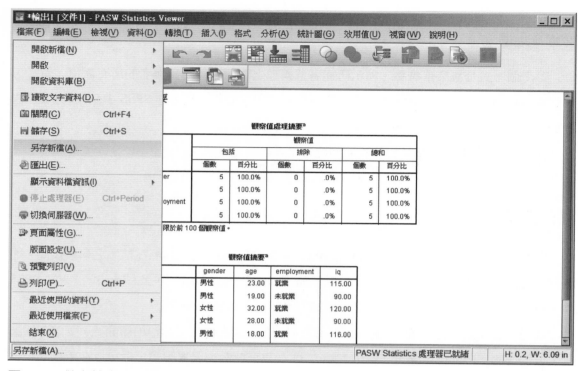

圖 1.22   儲存檔案的選單指令。

2.   **另存輸出**的對話窗會開啟（見圖 1.23）。

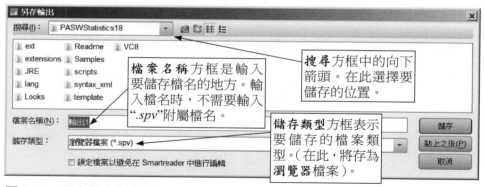

圖 1.23   **另存輸出**對話窗。

在**另存輸出**對話窗的底端可以看到**檔案名稱**及**儲存類型**的窗格（見圖 1.23）。在**檔案名稱**的窗格中，會出現**輸出** 1 的內定名稱；而**儲存類型**的窗格中，會出現**瀏覽器檔案**（**.spv*）。請再確認我們是在儲存**瀏覽器**視窗（輸出）的結果。**輸出** 1 的名稱已被選擇，表示這個名稱是在編輯狀態，會被鍵盤輸入的字取代。

讓我們將檔案命名**簡介輸出**（*Introduction output*）。

3.　輸入**簡介輸出**檔名。（你會在**檔案名稱**的窗格中看到**簡介輸出**。）

接著，我們要選擇檔案儲存的位置。讓我們將檔案存在桌面上。為了將檔案存在桌面，我們需要，

4.　點擊**搜尋**窗格（在對話窗格靠上端的位置）右邊的向下箭頭（　）。此時會出現資料夾及／或磁碟清單。

5.　選擇 *Desktop*（**桌面**）（見圖 1.24）。（**注**：如果你比較喜歡將檔案存在其他地方，就選擇你要的位置。）

6.　點擊**儲存**。你會看到**簡介輸出**.*spv*（可能有或沒有附屬檔名）出現在**瀏覽器**視窗的左上角，表示檔案已被儲存。

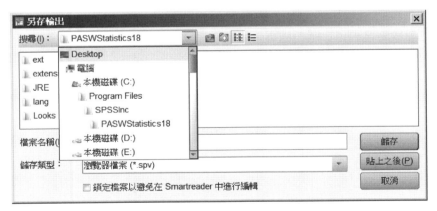

圖 1.24　**另存輸出**對話窗（續）。

儲存資料檔

為了儲存資料檔，首先須確認已開啟**資料編輯**視窗。

確認開啟資料編輯視窗

1.　從選單列選擇**視窗＞未命名標題**-PASW Statistics Data Editor（見圖 1.25）。

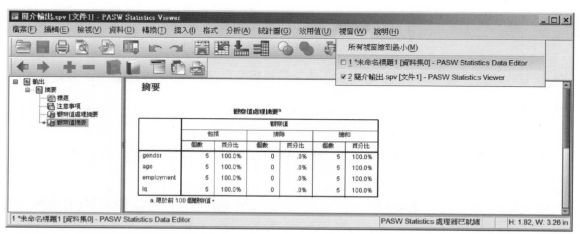

圖 1.25　開啟**資料編輯**視窗的選單指令。

儲存資料檔

1.　開啟**資料編輯**視窗，選擇**檔案＞另存新檔...**（見圖 1.26）。

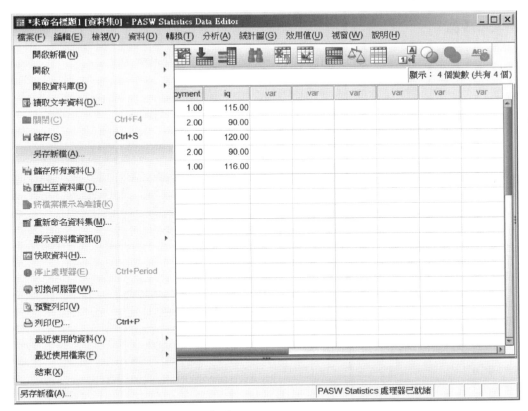

圖 1.26　**檔案**選單中的**另存新檔**指令。

2.　這時**另存輸出**的對話窗會開啟。

3.　在**檔案名稱**窗格中輸入**簡介資料**檔名。

4.　點擊**搜尋**窗格（在對話窗格靠上端的位置）右邊的向下箭頭（ ），選擇你要儲存檔案的位置。

5.　點擊**儲存**。你會看到**簡介資料**.*sav*（可能有或沒有附屬檔名）出現在**資料編輯**視窗的左上角，表示檔案已被儲存。

列印檔案

接著，將說明如何在 SPSS 中列印輸出結果檔。為了要列印輸出檔，我們要確認**瀏覽器**視窗已開啟。

開啟瀏覽器視窗

1. 從選單列選擇**視窗**>**簡介輸出**.spv-PASW Statistics Viewer。

列印輸出

1. 開啟**瀏覽器**視窗後，選擇**檔案**>**列印...**（見圖 1.27）。

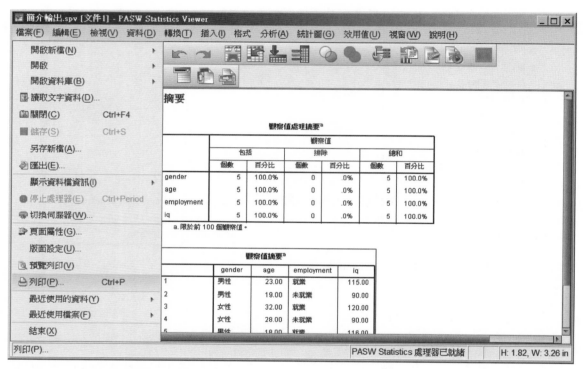

圖 1.27　SPSS 中列印輸出的選單指令。

2. 這時**列印**對話窗會開啟（詳見圖 1.28）。（在你螢幕上的**列印**對話窗看起來可能會和圖 1.28 不同。）

3. 點擊**確定**。

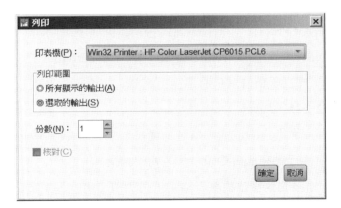

圖 1.28　SPSS 的**列印**對話窗。

　　假設你有連結印表機，**觀察值處理摘要**及**觀察值摘要**的表格會被印出（隨著**摘要**的標題）。你也可以經由選擇（也就是以滑鼠來點擊），然後使用**檔案**選單中的**列印**，來列印單一的表格。（在**資料編輯**視窗開啟的情形下，於**資料檢視**標籤中，從選單中的**檔案**選擇**列印**，也可以印出資料檔。）

　　到此結束 SPSS 的簡介。

練習

1.　圖 1.29 是護理之家七個住民的資料，包含年齡、性別、健康（以 1 到 10 分來測量，分數愈高代表愈健康），及每星期從事活動的數量。

個人	年齡	性別	健康	活動數目
1	86	Male	4	2
2	72	Female	7	6
3	59	Female	6	5
4	86	Female	8	7
5	92	Female	4	1
6	68	Male	2	3
7	73	Male	8	5

圖 1.29　護理之家住民的資料。（**注**：包含個人這一變數只是為了說明之用，不需要輸入到 SPSS 中。）

　　　　將資料輸入 SPSS 中，並進行適當的分析以回答下列問題。將變數分別命名為 **age**（年齡）、**gender**（性別）、**wellbeing**（健康），及 **activities**（活動）。

a.　為 **gender** 建立數值註解，將男性指派為 *1* 並標記為**男性**（*male*），女性指派為 *2* 並標記為**女性**（*female*）。

b.　將資料存在你指定的位置，檔名為**護理之家資料**（*Nursing home data*）。

c.　在資料中執行**觀察值摘要**程序，並列印結果。

d.　在 SPSS 輸出的**觀察值摘要**表格中，是數值（也就是 1 及 2）或數值註解（也就是男性及女性）？為什麼？

2.　研究者想要比較兩種治療方式對兒童的自尊及憤怒管理技巧的效果。治療的類型分別為非指導式遊戲治療（也就是兒童主導遊戲）及指導式遊戲治療（例如治療師經由結構的遊戲活動以引導兒童）。總共 12 名兒童參與研究，各 6 名（3 男 3 女）分別接受不同的治療。經過六星期的治療，評量兒童的自尊（10 到 50 分）及憤怒管理技巧（5 到 25 分）。資料存放在 Chapter 1 資料夾下，名為 *Chapter 1_Exercise 2.sav*（變數名稱為 **therapy**、**gender**、**selfesteem**，及 **angermanage**），讀者可在 www.pearsonhighered.com/yockey 下載。在 SPSS 中開啟資料檔，並進行適當的分析以回答下列問題。

a.　為 **therapy** 及 **gender** 建立數值註解。在 **therapy** 變數，1=「非指導式」，2=「指導式」。在 **gender** 變數，1=「男」，2=「女」。

b.　在資料中執行**觀察值摘要**程序，並列印結果。

3.　在 www.pearsonhighered.com/yockey 網頁之 Chapter 1 資料夾下，名為 *Chapter 1_Exercise 3.sav* 的資料檔包含 10 名學生的三個變數：**gender**（性別）、**numberclasses**（班級人數），及 **hoursworked**（每星期活動時數）。在 SPSS 中開啟資料檔，並進行適當的分析以回答下列問題。

a.　為 **gender** 變數建立數值註解，1=「男」，2=「女」。

b.　在資料中執行**觀察值摘要**程序，並列印結果。

第 2 章

描述統計：次數分配、集中量數，及變異量數

在本章，我們將使用 SPSS 來計算一些描述統計，包含次數分配、集中量數，及變異量數。在後面將討論每個統計量數。

次數分配是指每一個變數之不同類別的觀察值數目。例如，如果在資料集當中 **gender** 這個變數有四名男性及六名女性，則在 SPSS 的次數分配表當中，男性的次數是 4，而女性的次數是 6。次數分配表通常是由類別變數求得。

集中量數用來描述一組分數的中心（或中央位置），包括平均數（mean）、中位數（median），及眾數（mode）。**平均數**是算術平均數（分數的總和除以個數），**中位數**是中間的分數（假定分數由最小到最大排序），而**眾數**則是資料集出現最多的分數（可能有多個）。

變異量數用來描述一組分數的分散及變異程度，**標準差**（standard deviation）及**變異數**（variance）是兩個常用的變異量數。標準差是用來衡量分數與平均數的平均距離，變異數則是標準差的平方。其他的變異量數包含全距（最大值及最小值的差異）及四分位距（一個分配中第 25 及 75 個百分位數的差異）。

以下將使用圖 2.1 的資料，以說明在 SPSS 中如何計算次數分配、集中量數，及變異量數。

參與者	性別	數學入學成績	大學	SAT 數學成績
1	1	24	1	570
2	1	18	2	450
3	2	34	1	600
4	2	27	2	450
5	1	15	1	580
6	1	26	1	550
7	1	42	2	480
8	2	25	1	520
9	2	31	1	450
10	2	44	2	550

圖 2.1 範例資料集。（**注**：包含參與者變數是為了說明之用，不需要輸入到 SPSS 中。）

資料

在圖 2.1 的資料中，記錄著參與者的性別（**gender**）、數學入學成績（**mathexam**）、在家或外出就讀大學（**college**），及他們 SAT 數學成績（**satquant**）。**Gender** 及 **college** 是類別變數，**mathexam** 及 **satquant** 是連續變數，分數愈高表示在兩個評量的表現愈好（**mathexam** 介於 0 到 50 分，**satquant** 介於 200 到 800 分）。性別（**gender**）這個變數，男性指派為 "1"，女性為 "2"；大學（**college**）這個變數，在家讀大學指派為 "1"，出外讀大學指派為 "2"。

對資料做過概述後，接著我們將輸入資料到 SPSS 中。

步驟 1：建立變數

步驟 1 及步驟 2 說明如何在 SPSS 中輸入資料。這份資料也存放在 Chapter 2 資料夾下，名為 *descriptive statistics.sav*，讀者可從 www.pearsonhighered.com/yockey 下載。如果你比較想從電腦中開啟該資料檔案，則請直接閱讀步驟 3。

1.　開啟 SPSS。
2.　點擊**變數檢視**標籤。

我們將在 SPSS 中建立四個變數，名稱分別為 **gender**、**mathexam**、**college**，及 **satquant**。

3.　使用第 1 章所說的方法分別在**變數檢視**視窗的前四列輸入 **gender**、**mathexam**、**college**，及 **satquant** 的變數名稱（見圖 2.2）。

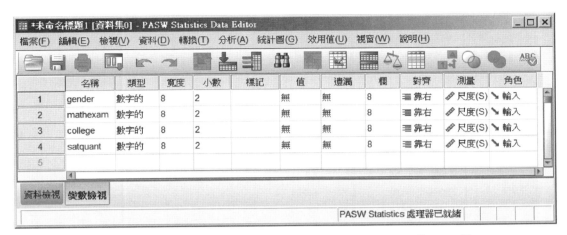

圖 2.2　在**變數檢視**視窗中已輸入變數名稱 gender、mathexam、college，及 satquant。

在輸入變數前，我們將為類別變數 **gender** 及 **college** 建立數值註解。

4.　按照第 1 章所介紹的步驟，為 **gender** 及 **college** 建立數值註解。**gender** 這個變數，1=「男性」，2=「女性」；**college** 這個變數，1=「在家」，2=「出外」。

步驟 2：輸入資料

接著，我們將輸入資料到 SPSS 中。

輸入資料

1.　點擊**資料檢視**標籤。在**資料檢視**視窗的前四欄可以看到變數 **gender**、**mathexam**、**college**，及 **satquant**。

2.　對照圖 2.1，依序輸入每個參與者在四個變數的數值。第一個參與者，在 **gender**、**mathexam**、**college**，及 **satquant** 變數中分別輸入 *1*、*24*、*1*，及 *570*。依此方法，輸入 10 個參與者的所有資料。完成的資料集顯示如第 34 頁圖 2.3。

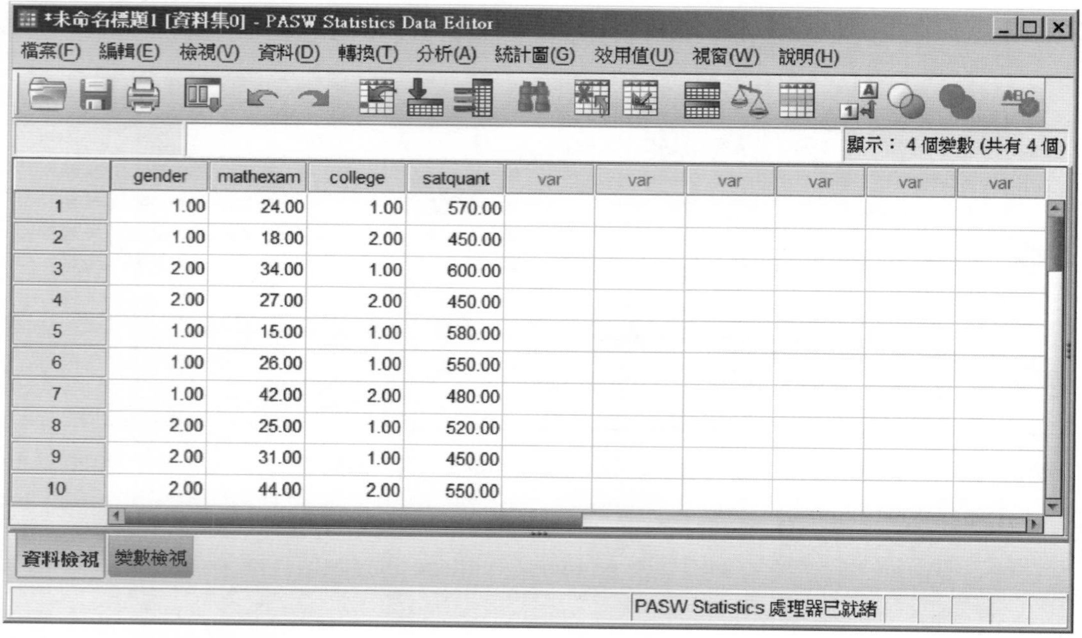

	gender	mathexam	college	satquant	var	var	var	var	var	var
1	1.00	24.00	1.00	570.00						
2	1.00	18.00	2.00	450.00						
3	2.00	34.00	1.00	600.00						
4	2.00	27.00	2.00	450.00						
5	1.00	15.00	1.00	580.00						
6	1.00	26.00	1.00	550.00						
7	1.00	42.00	2.00	480.00						
8	2.00	25.00	1.00	520.00						
9	2.00	31.00	1.00	450.00						
10	2.00	44.00	2.00	550.00						

圖 2.3　完整的 10 個參與者之資料集。

步驟 3：分析資料

在分析資料時，首先要計算類別變數 **gender** 及 **college** 的次數分配，接著計算連續變數 **mathexam** 及 **satquant** 的集中量數及變異量數。

次數分配

要計算 **gender** 及 **college** 的次數分配，從選單列選擇

1.　**分析＞敘述統計＞次數分配表…**（見圖 2.4）。

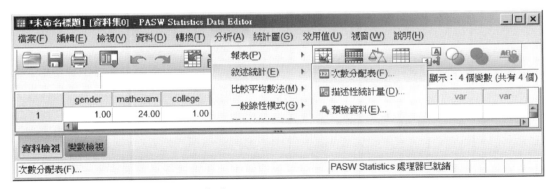

圖 2.4　**次數分配表**程序的選單指令。

這時會出現**次數**對話窗，同時 **gender**、**mathexam**、**college**，及 **satquant** 變數會在對話窗的左邊（見圖 2.5）。

圖 2.5　**次數**對話窗。

2.　選取 **gender** 並按住 *Ctrl* 鍵（*Ctrl* 鍵在你鍵盤左下角），再選擇 **college**（此時 **gender** 及 **college** 會同時被選取）。點擊向右箭頭按鈕（）將這兩個變數移到**變數**窗格中。[1]詳見第 36 頁圖 2.6。

3.　點擊**確定**。

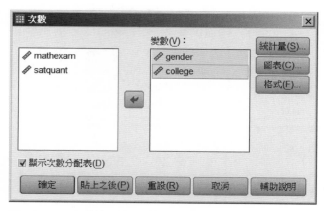

圖 2.6　*次數*對話窗（續）。

執行**次數分配表**程序後，輸出結果會出現在**瀏覽器**視窗。在說明 **gender** 及 **college** 的**次數分配表**之前，我們先取得 **mathexam** 及 **satquant** 的描述統計量。

（為了保持全書的一貫性，我們將從**資料編輯**視窗執行分析程序。由於目前是開啟**瀏覽器**視窗，在執行下一分析之前，我們將開啟**資料編輯**視窗。）

開啟資料編輯視窗

1. 從選單列選擇**視窗 > 未命名標題**-PASW Statistics Data Editor。此時會開啟**資料編輯**視窗。（如果你是從網站獲得資料檔，要從選單列選擇**視窗 >** descriptive statistics.sav-PASW Statistics Data Editor。在本章中，此說明適用於從網站獲得資料檔的讀者。）

集中及變異量數

接著，將使用**次數分配表**程序來獲得連續變數 **mathexam** 及 **satquant** 的集中及變異量數。

獲得集中及變異量數

1. 從選單列選擇**分析 > 敘述統計 > 次數分配表**...（見圖 2.4）。[2]

2. **次數**的對話窗開啟後，點擊**重設**的按鈕將**變數**窗格中的變數清除。選取 **mathexam** 並按住 *Ctrl* 鍵，再選擇 **satquant**（此時 **mathexam** 及 **satquant** 會同時被選取）。點擊向右箭頭按鈕（⬇）將這兩個變數移到**變數**窗格中（見圖 2.7）。

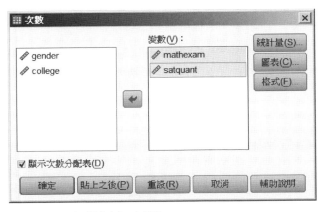

圖 2.7 次數對話窗（續）。

3. 點擊**統計量**按鈕，此時會開啟**次數分配表：統計量**的對話窗。在**集中趨勢**項下，勾選**平均數、中位數**，及**眾數**。在**分散情形**項下，勾選**標準差、變異數、範圍**（譯注：即**全距**）、**最小值**，及**最大值**。詳見圖 2.8。

4. 點擊**繼續**。

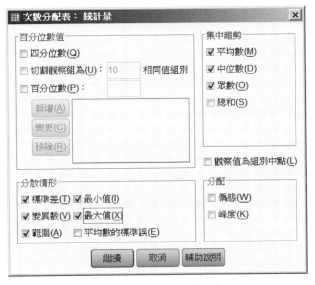

圖 2.8 次數分配表：統計量對話窗。

5.　在**次數**對話窗中，點擊**顯示次數分配表**左邊窗格的✓以關閉這個選項。此時窗格中是空白，表示**不顯示 mathexam** 及 **satquant** 變數的次數分配表（對連續變數而言，通常不顯示次數分配表，因為集中量數及變異量數可以呈現更多訊息）。詳見圖 2.9。

6.　點擊**確定**。

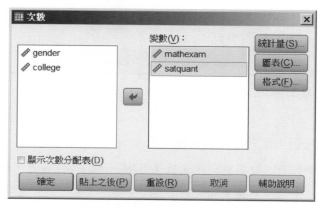

圖 2.9　**次數**對話窗（不勾選**顯示次數分配表**）。

在 SPSS 中執行**次數分配表**程序後，輸出結果會出現在**瀏覽器**視窗。在說明**次數分配表**的輸出之前，要先說明**平均數**程序。

使用平均數程序分析各組描述統計

　　平均數程序相當有用，它可以**分別**獲得感興趣變數的各組描述統計量。例如，分別獲得在家讀大學及出外讀大學之參與者的平均數學 SAT 分數（**satquant**），而不是獲得所有參與者的平均分數。我們將說明使用**平均數**程序以分別獲得不同就讀大學組在 **satquant** 的平均數及標準差。

獲得平均數程序

1.　確認已開啟**資料檢視**視窗（選擇**視窗**＞未命名標題-PASW Statistics Data Editor）。

2.　從選單列選擇**分析**＞**比較平均數法**＞**平均數**…（詳見圖 2.10）。

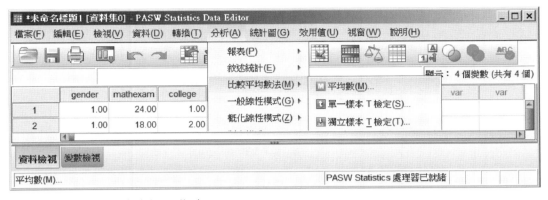

圖 2.10　**平均數**程序之選單指令。

3.　這時會出現**平均數**對話窗（見圖 2.11）。

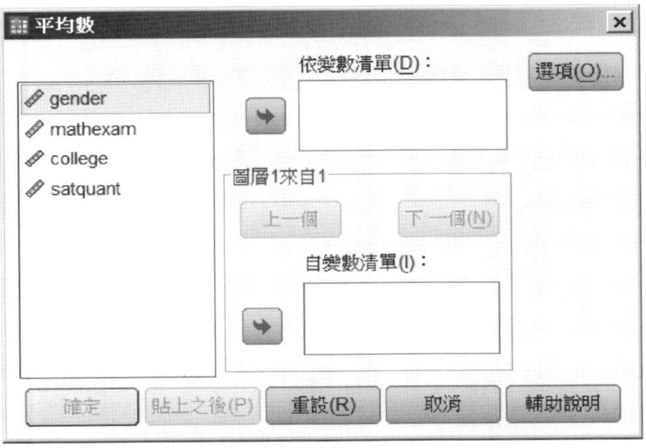

圖 2.11　**平均數**對話窗。

　　將想獲得平均數及標準差的變數（**satquant**）移到**依變數清單**窗格，而包含不同組別的變數（**college**）移到**自變數清單**窗格。

4.　選取 **satquant** 並點擊上面的向右箭頭按鈕（　），將它移到**依變數清單**窗格。

5.　選取 **college** 並點擊下面的向右箭頭按鈕（　），將它移到**自變數清單**窗格（見第 40 頁圖 2.12）。

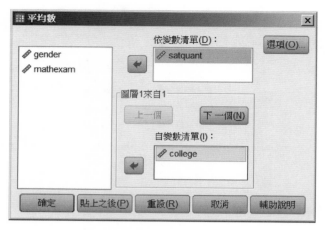

圖 2.12　**平均數**對話窗（續）。

6.　點擊**選項**。此時會開啟**平均數：選項**對話窗（見圖 2.13）。

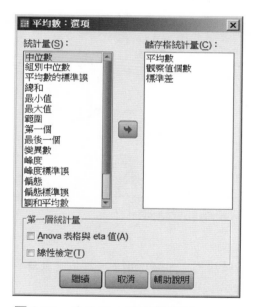

圖 2.13　**平均數：選項**對話窗。

　　在左邊的對話窗（標題為**統計量**）是一些可以選取的統計量，右邊（標題為**儲存格統計量**）是內定要計算的統計量。由於**平均數**及**標準差**已經在右邊，就將內定的選項留在原處。（雖然可以選擇**觀察值個數**並按箭頭移到**統計量**的窗格中，但是由於它不會對結果產生不利的影響，因此我就們將其留在原處。）

7. 點擊**繼續**。

8. 點擊**確定**。

在 SPSS 執行**平均數**程序後，輸出結果會出現在**瀏覽器**視窗。說明輸出結果前，還要使用**平均數**程序進行最後的分析。這次我們將使用圖層選項以獲得**兩個**類別變數的平均數，而不只是獲得**一個**變數之不同組別的平均數及標準差（如同用 **college** 變數所做的分析）。為了說明這個過程，我們將獲得不同大學（**college**）組別分層（或細分）下，各性別（**gender**）的 SAT 數學平均數（**satquant**）。分析後會得到四個不同的 **satquant** 平均數：男性在家就讀大學、女性在家就讀大學、男性出外就讀大學，及女性出外就讀大學。

使用圖層選項以完成平均數程序

1. 開啟**資料檢視**視窗（選擇**視窗＞未命名標題-PASW Statistics Data Editor**）。

2. 從選單列選擇**分析＞比較平均數法＞平均數…**（詳見圖 2.10）。

3. 開啟**平均數**對話窗，此時 **satquant** 會在**依變數清單**窗格中，而 **college** 會在**自變數清單**窗格中（見圖 2.14）。（**注**：如果先前你沒有進行**平均數**程序，就需要將 **satquant** 及 **college** 移到各自的窗格。）

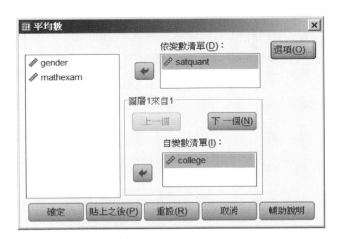

圖 2.14　**平均數**對話窗。

4. 為了將結果再依性別（**gender**）分層，在對話窗中**圖層 1 來自 1** 的部分點擊**下一個**鈕

（點擊**下一個**之後，會在**上一個**鈕上方看到「**圖層 2 來自 2**」）。選擇 **gender** 並點擊下方的向右箭頭按鈕（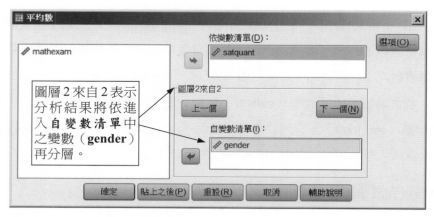）將它移到**自變數清單**窗格中（見圖 2.15）。

5. 點擊**確定**。

圖 2.15　使用圖層選項的**平均數**程序。

在 SPSS 執行**平均數**程序後，輸出結果會出現在**瀏覽器**視窗。接著，將說明在本章中進行分析的輸出結果。回顧一下，這四個分析是：

1. 變數 **college** 及 **gender** 的次數分配表。
2. 變數 **mathexam** 及 **satquant** 的集中及變異量數。
3. 不同 **college** 組別的 **satquant** 平均數及標準差。
4. 不同 **college** 組別中分層於 **gender** 的 **satquant** 平均數及標準差。

步驟 4：解釋輸出結果

四個分析的輸出呈現於圖 2.16 到 2.19。〔如果你讀完本章並在自己的電腦上完成分析，將輸出（**瀏覽器**）視窗捲動到頂端的第一個結果——**gender** 及 **college** 的次數分配表。〕

分析 1：次數分配表程序——Gender 及 College

我們進行的第一個分析結果（**gender** 及 **college** 的次數分配表）顯示於圖 2.16。

次數分配表

統計量

		gender	college
個數	有效的	10	10
	遺漏值	0	0

次數分配表

gender

		次數	百分比	有效百分比	累積百分比
有效的	男性	5	50.0	50.0	50.0
	女性	5	50.0	50.0	100.0
	總和	10	100.0	100.0	

college

		次數	百分比	有效百分比	累積百分比
有效的	在家	6	60.0	60.0	60.0
	出外	4	40.0	40.0	100.0
	總和	10	100.0	100.0	

圖 2.16　對 gender 及 college 進行**次數分配表**的輸出結果。

次數分配表——統計量

統計量表格顯示變數 **gender** 及 **college** 的樣本數。表格中指出兩者的有效觀察值是 10 人（兩個變數的 10 個人都有數值）。**遺漏值**列的 0 顯示任一個變數都沒有遺漏值（假使 **gender** 有一個遺漏值，表示有一個參與者的性別未被記錄）。

次數分配表——Gender

性別（**gender**）的次數分配表顯示不同性別的次數或參與者人數。在此表格中，顯示有五名男性及五名女性，在資料中不同性別各有 50%。

次數分配表——College

大學（**college**）的次數分配表顯示每個就讀大學類別的次數。表格顯示有六名學生在家就讀大學，四名學生出外就讀大學，分別是 60%及 40%。

分析 2：次數分配表程序──Mathexam 及 Satquant

我們進行的第二個分析結果（**mathexam** 及 **satquant** 的次數分配表）顯示於圖 2.17。

次數分配表程序顯示連續變數 **mathexam** 及 **satquant** 的**統計量**。（記得：我們勾選這兩個變數的集中及變異量數。）數學入學成績（**mathexam**）的平均數及標準差是 28.60 及 9.38（四捨五入到小數第二位），而 SAT 數學成績（**satquant**）則分別是 520.00 及 58.31。最小值及最大值顯示資料集當中最小及最大的數值，此有助於確定所有的資料是在可能的數值範圍（如果數值超過範圍最有可能是資料輸入發生錯誤）。數學入學成績（**mathexam**）的最小值及最大值是 15.00 及 44.00，SAT 數學成績（**satquant**）則分別是 450.00 及 600.00，表示任一變數都沒有超過範圍的數值（如前所述，**mathexam** 的可能範圍是 0 到 50，**satquant** 則是 200 到 800）。[3]

次數分配表

統計量

		mathexam	satquant
個數	有效的	10	10
	遺漏值	0	0
平均數		28.6000	520.0000
中位數		26.5000	535.0000
眾數		15.00[a]	450.00
標準差		9.38320	58.30952
變異數		88.044	3400.000
範圍		29.00	150.00
最小值		15.00	450.00
最大值		44.00	600.00

a. 存在多個眾數，顯示的為最小值。

圖 2.17　對 **mathexam** 及 **satquant** 進行
次數分配表程序的輸出結果。

分析 3：平均數程序──不同 College 的 Satquant

我們進行的第三個分析結果（不同 **college** 的 **satquant** 平均數）顯示於圖 2.18。

平均數

觀察值處理摘要

	觀察值					
	包括		排除		總和	
	個數	百分比	個數	百分比	個數	百分比
satquant * college	10	100.0%	0	.0%	10	100.0%

報表

satquant

college	平均數	個數	標準差
在家	545.0000	6	53.94442
出外	482.5000	4	47.16991
總和	520.0000	10	58.30952

圖 2.18　對不同大學組別（**在家及外出**）的 satquant 分數進行**平均數**程序的輸出結果。

觀察值處理摘要

　　觀察值處理摘要表指出包含在分析中的觀察值個數（10）、排除的觀察值個數（0），及觀察值個數總和（10）。此表格顯示所有 10 個參與者都被包含在分析中（所有 10 個人在 **satquant** 及 **college** 中都有數值）。

報表

　　報表的表格顯示就讀大學類別中在家、出外，及總和（在家及出外合併）的平均數、樣本數（個數），及標準差。檢視兩組的平均數，六個在家讀大學的學生，平均 **satquant** 分數（545.00）比四個出外讀大學的學生高（482.50）。在家讀大學者，其 **satquant** 分數的變異也比外出讀大學者稍微高些（在家者的標準差是 53.94，而出外者的標準差是 47.17）。所有樣本（**總和**）的平均 **satquant** 分數是 520.00，標準差是 58.31（此與第二個分析所得的數值一致）。

分析 4：平均數程序——不同 College 下，分層於 Gender 的 Satquant

　　我們進行的最後一個分析結果（不同 **college** 下，分層於 **gender** 的 **satquant** 平均數）顯示於第 46 頁圖 2.19。

平均數

觀察值處理摘要

	觀察值					
	包括		排除		總和	
	個數	百分比	個數	百分比	個數	百分比
satquant * college * gender	10	100.0%	0	.0%	10	100.0%

報表

satquant

college	gender	平均數	個數	標準差
在家	男性	566.6667	3	15.27525
	女性	523.3333	3	75.05553
	總和	545.0000	6	53.94442
出外	男性	465.0000	2	21.21320
	女性	500.0000	2	70.71068
	總和	482.5000	4	47.16991
總和	男性	526.0000	5	57.70615
	女性	514.0000	5	65.03845
	總和	520.0000	10	58.30952

圖 2.19 不同 college 下，分層於 gender 的 satquant 平均數程序輸出結果。

觀察值處理摘要

　　觀察值處理摘要表指出包含在分析中的觀察值個數（10）、排除的觀察值個數（0），及觀察值個數總和（10）。此表格顯示所有 10 個參與者都被包含在分析中（所有 10 個人在 **satquant**、**college**，及 **gender** 中都有數值）。

報表

　　報表的表格顯示不同 **college** 下，分層於 **gender** 的 **satquant** 平均數、樣本數（個數），及標準差。表格的第一部分顯示在家就讀大學者，男女兩性的平均數及標準差。男性的 **satquant** 平均數較女性高（566.67 對 523.33），而女性的標準差較大（75.06 對 15.28）。第二部分顯示出外就讀大學者，男女兩性的平均數及標準差。在這一組學生，女性 **satquant** 的平均數較男性高（500.00 對 465.00），且標準差也較大（70.71 對 21.21）。最後的部分顯示男女兩性中合併在家及出外後的平均數及標準差。當就讀大學的兩組合併後，男性的平均 **satquant** 分數較女性高（526.00 對 514.00），而女性的標準差較大（65.04 對 57.71）。

在 SPSS 中進行**次數分配表**及**平均數**程序的說明到此結束。

執行次數分配表及平均數程序步驟之摘要

I.　輸入資料

1.　在 SPSS 中，經由在**變數檢視**視窗輸入變數名稱建立變數。

2.　為每個類別變數建立數值註解。在**變數檢視**視窗輸入數值及適當的標記。點擊**確定**。

3.　在**資料檢視**視窗輸入每個參與者的資料。

II.　分析資料

使用次數分配表程序獲得次數分配

1.　從選單列選擇**分析**>**敘述統計**>**次數分配表**…。

2.　把要分析的類別變數移到**變數**窗格中。

3.　點擊**確定**。

使用次數分配表程序獲得描述統計量

1.　從選單列選擇**分析**>**敘述統計**>**次數分配表**…。

2.　把要分析的連續變數移到**變數**窗格中。

3.　點擊**統計量**。

4.　選擇感興趣的統計量。

5.　點擊**繼續**。

6.　在**次數**對話窗中，取消**顯示次數分配表**。

7.　點擊**確定**。

使用平均數程序以獲得一個或多個類別變數的描述統計量

1.　從選單列選擇**分析**>**比較平均數法**>**平均數**…。

2.　把要獲得描述統計量的變數移到**依變數清單**窗格中，類別變數則移到**自變數清單**窗格中。

3. 如果要再以第二個類別變數進行分層，點擊**圖層**鈕並把類別變數移到**自變數清單**窗格中。（如果不想將結果依第二個變數進行分層，則省略此步驟。）

4. 點擊**確定**。

練習

1. 一位足球教練要評估兩種踢球方法（腳尖踢及腳跟踢）對有效踢球的影響。四個男孩及四個女孩分別使用其中一種方法踢球，並記錄其距離（以呎為單位）及精確度（1 到 10 分）。同時，也判定每個孩子的經驗水準，分數較高表示有較多的經驗。一半的孩子（兩男兩女）使用腳尖踢球，另一半則以腳跟來踢。資料顯示如圖 2.20。性別（**gender**）變數，1=「男生」，2=「女生」；方法（**method**）變數，1=「腳尖」，2=「腳跟」。

Gender	Method	Experience	Distance	Accuracy
1	1	5	50	5
1	1	6	45	4
1	2	2	35	6
1	2	9	40	9
2	1	2	42	3
2	1	7	39	6
2	2	4	28	7
2	2	2	32	6

圖 2.20　踢足球研究中八個孩子的資料。

輸入資料到 SPSS 中，並進行適當的統計分析以回答下面問題。將 **gender** 及 **method** 輸入適當的數值註解。

a. 呈現 **gender** 及 **method** 的次數。

b. 呈現全體樣本在 **experience**、**distance**，及 **accuracy** 變數之平均數及標準差。

c. 分別呈現男女生在 **experience**、**distance**，及 **accuracy** 變數之平均數及標準差。在這三個變數中，哪一組的平均數較高？哪一組的標準差較大？

d. 分別呈現腳尖踢及腳跟踢兩種方法在 **experience**、**distance**，及 **accuracy** 變數之平均數及標準差。在這三個變數中，哪一組的平均數較高？哪一組的標準差較大？

e. 呈現不同 **gender** 下，分層於 **method** 在 **experience**、**distance**，及 **accuracy** 變數之平均數及標準差。四種情境下，哪一組的平均經驗（**experience**）及精確度（**accuracy**）最低？哪一組平均踢球距離（**distance**）最遠？

2. 一個學生蒐集對三個美國城市水質主觀感覺的資料。她從中西部、西海岸，及東海岸的三個主要城市分別選取 10 個樣本（5 男 5 女）。每個受試者品嚐他們居住城市的自來水（水由研究者提供），並就口感及澄清度給予 1 到 10 的評分〔愈高的分數代表較好的口感（**taste**）及澄清度（**clarity**）〕。資料存放在 Chapter 2 資料夾下，名為 *Chapter 2_Exercise 2.sav*，讀者可在 www.pearsonhighered.com/yockey 下載。資料檔包含 30 個參與者在變數 location、gender、taste，及 clarity 的數值。**Location** 變數，1=「西海岸」，2=「中西部」，3=「東海岸」。**Gender** 變數，1=「男性」，2=「女性」。在 SPSS 中開啟資料檔，並進行適當的統計分析以回答下列問題。

a. 呈現 **location** 及 **gender** 變數的次數分配表。

b. 呈現全體樣本在 **taste** 及 **clarity** 變數之平均數及標準差。

c. 呈現不同地區在 **taste** 及 **clarity** 變數之平均數及標準差。兩個變數中，哪一個地區的平均數最高？哪一個地區的標準差最大？

d. 呈現不同性別在 **taste** 及 **clarity** 變數之平均數及標準差。兩個變數中，哪一組的平均數最高？哪一組的標準差最大？

e. 呈現不同 **gender** 下，分層於 **location** 在 **taste** 及 **clarity** 變數之平均數及標準差。六種情境下，哪一組的平均 **taste** 最低？哪一組的平均 **clarity** 最低？哪一組的平均 **taste** 及 **clarity** 最高？

3. 一位研究者蒐集 30 名兒童在閱讀表現及每天看電視的時間之資料。同時也蒐集參與者的性別及社會經濟地位（SES）資料。資料存放在 Chapter 2 資料夾下，名為 *Chapter 2_Exercise 3.sav*，讀者可在 www.pearsonhighered.com/yockey 下載。資料包含變數 **gender**、**ses**、**hourstv**，及 **readingscores**。**Gender** 變數，1=「男性」，2=「女性」。**Ses** 變數，1=「低」，2=「中」，3=「高」。閱讀分數（readingscores）從 0 到 50，分數高表示有較好的閱讀表現。在 SPSS 中開啟資料檔，並進行適當的統計分析以回

答下列問題。

a.　呈現 **gender** 及 **ses** 變數的次數分配表。

b.　呈現全體樣本在 **hourstv** 及 **readingscores** 變數之平均數及標準差。

c.　呈現不同性別在 **hourstv** 及 **readingscores** 變數之平均數及標準差。兩個變數中，哪一組的平均數最高？哪一組的標準差最大？

d.　呈現不同 **gender** 下，分層於 **ses** 在 **hourstv** 及 **readingscores** 變數之平均數及標準差。哪一組平均看電視的時間最多？哪一組平均閱讀分數最高？

第 3 章

繪圖程序

在本章，我們將在 SPSS 中繪製不同的統計圖。經由繪圖，你可以很快判斷分數的分配形狀、資料的全體變異程度，也可以發現離異值，或是在資料中無法代表多數趨勢的數值。我們將使用 SPSS 以繪製一些經常使用的統計圖，包含條形圖（bar chart）、直方圖（histogram）、散佈圖（scatterplot），及盒形圖（boxplot）。

我們將使用在第 2 章建立的資料檔以繪製統計圖。這份資料也存放在 Chapter 3 資料夾下，名為 *descriptive statistics.sav*，讀者可從 www.pearsonhighered.com/yockey 下載。（**注**：以下的指令都假設你已從網頁下載 *SPSS Demystified* 檔案到你的電腦裡。）

從你的電腦開啟檔案

1. 啟動 SPSS。
2. 從選單列選擇**檔案＞開啟＞資料…**。
3. 此時會出現**開啟資料**的對話窗（如果使用 SPSS 14.0 或之前的版本，對話窗的標題是**開啟檔案**）。點擊列表箭頭，並選擇在你電腦中的 *SPSS Demystified* 檔案。
4. 雙擊 *Chapter 3* 打開資料夾，此時可以看到 *descriptive statistics.sav*（在你的電腦中，可能看不到 ".sav" 附屬檔名）（**譯注**：Windows Vista 之後的作業系統，內定不顯示附屬檔名），雙擊以開啟此檔。稍候一下，在 SPSS 的**資料編輯**視窗會開啟這個檔案。資料檔顯示如第 52 頁圖 3.1。（**注**：假使你未在電腦螢幕看到檔案，從選單列選擇**視窗**＞descriptive statistics.sav-PASW Statistics Data Editor 以啟動**資料編輯**視窗。）

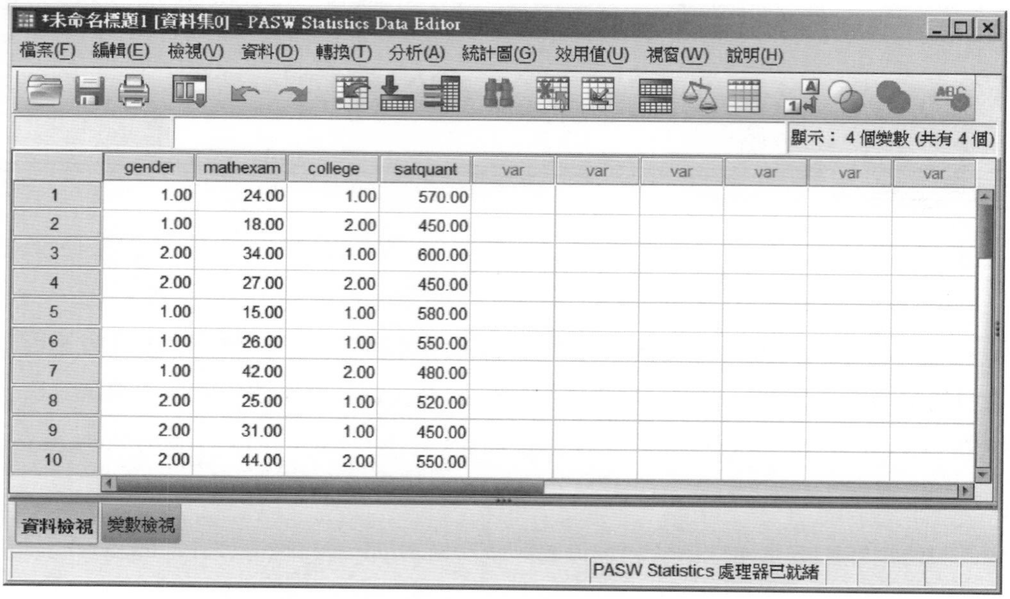

圖 3.1　*descriptive statistics.sav* 資料檔。

條形圖

　　我們第一個要在 SPSS 繪製的是條形圖。條形圖用來表示變數中每個類別的次數或觀察值個數（條形圖通常適用於類別變數）。我們將使用變數 **college** 來繪製條形圖（**譯注**：SPSS 中文版有時顯示為**長條圖**，兩者意義相同）。

在 SPSS 中繪製條形圖

1.　從選單列選擇**統計圖＞歷史對話記錄＞條形圖...**（見圖 3.2）。（**注**：如果你使用 SPSS 14.0 或之前的版本，選單指令是**統計圖＞條形圖**。後續的指令都相同。）

圖 3.2　**條形圖**程序的選單指令。

2.　開啟**長條圖**對話窗。我們使用內定的**簡單**選項以繪製 **college** 之條形圖。點擊**定義**（見圖 3.3）。

圖 3.3　**長條圖**對話窗。

3.　此時出現**定義簡單條形圖：採觀察值組別之摘要**對話窗。選擇 **college** 並點擊第二個向右箭頭按鈕（　）將它移到**類別軸**窗格中。詳見第 54 頁圖 3.4。

4.　點擊**確定**。

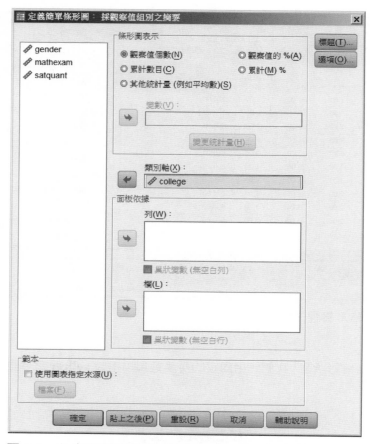

圖 3.4　定義簡單條形圖：採觀察值組別之摘要對話窗。

在**瀏覽器**視窗會產生 **college** 的條形圖（在繪製所有的統計圖後，會再說明條形圖）。

直方圖

接著，我們要在 SPSS 中繪製直方圖。直方圖用來表示連續變數區間的次數或觀察值個數。我們將使用變數 **mathexam** 來繪製直方圖。

在 SPSS 中繪製直方圖

1.　從選單列選擇**視窗**＞descriptive statistics.sav-PASW Statistics Data Editor 以啟動**資料編輯**視窗。

2.　從選單列選擇**統計圖＞歷史對話記錄＞直方圖**…以在 SPSS 繪製直方圖（見圖 3.5）。
（**注**：如果你使用 SPSS 14.0 或之前的版本，選單指令是**統計圖＞直方圖**。後續的指令都相同。）

圖 3.5　**直方圖**程序的選單指令。

3.　此時會出現**直方圖**對話窗。

4.　選擇 **mathexam** 並點擊上面向右箭頭按鈕（➡）將它移到**變數**窗格中（見第 56 頁圖 3.6）。

5.　點擊**確定**。

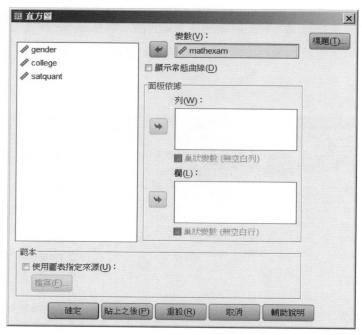

圖 3.6　**直方圖**對話窗。

在**瀏覽器**視窗會產生 **mathexam** 的直方圖（在繪製所有的統計圖後，會再說明直方圖）。

散佈圖

接著，我們要在 SPSS 中繪製散佈圖。散佈圖繪製參與者在兩個變數之反應的座標圖（兩個變數之分數相交的點），當計算相關係數時經常會使用到它（第 12 章會說明相關）。我們將繪製變數 **mathexam** 及 **satquant** 的散佈圖。

在 SPSS 中繪製散佈圖

1. 從選單列選擇**視窗**＞descriptive statistics.sav-PASW Statistics Data Editor 以啟動**資料編輯**視窗。

2. 從選單列選擇**統計圖**＞**歷史對話記錄**＞**散佈圖／點狀圖**…以在 SPSS 繪製散佈圖（見圖 3.7）。（**注**：如果你使用 SPSS 14.0 或之前的版本，選單指令是**統計圖**＞**散佈圖／點狀圖**。後續的指令都相同。）

圖 3.7　SPSS 中散佈圖程序的選單指令。

3.　此時會出現**散佈圖／點形圖**對話窗（見圖 3.8）。我們使用內定的**簡單散佈**選項以繪製 **mathexam** 及 **satquant** 之散佈圖。點擊**定義**。

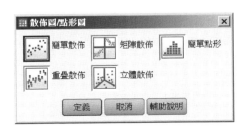

圖 3.8　**散佈圖／點形圖**對話窗。

4.　接著出現**簡單散佈圖**對話窗。選擇 **mathexam** 並點擊上面的向右箭頭按鈕（⬛）將它移到 *Y* **軸**窗格中。選擇 **satquant** 並點擊第二個向右箭頭按鈕（⬛）將它移到 *X* **軸**窗格中（見第 58 頁圖 3.9）。

5.　點擊**確定**。

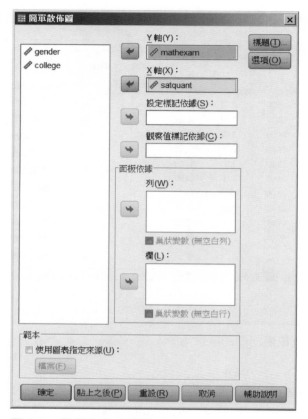

圖 3.9   **簡單散佈圖**對話窗。

在**瀏覽器**視窗會產生 **mathexam** 及 **satquant** 的散佈圖（在繪製所有的統計圖後，會再說明散佈圖）。

盒形圖

接著，我們要在 SPSS 中繪製盒形圖。盒形圖在顯示變數的中央點（中位數）、資料中 50% 的數值、整體的分布，及資料中有無任何離異值等訊息時相當有用。我們將使用變數 **mathexam** 來繪製盒形圖。

在 SPSS 中繪製盒形圖

1.   從選單列選擇**視窗** > descriptive statistics.sav-PASW Statistics Data Editor 以啟動 **資料編輯**視窗。

2.　從選單列選擇**統計圖 > 歷史對話記錄 > 盒形圖**…以在 SPSS 繪製盒形圖（見圖 3.10）。

　　（**注**：如果你使用 SPSS 14.0 或之前的版本，選單指令是**統計圖 > 盒形圖**。後續的指令都相同。）

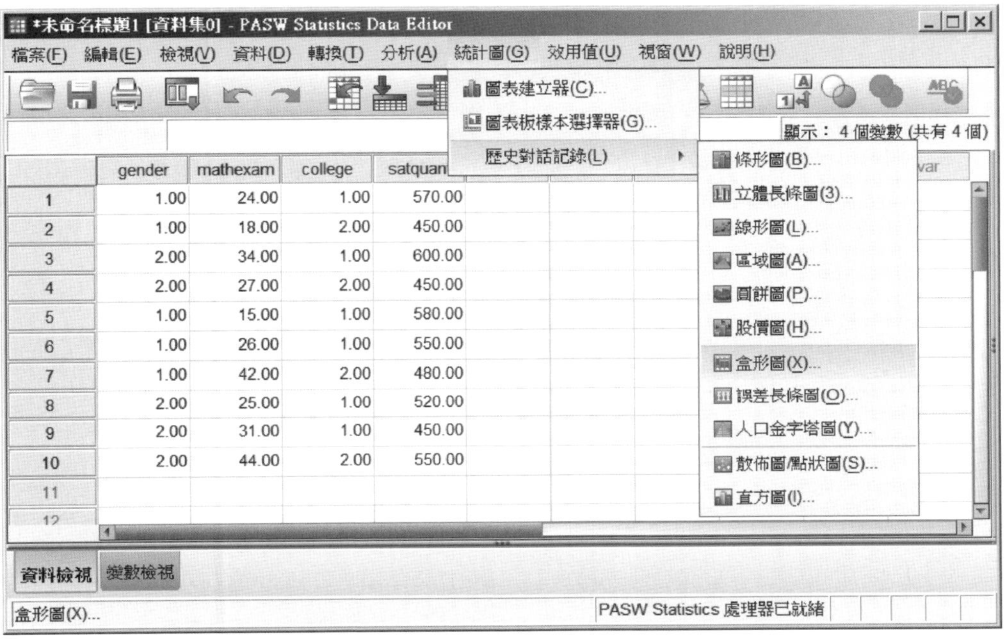

圖 3.10　**盒形圖**程序的選單指令。

3.　此時會出現**盒形圖**對話窗。保留內定的**簡單**選項，在**圖表中資料為**的窗格中，選擇**各個變數之摘要**（見圖 3.11）。

圖 3.11　**盒形圖**對話窗。

4.　點擊**定義**。

5.　接著出現**定義簡單盒形圖：採各個變數之摘要**對話窗。選擇變數 **mathexam** 並點擊上面的向右箭頭按鈕（⬆）將它移到**盒形圖表示**窗格中（見圖 3.12）。

6.　點擊**確定**。

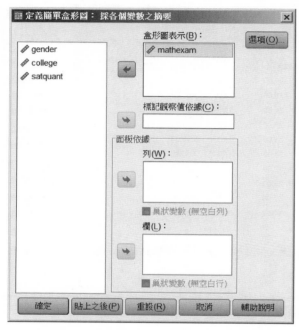

圖 3.12　定義簡單盒形圖：採各個變數之摘要
對話窗。

在**瀏覽器**視窗會產生 **mathexam** 的盒形圖。

接著，我們要說明前面繪製的四個不同統計圖——條形圖、直方圖、散佈圖，及盒形圖。

解讀結果

條形圖——College

在圖 3.13 的 **college** 條形圖中，組別（**在家**或**出外**）顯示在水平軸（X 軸），而次數（標題為**個數**）則顯示於垂直軸（Y 軸）。在條形圖的垂直軸，長條的高度與各組別的次數一致。條形圖顯示有六個學生在家讀大學，有四個學生是出外讀大學。

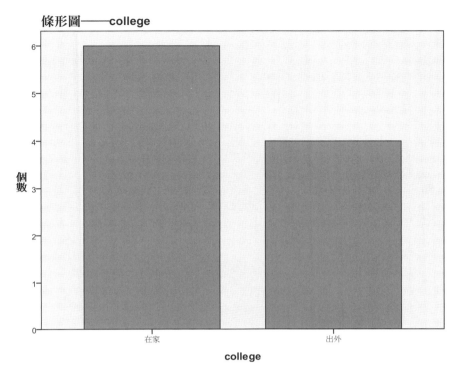

圖 3.13　變數 college 的條形圖。

直方圖——**Mathexam**

在第 62 頁圖 3.14 的直方圖中，*X* 軸顯示 **mathexam** 的數值（由最小到最大），*Y* 軸顯示次數。留意，在 *X* 軸上每個長條的寬度為 5 分：第一個長條的組中點是 15，第二個長條的組中點是 20，依此類推（其他的直方圖會有所不同）。圖中次數最多的長條之組中點是 25，次數是 4。留意，SPSS 內定在圖的右邊顯示平均數、標準差，及樣本數。

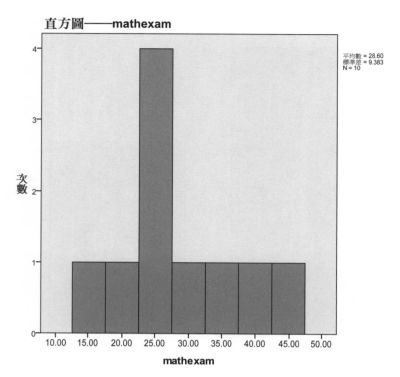

圖 3.14 變數 mathexam 的直方圖。

散佈圖——Mathexam 及 Satquant

圖 3.15 之散佈圖顯示參與者在 **mathexam** 及 **satquant** 的座標（每一座標以圓點表示）。
一如先前我們在**簡單散佈圖**對話窗的定義，**mathexam** 的數值是在 Y 軸，而 **satquant** 的數值
是在 X 軸。在圖中有 10 個座標，每個座標代表個體在兩個變數的分數。例如，在圖中最右邊
代表第三個參與者，他在 **mathexam** 及 **satquant** 的分數分別是 34 及 600。

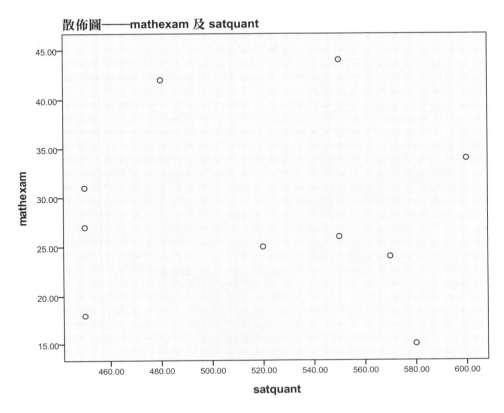

圖 3.15　變數 mathexam 及 satquant 的散佈圖。

盒形圖——Mathexam

第 64 頁圖 3.16 之 **mathexam** 盒形圖對分數所做的彙總與先前直方圖對 **mathexam** 所計算的有所不同。在盒形圖中，長方形盒子包含中間 50%的資料，盒中的線等於中位數。從盒子有線延伸到鬚，鬚上的兩點是排除離異值之後的最小值及最大值，而鬚外的值會以星號表示（本章後面的練習題會有盒形圖之離異值）。（**譯注**：實際上在 SPSS 的盒形圖中，離異值及極端值會分別以圓形及星號表示。）

對繪製統計圖的說明到此為止。

盒形圖——mathexam

觀察值處理摘要

	觀察值					
	有效的		遺漏值		總和	
	個數	百分比	個數	百分比	個數	百分比
mathexam	10	100.0%	0	.0%	10	100.0%

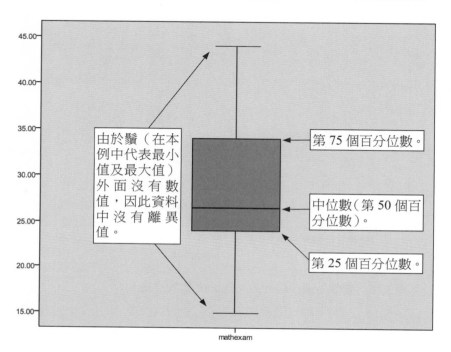

圖 3.16　變數 mathexam 之盒形圖。

在 SPSS 中繪製條形圖、直方圖、散佈圖，及盒形圖步驟之摘要

I.　輸入資料

1.　在 SPSS 中，經由在**變數檢視**視窗輸入變數名稱建立變數。

2.　為每個類別變數建立數值註解。在**變數檢視**視窗輸入數值及適當的標記。點擊**確定**。

3.　在**資料檢視**視窗輸入每個參與者的資料。

II. 分析資料

獲得條形圖

1. 從選單列選擇**統計圖＞歷史對話記錄＞條形圖...**。（**注**：如果使用 SPSS 14.0 或之前的版本，使用**統計圖＞條形圖**。）
2. 在**條形圖**對話窗中，保留內定**簡單**的選項。點擊**定義**。
3. 在**定義簡單條形圖：採觀察值組別之摘要**對話窗，移動要分析的變數到**類別軸**窗格中。
4. 點擊**確定**。

獲得直方圖

1. 從選單列選擇**統計圖＞歷史對話記錄＞直方圖...**。（**注**：如果使用 SPSS 14.0 或之前的版本，使用**統計圖＞直方圖**。）
2. 在**直方圖**對話窗中，移動要分析的變數到**變數**窗格中。
3. 點擊**確定**。

獲得散佈圖

1. 從選單列選擇**統計圖＞歷史對話記錄＞散佈圖／點狀圖...**。（**注**：如果使用 SPSS 14.0 或之前的版本，使用**統計圖＞散佈圖／點狀圖**。）
2. 在**散佈圖／點狀圖**對話窗中，保留內定**簡單散佈**選項。點擊**定義**。
3. 在**簡單散佈圖**對話窗中，移動一個變數到 Y **軸**窗格中，另一個變數到 X **軸**窗格中。
4. 點擊**確定**。

獲得盒形圖

1. 從選單列選擇**統計圖＞歷史對話記錄＞盒形圖...**。（**注**：如果使用 SPSS 14.0 或之前的版本，使用**統計圖＞盒形圖**。）
2. 在**盒形圖**對話窗。保留內定的**簡單**選項。在**圖表中資料為**的窗格中，選擇**各個變數之摘要**。點擊**定義**。
3. 在**定義簡單盒形圖：採各個變數之摘要**對話窗，移動要分析的變數到**盒形圖表示**窗格中。
4. 點擊**確定**。

練習

1. 從一所大學蒐集 10 個二年級學生的資料，包含他們的性別（**gender**）（1=「男」，2=「女」）、每天讀書時數（**hoursstudied**）、每天飲用的咖啡杯數（**cupscoffee**），及他們的平均學業成績（**gpa**）。資料存放在 Chapter 3 資料夾下，名為 *Chapter 3_Exercise 1.sav*，讀者可從 www.pearsonhighered.com/yockey 下載。在 SPSS 中開啟資料檔，進行適當的統計分析以回答下列問題。

   a. 以 **gender** 繪製條形圖並列印結果。資料集當中有多少男性及女性？

   b. 以 **hoursstudied** 繪製直方圖並列印結果。平均每天讀書時數是多少？

   c. 以 **gpa** 及 **hoursstudied** 繪製散佈圖並列印結果（將 **gpa** 放在 Y 軸）。

   d. 以 **cupscoffee** 繪製盒形圖並列印結果。圖中有任何離異值嗎？

2. *Chapter 3_Exercise 2.sav* 資料檔有 15 個人的資料，包含他們是否會過敏（**allergy**）（1=「是」，2=「否」）、去年因病看醫師的次數（**doctorvisits**），及同時期無法工作的天數（**daysmissed**）。

   a. 以 **allergy** 繪製條形圖並列印結果。有多少人會過敏？有多少人不會過敏？

   b. 以 **daysmissed** 繪製直方圖並列印結果。平均無法工作的天數是多少？

   c. 以 **doctorvisits** 繪製盒形圖。圖中有任何離異值嗎？

3. 從七個兒童蒐集到的資料，包含（平均）每週吃速食的次數（**fastfood**）及他們喜歡玉米（**corn**）、胡蘿蔔（**carrots**），及高麗菜（**cabbage**）的程度（1 到 10 分，高分表示喜歡）。資料存放在 Chapter 3 資料夾下，名為 *Chapter 3_Exercise 3.sav*，讀者可從 www.pearsonhighered.com/yockey 下載。在 SPSS 中開啟資料檔，進行適當的統計分析以回答下列問題。

   a. 以 **fastfood** 繪製直方圖並列印結果。

   b. 以 **corn** 繪製直方圖並列印結果。其平均數是多少？

   c. 以 **fastfood** 及 **carrots** 繪製散佈圖並列印結果（將 **carrots** 放在 Y 軸）。

   d. 以 **cabbage** 繪製盒形圖。圖中有任何離異值嗎？

第 4 章

信度（以 alpha 係數測量）

信度指的是某些我們感興趣測驗之分數的一致性或重複性。例如，對一群參與者實施兩次（間隔兩星期）10 個題目的自信測驗。如果參與者在兩次的反應是相同或是很相似，則此測驗就有高的信度；如果兩次的反應很不相似，則此測驗就有很低的信度。

雖然有幾種不同的方式用來估計信度，絕大多數都採用以下兩種形式之一：多次實施測驗或實施一次測驗以求得信度。[1] 多次實施測驗以估計信度，是在不同的時間實施兩次測驗，並測量參與者在兩次測驗反應的一致性。此種形式的信度最常使用的有**重測信度**（相同的測驗實施兩次）及**複本信度**（一次實施兩個相似版本的測驗）。

實施一次測驗的信度，是實施評量一次並衡量參與者在測驗題目反應的一致性。一次測驗之信度有兩種形式：**折半信度**及 **alpha 係數**（也稱為 Cronbach 的 alpha）。求折半信度時，將測驗拆為兩部分並估計參與者在兩部分測驗的一致性。另一方面，alpha 係數並不是以單一次折半來計算，而是在數學上等價於把測驗做所有可能折半之後所求信度的平均數。當使用折半或是 alpha 係數以估計測驗的信度時，測驗中每個題目具有相同的特性是相當重要的，否則內部一致性很可能會降低。在本章，我們將聚焦於 alpha 係數，它是最常被用來估計測驗信度的方法。

Alpha 係數值通常介於 0 到 1 之間，數值愈大表示一組題目的內部一致性愈高。[2] 圖 4.1 所示是不同 alpha 係數的適用性。

接著說明 alpha 係數的範例。

Alpha 係數	適切性
.90 以上	優良
.80 - .89	好
.70 - .79	尚可
.60 - .69	不佳
.59 以下	差

圖 4.1　不同內部一致性 alpha 係數的適切性。

範例

　　在研究案的一部分，某個學生想要估計圖 4.2 由五個題目組成之「生命意義感」量表的內部一致性。

　　圖 4.2 之「生命意義感」的反應為 1 到 5 分，其中 1=「非常不同意」，5=「非常同意」。量表總分由五個題目的反應加總而成，每個參與者的總分介於 5 到 25 之間。高的分數代表比較高程度的生命意義感。二十個大學生完成了五個題目的量表。

生命意義感量表題目	非常 不同意	不同意	非同意 或不同 意	同意	非常 同意
1. 我對生活的方向感到滿意。	1	2	3	4	5
2. 我的生活是有意義的。	1	2	3	4	5
3. 整體而言，我覺得我的生活是上軌道的。	1	2	3	4	5
4. 我不覺得自己生活迷茫。	1	2	3	4	5
5. 我努力實現自己生活的目標。	1	2	3	4	5

圖 4.2　生命意義感量表題目。每個題目的反應是 1（非常不同意）、2（不同意）、3（非同意或不同意）、4（同意），及 5（非常同意）。每個參與者在每個題目中只能選擇一個反應。

　　如果生命意義感的題目有高的一致性（也就是量表是可信的），則參與者對量表題目的反應要相當一致。如圖 4.2 所示，有高度生命意義感的人應是同意或是非常同意這些題目，而有低度生命意義感的人應是不同意或是非常不同意這些題目。由於參與者對量表的反應方式是一致的（例如，某個參與者同意所有的題目，而另一個參與者不同意這些題目），也就使得 alpha 係數較高。當量表包含一個或多個反向題時，此法則就被破壞，我們會在後面討論此議題。

反向題及轉碼

　　圖 4.2 生命意義感量表的設計是某個人如果有比較高的生命意義感，就會傾向同意或非常同意量表中的每個題目（假定量表是可信的）。然而，有些量表是混合題型，某個人如果有某種特定特質則會同意某些題目，但是會**不同意**其他題目。如果某個人有某種特定特質且不同意某些題目，這些題目就稱為**反向題**。（如果把圖 4.2 的第 2 題改寫為「我的生活沒什麼意義。」就成了反向題。某個有較高生命意義感的人比較可能會不同意或非常不同意這個題目。）假如量表有一或多個反向題，在估計內部一致性信度之前，就必須轉碼。轉碼是將反向題字義反轉的過程，因此 1 轉成 5、2 轉成 4，依此類推。題目的轉碼將在附錄 A 說明。

Alpha 係數的目的及資料要求

Alpha 係數

目的	資料要求	範例
估計在一個測驗之反應的內部一致性。	至少要有兩個題目（變數）（雖然一般建議要超過兩個題目）。所有題目是測量相同的特質或特徵。	含有五個題目（變數）的生命意義感量表。將測量參與者在五個題目反應的內部一致性。

資料

　　第 70 頁圖 4.3 顯示 20 個參與者在五個生命意義感量表題目的反應。表格中每一列包含參與者的反應，而行（欄）代表量表中不同的題目。**Meaning1** 是對第 1 題的反應，**meaning2** 是對第 2 題的反應，以此類推。

參與者	meaning1	meaning2	meaning3	meaning4	meaning5
1	5	5	4	5	4
2	2	3	2	1	3
3	1	2	2	1	2
4	5	5	5	4	5
5	3	4	4	2	3
6	5	5	2	4	3
7	5	4	4	3	4
8	4	4	4	4	4
9	5	4	4	4	3
10	4	5	5	4	3
11	5	5	5	5	5
12	3	2	2	3	3
13	1	1	1	2	1
14	5	5	5	5	5
15	5	4	4	4	5
16	4	4	3	4	3
17	4	4	4	4	3
18	5	5	5	5	5
19	5	4	5	5	4
20	4	5	5	5	4

圖 4.3　參與者在五個生命意義感量表題目的反應。（**注**：包含參與者變數是為了說明之用，不需要輸入到 SPSS 中。）

在 SPSS 中輸入及分析資料

步驟 1 及步驟 2 說明如何在 SPSS 中輸入資料。這份資料也存放在 Chapter 4 資料夾下，名為 *meaning.sav*，讀者可從 www.pearsonhighered.com/yockey 下載。如果你比較想從電腦中開啟該資料檔案，則請直接閱讀步驟 3。

步驟 1：建立變數

1.　啟動 SPSS。
2.　點擊*變數檢視*標籤。

在 SPSS 中，將建立五個變數，每一個變數代表生命意義感量表的題目。變數名稱分別為 **meaning1**、**meaning2**、**meaning3**、**meaning4**，及 **meaning5**。

3. 在**變數檢視**視窗的前五列分別輸入 **meaning1**、**meaning2**、**meaning3**、**meaning4**，及 **meaning5** 變數名稱（見圖 4.4）。

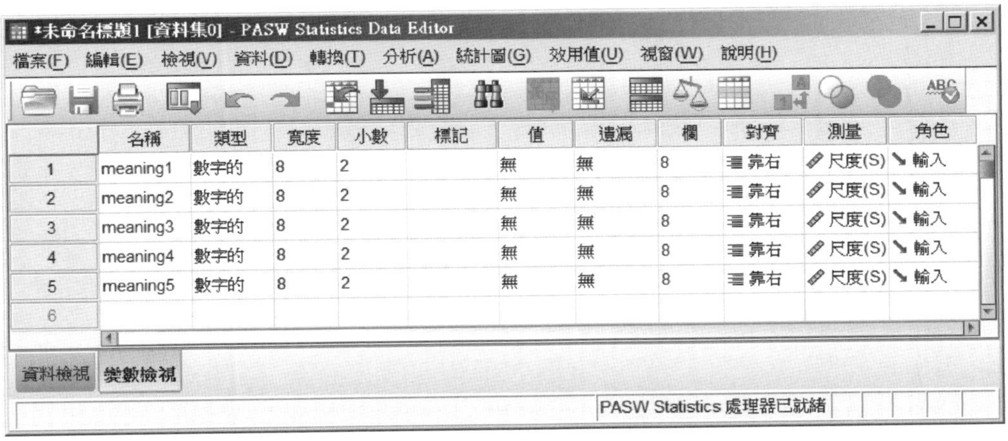

圖 4.4　在**變數檢視**視窗中已輸入變數名稱 meaning1 到 meaning5。

步驟 2：輸入資料

1. 點擊**資料檢視**標籤。在**資料檢視**視窗的前五欄會分別顯示變數 **meaning1**、**meaning2**、**meaning3**、**meaning4**，及 **meaning5**。

2. 對照圖 4.3，依序輸入每個參與者在五個變數的數值。第一個參與者，**meaning1**、**meaning2**、**meaning3**、**meaning4**，及 **meaning5** 變數中分別輸入 5、5、4、5，及 4。依此方法，輸入 20 個參與者的所有資料。完成的資料檔顯示如第 72 頁圖 4.5。

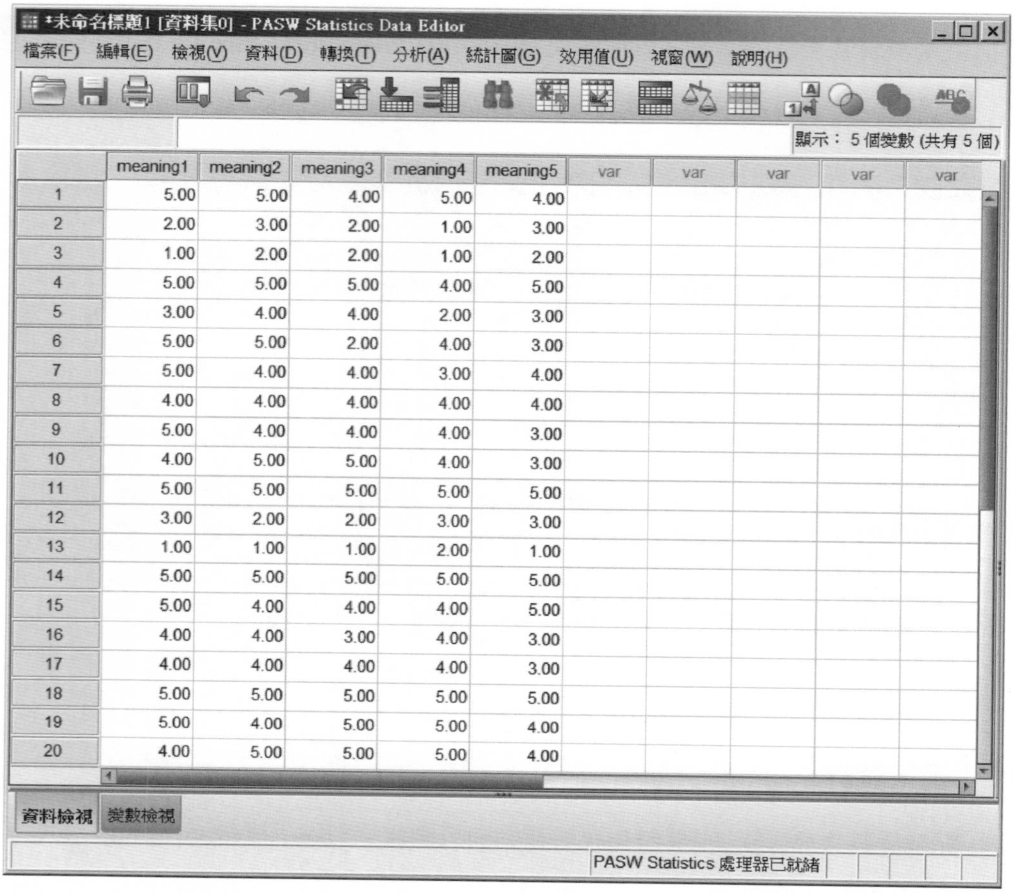

	meaning1	meaning2	meaning3	meaning4	meaning5	var	var	var	var	var
1	5.00	5.00	4.00	5.00	4.00					
2	2.00	3.00	2.00	1.00	3.00					
3	1.00	2.00	2.00	1.00	2.00					
4	5.00	5.00	5.00	4.00	5.00					
5	3.00	4.00	4.00	2.00	3.00					
6	5.00	5.00	2.00	4.00	3.00					
7	5.00	4.00	4.00	3.00	4.00					
8	4.00	4.00	4.00	4.00	4.00					
9	5.00	4.00	4.00	4.00	3.00					
10	4.00	5.00	5.00	4.00	3.00					
11	5.00	5.00	5.00	5.00	5.00					
12	3.00	2.00	2.00	3.00	3.00					
13	1.00	1.00	1.00	2.00	1.00					
14	5.00	5.00	5.00	5.00	5.00					
15	5.00	4.00	4.00	4.00	5.00					
16	4.00	4.00	3.00	4.00	3.00					
17	4.00	4.00	4.00	4.00	3.00					
18	5.00	5.00	5.00	5.00	5.00					
19	5.00	4.00	5.00	5.00	4.00					
20	4.00	5.00	5.00	5.00	4.00					

圖 4.5　Alpha 係數範例的完整資料檔。

步驟 3：分析資料

1. 從選單列選擇**分析＞尺度＞信度分析…**（見圖 4.6）。

圖 4.6　**信度分析**程序的選單指令。

2.　這時會出現**信度分析**對話窗，同時變數 **meaning1** 到 **meaning5** 會在對話窗的左邊（見圖 4.7）。

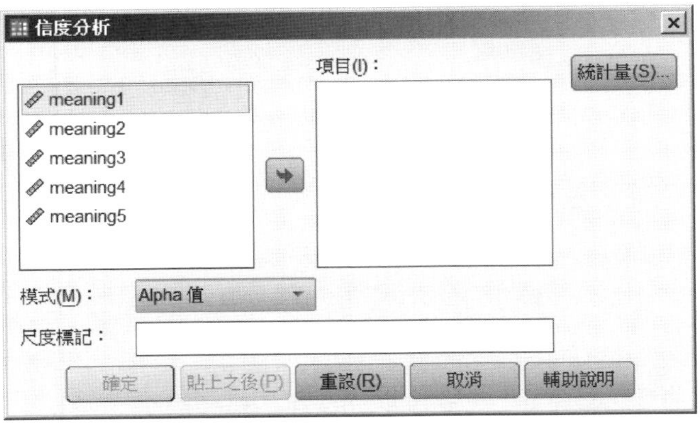

圖 4.7　**信度分析**對話窗。

3.　選取變數 **meaning1** 並按住 *shift* 鍵，在持續按住 *shift* 鍵的情形下，再選擇變數 **meaning5**，此時所有變數會被選取。點擊向右箭頭按鈕（　）將這些變數移到**項目**窗格中（見第 74 頁圖 4.8）。

圖 4.8 信度分析對話窗（續）。

4. 點擊**統計量**，此時會出現**信度分析：統計量**對話窗。在**敘述統計量對象**下選擇**項目**及**尺度**（見圖 4.9）。

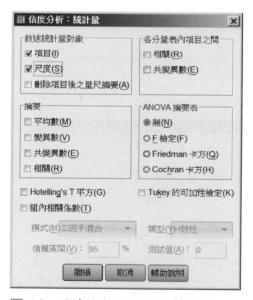

圖 4.9 信度分析：統計量對話窗。

5. 點擊**繼續**。

6. 點擊**確定**。

在 SPSS 執行信度程序後，輸出結果會出現在**瀏覽器**視窗。

步驟 4：解讀結果

信度分析的結果顯示於圖 4.10。

信度
尺度：所有變數

觀察值處理摘要

		個數	%
觀察值	有效	20	100.0
	排除[a]	0	.0
	總數	20	100.0

a. 根據程序中的所有變數刪除全部
遺漏值。

可靠性統計量

Cronbach Alpha 值	項目的個數
.943	5

生命意義感量表五個
題目的 alpha 係數值。

項目統計量

	平均數	標準差	個數
meaning1	4.0000	1.33771	20
meaning2	4.0000	1.16980	20
meaning3	3.7500	1.29269	20
meaning4	3.7000	1.30182	20
meaning5	3.6000	1.09545	20

尺度統計量

平均數	變異數	標準差	項目的個數
19.0500	31.418	5.60521	5

圖 4.10　信度程序的輸出結果。

觀察值處理摘要

第一個表格（**觀察值處理摘要**）顯示在計算量表信度的觀察值（參與者）個數。表格中顯示**個數**為 20，表示所有 20 個參與者都被包含在分析中（他們在五個變數都有完整的資料）。

可靠性（信度）統計量

第二個表格（**可靠性統計量**）顯示量表五個題目的 alpha 係數值（也稱為 Cronbach 的 alpha）。Alpha 係數為 .94（四捨五入到小數第二位），表示量表的題目有非常高的內部一致性。

項目統計量

下一個表格（**項目統計量**）顯示量表中每個題目的平均數、標準差，及樣本數。檢視**項目統計量**表格，可發現參與者在第 1 題（**meaning1**）及第 2 題（**meaning2**）的平均數較高，都是 4.00，等於是量尺的「同意」。其他三題的平均數介於 3.60 及 3.75 間。第 1 題的變異量最大，標準差約為 1.34（五個題目的標準差都非常接近）。整體而言，參與者在五個題目的反應顯示他們認為自己生命相當有意義，其平均反應等於或接近量尺中的「同意」（也就是 4.00 分）。

尺度（量表）統計量

最後一個表格（**尺度統計量**）顯示整個量表（等於五個題目的總和）的平均數、變異數、標準差，及項目（題目）數。在可能分數為 5 到 25 分，五個題目之總量表的平均數為 19.05，標準差為 5.61。由於平均量尺分數 19.05 已接近高的一端，因此參與者在個人意義感的評分相當高。量表平均數是評量參與者在特定特質傾向的一種方式，它等於五個題目平均數的總和（4.00 + 4.00 + 3.75 + 3.70 + 3.60 = 19.05）。

陳述結果

從本章開始，將說明如何撰寫每個分析程序的簡要結果。在寫出信度分析結果時，將陳述 alpha 係數值及總量表的平均數及標準差（如果需要，每個題目的平均數及標準差也可以用表格呈現）。撰寫結果的範例說明如下。

撰寫結果

進行了一項研究以估計五個題目之生命意義感量表的內部一致性信度。量表的 alpha 係數是 .94，表示量表中的題目間有高度的內部一致性。個別題目的平均數介於 3.60 到 4.00，總量表平均數為 19.05（*SD* = 5.61）。整體而言，參與者在量表的反應，表示他們對自己的生命

有高度的意義感。生命意義感量表各題的平均數及標準差呈現於圖 4.11。[3]

題目	M	SD
1	4.00	1.34
2	4.00	1.17
3	3.75	1.29
4	3.70	1.30
5	3.60	1.10

圖 4.11　生命意義感量表各題之平均數及標準差。

在 SPSS 中執行信度分析步驟之摘要

I.　輸入與分析資料

1. 在 SPSS 中建立與量表題目相同數目的變數。

2. 輸入參與者在量表中每個題目的反應。

3. 選擇**分析＞尺度＞信度分析…**。

4. 移動變數到**項目**窗格中。

5. 點擊**統計量**。在**敘述統計量對象**下選擇**項目**及**尺度**。點擊**繼續**。

6. 點擊**確定**。

II.　解讀結果

1. 留意**信度統計量**表格中的（Cronbach 的）alpha 係數。

2. 分別檢視**項目統計量**及**尺度統計量**表格，以確認題目與總量表的平均數及標準差。

3. 寫出 alpha 係數及總量表之平均數及標準差（如果需要，每個題目的平均數及標準差也可以用表格呈現）。

練習

1. 一位研究者對 20 個護理之家的住民實施七題之住民滿意度量表，結果如圖 4.12。在該量表中，1 代表非常不同意，7 代表非常同意。分數愈高表示對護理之家有較高的居住滿意度。

在 SPSS 中輸入資料並進行適當的統計分析以回答下列問題。將變數分別命名為 **item1** 到 **item7**。

a. 此量表的（Cronbach 的 alpha）信度是多少？

b. 你如何說明此信度。

c. 撰寫信度分析的摘要。在你所寫的結果中要包含量表的信度及總量表之平均數及標準差。

item1	item2	item3	item4	item5	item6	item7
4	3	5	4	4	3	4
1	2	1	1	5	1	2
4	5	2	3	1	1	1
4	3	2	1	1	4	2
6	5	4	2	2	3	1
4	2	6	6	4	2	3
4	2	1	1	5	4	5
4	3	3	2	5	4	6
4	1	1	2	4	4	2
5	4	6	4	5	7	7
5	6	4	2	2	4	7
2	4	6	5	7	7	5
2	4	6	5	4	4	7
1	1	4	2	2	4	2
2	3	4	4	5	4	2
4	6	2	3	5	5	4
2	4	3	4	2	3	4
2	4	5	6	4	4	5
2	4	6	6	5	4	5
6	4	5	5	6	4	5

圖 4.12　七個題目之住民滿意度量表。

2. 有 30 個人完成了 10 個題目的適應力量表，資料存放在 Chapter 4 資料夾下，名為 *Chapter 4_Exercise 2.sav*（變數名稱分別為 **resilience1** 到 **resilience10**），讀者可從

www.pearsonhighered.com/yockey 下載。對每個題目的可能反應從 1（非常不同意）到 7（非常同意），愈高分表示適應力愈好。在 SPSS 中開啟資料檔，並進行適當的統計分析以回答下列問題。

a. 此量表的（Cronbach 的 alpha）信度是多少？

b. 你如何說明此信度。

c. 撰寫信度分析的摘要。在你所寫的結果中要包含量表的信度及總量表之平均數及標準差。

3. 一個學生以兩份量表進行研究，其中一份在測量自信心，另一份在測量手部靈巧度。他計算兩份量表合併之後的 alpha 係數，發現信度係數為 .41。為什麼信度這麼低？

<table>
<tr><td>第 2 篇</td><td>推論統計</td></tr>
</table>

第 2 篇是本書的重要部分，包含許多常用的推論統計方法。這一篇包含以下各章：單一樣本 t 檢定（第 5 章）、獨立樣本 t 檢定（第 6 章）、相依樣本 t 檢定（第 7 章）、單因子獨立樣本變異數分析（單因子受試者間 ANOVA，第 8 章）、二因子獨立樣本變異數分析（二因子受試者間 ANOVA，第 9 章）、單因子相依樣本變異數分析（單因子受試者內 ANOVA，第 10 章）、二因子混合設計變異數分析（受試者間－受試者內 ANOVA，第 11 章）、相關（第 12 章）、簡單迴歸分析（第 13 章）、多元迴歸分析（第 14 章）、卡方適合度檢定（第 15 章），及卡方獨立性檢定（第 16 章）。

在進入第 5 章（單一樣本 t 檢定）前，先複習一些與假設檢定相關的專有名詞是有用的。對於統計學的新手，參閱統計學導論書中假設檢定的章節，也會有所助益。

樣本與母群

在統計學中，我們會經常討論到樣本和母群。**母群**包含整個我們感興趣事件的集合，而**樣本**只是母群的一小部分（子集合）。舉例來說，假設我們想要進行一項有關於美國人使用手機習慣的研究，我們隨機從不同的美國城市選取 200 個手機使用者。這時，所有擁有手機的美國人就是我們的母群，而這 200 個我們為了執行研究所選出的手機使用者就形成一個樣本。在實務上，由於母群資訊的獲得不是很容易或者處理費用過於昂貴，我們經常以樣本為處理對象。

推論統計

推論統計是協助我們藉由樣本的性質來推論母群性質的統計程序。舉例來說，我們想預測總統選舉的贏家，藉由推論統計以及一個相對較小的樣本（如 200 個人），我們可以對於由

全體美國選民所形成的母群做出一些相當精確的推論（假設我們所選取的樣本能有效代表其所來自的母群）。推論統計是非常有用的，因為它能讓我們藉由有限的資訊（也就是樣本）做出有關母群的結論。

假設檢定

當我們使用樣本來推論一個母群時，我們會進入**假設檢定**的過程。在進行假設檢定時，我們通常會聲明兩個假設：**虛無假設**與**對立假設**。**虛無假設**一般來說會聲明一個實驗處理是**沒有**效果的，反之，**對立假設**則會聲明實驗處理具有效果。舉例來說，假設我們打算評估一個治療憂鬱症的新療法。我們的虛無假設將聲明這種療法對於憂鬱症**沒有**效果（換言之，這種療法不會改變人們的感覺），而對立假設則會聲明這種療法對於憂鬱症有效（換言之它能改變人們的感覺）。當進行假設檢定時，我們評定虛無假設是否需要被拒絕。如果根據我們研究所發現的結果，發現虛無假設看來較合理，我們將**不會**拒絕虛無假設。反之，如果虛無假設看來不合理，我們將會拒絕虛無假設（並且支持對立假設）。

單尾與雙尾檢定

我們使用**單尾**或**雙尾**檢定來評定假設。當我們評估一項實驗處理是否在任一方向造成影響時（看是否分數較高**或是**較低）會使用雙尾檢定，如果目的只是在調查單向的影響時（ㄩㄟ注意較高或是ㄩㄟ注意較低）會使用單尾檢定。讓我們來考慮另一個例子，假設我們正在調查兩種不同療法哪一種在協助人們對抗憂鬱症上較為有效（這裡我們分別稱這兩種療法為療法 A 及療法 B）。雙尾檢定將會允許其中**任意**一個療法較為有效的可能性存在（也就是 A < B 或 B < A 成立），而單尾檢定則事先設定朝一個特定的方向去調查（如只調查 A < B 這種情形）。單尾檢定的好處是它有較佳的機會去偵測到處理效果（前提是我們所假定的方向是存在的），單尾檢定的缺點是當處理效果出現在我們所預期效果的反方向時，我們不能宣稱這也是實驗處理結果。在實務上，研究上較常使用雙尾檢定，因此接下來的內容我們會對此作進一步說明。

第一類型及第二類型錯誤

　　我們前面提及，在假設檢定中，樣本是被用來推論母群性質的。由於樣本好比為母群的不完全「圖像」，因此我們有可能在假設檢定的過程產生錯誤。我們可能產生的錯誤可以區分為兩種：第一類型錯誤及第二類型錯誤。當虛無假設為真卻被拒絕的時候，我們所犯的錯誤就叫**第一類型錯誤**（如果它為真，它就不應該被拒絕）。如果虛無假設為假卻**沒有**被拒絕的時候，我們就會犯下**第二類型錯誤**（如果它為假，它就應該被拒絕）。以上兩種都是假設檢定中的錯誤，因為這時假設檢定的結論與真實情形不合。

統計檢定力

　　相對於第一類型錯誤及第二類型錯誤為假設檢定中所產生的錯誤，統計檢定力則是關係到正確的決定。**統計檢定力**等於拒絕假的虛無假設之機率（如果虛無假設是假的而我們拒絕了它，我們就做了正確的決定）。統計檢定力的值介於 0 和 1 之間，數值愈大，統計檢定力就愈大。舉例來說，統計檢定力 .80 意味著我們在進行研究前有著 80% 的機會可以拒絕虛無假設。（從另一個角度來說，如果我們對於同一個研究進行了許多次，統計檢定力 .80 指的是 80% 的時候，虛無假設會被拒絕——正確決定，而有 20% 的時候，它不會被拒絕——第二類型錯誤）。

抽樣誤差

　　抽樣誤差在推論統計中是很重要的概念，如果能理解這個概念，那麼接下來關於假設檢定的邏輯就容易多了。現在讓我們考慮一個比較兩個不同文字記憶策略成效的問題，假設說這兩個策略間並無不同，因此不管使用哪種策略，**在母群中**每一個人所記憶的文字數量應該相同。現在讓我們想像一下，如果我們自母群中選取了一組包含 10 個人的樣本，並且讓他們使用第一種策略，然後再自同一母群抽取同樣包含 10 個人的另一組樣本，讓他們使用第二種策略，接著比較這兩組樣本記得文字的數量。儘管**在母群中**，使用這兩種策略的結果相同，但是**在樣本中**結果卻極有可能不同。因為樣本為母群的子集合，因此只有部分的母群被選取，樣本並不能充分代表母群。一般說來，樣本愈小，它與母群的差距就愈大。樣本與母群的差

距就是所謂的**抽樣誤差**。抽樣誤差在統計學中是很正常的一部分,當學習後續章節的時候,把這個概念放在心裡是很重要的一件事。當許多樣本被自同一母群選取出來時,這些**樣本**通常是不相同的(如,它們不會有相同的樣本平均數)。

p 值

讓我們繼續之前的文字記憶策略問題例子,如果我們從母群中所抽取的樣本一般說來不會相同,那麼我們要如何判定樣本間的差異是有意義的呢(換句話說,在母群中,其中一種策略比另一種策略有效)?還是說,這些差異僅僅因為抽樣誤差呢(換句話說,在母群中,這兩種策略的效果其實是相等的)?我們可以藉由 SPSS 所輸出的 *p* 值來做出這類決定。***p* 值**指的是如果虛無假設是真的時候,我們獲得某一特定結果(或者是更極端的結果)的精確機率。以之前我們所舉的學習策略問題來說,假設使用兩種記憶策略所回憶之文字字數有差異,而這種差異的 *p* 值為 .03,在這裡 *p* 值 .03 的意思是指**假設虛無假設為真**的情形下,我們只有3%機會獲得兩組間有兩個字(或更多字)的差異。在假設檢定裡,我們會使用一事先界定的值來評定我們所獲得的 *p* 值,這個事先界定的 alpha 值(以符號 α 來表示)就是所謂的顯著水準,根據比較的結果我們再決定如何處理虛無假設。本書將使用 α 值等於 .05(這是我們在社會及行為科學中最常用的數值)來評定 *p* 值。

評定 *p* 值的步驟如下:

如果 *p* 值**小於或等於** *.05*(alpha),就**拒絕**虛無假設(因此假定兩種策略的效果是不同的)。

如果 *p* 值**大於** *.05*(alpha),則**不拒絕**虛無假設(我們不能假定兩種策略的效果是有不同)。

在 SPSS 中,*p* 值以「**顯著性**」(*sig.*)的方式呈現。

我們將假設檢定的決策過程摘要如下表。

p 值〔SPSS 輸出報告中為「顯著性」（$sig.$）〕	決定
如果 $p \leq .05$	拒絕虛無假設
如果 $p > .05$	不拒絕虛無假設

現在讓我們參考下面表格中的例子，第一個例子顯示它的 p 值為 .020。在顯著水準為 .05 的情況下，這時候我們應該對於虛無假設做出怎樣的決定呢？因為這個例子裡的 p 值小於 .05，我們應該拒絕虛無假設。至於第二及第三個例子，因為它們的 p 值均大於 .05（.080 及 .521），因此我們不能拒絕虛無假設。

例子	p 值〔SPSS 輸出報告中為「顯著性」（$sig.$）〕	決定（使用 .05 的 alpha 值）	解讀
1	.020	拒絕虛無假設	支持對立假設
2	.080	不能拒絕虛無假設	支持虛無假設
3	.521	不能拒絕虛無假設	支持虛無假設

在這裡我們所使用的 alpha 為 .05，如果你希望使用其他的值（如 .01 或 .001），你所需要做的只要調整你的決策規則。舉例來說，如果你決定使用 .01 的 alpha 值，上面表格中的全部三個 p 值都**不能**拒絕虛無假設，因為它們的值都大於 .01。如這例子所顯示的，不同 alpha 值（.05 對 .01）會導致我們對於虛無假設做出不同的結論（換句話說，是否拒絕虛無假設）。

在這篇當中的每一章我們都會根據以上步驟對於所得的 p 值進行檢視，然後決定拒絕或不拒絕虛無假設。如果虛無假設被拒絕了，我們通常會說這結果是「顯著」或者「統計上顯著」。如果虛無假設不被拒絕，則結果將被歸為「不顯著」。

效果量

雖然假設檢定是一種幫忙推論母群的有力工具，但是我們也必須了解假設檢定告訴我們及沒有告訴我們的訊息。讓我們再次檢視之前的文字策略問題，假設檢定讓我們能在合理程度之把握下，做出在母群中這兩種策略的效果是否有**差異**的結論。但是假設檢定卻不能告訴我們**差異程度**（換句話說，假設檢定可以指出兩組有差異，但是卻不能指出差異程度的大小）。其中一種計算差異程度的方法為計算效果量。**效果量**可以指出研究結果之強度。我們會在第 5 章對效果量作進一步介紹，並說明幾種在第 2 篇提到的效果量計算方法。

至此結束對於第 2 篇的介紹，接下來我們將從第 5 章的單一樣本 t 檢定開始。

單一樣本 t 檢定

單一樣本 t 檢定用來進行樣本之平均數與一些已知或者是估計的母群平均數的比較。樣本通常在某些方面會與母群不同，而我們感興趣的問題在於以某一依變數來看，這個樣本的平均數與母群平均數是否顯著不同。接下來是在單一樣本 t 檢定中所使用的範例。

範例

一位工業心理學家受僱於一家重要的會計事務所，這家事務所想知道他們的員工平均每週工作時數是否顯著不同於全國會計師平均每週工作時數的 52 小時。這位工業心理學家隨機自該會計事務所的不同部門抽取 16 名員工，記錄下他們過去三個月來平均每週的工作時數。在研究裡，依變數為每週的工作時數。

單一樣本 t 檢定的目的及資料要求

單一樣本 t 檢定

目的	資料要求	範例
判斷樣本之平均數與一些已知或者是估計的母群平均數是否有顯著不同。	一組參與者的樣本	這家重要會計事務所的員工
	依變數需為連續量	依變數 ・每週平均工作時數

虛無及對立假設

在這裡虛無假設（H_0）要宣稱這家會計事務所員工每週平均工作時數等於全國會計師每週平均工作時數的 52 小時：

$$H_0 : \mu = 52$$

而對立假設（H_1）則要宣稱這家會計事務所員工每週平均工作時數不等於全國會計師每週平均工作時數的 52 小時：

$$H_1 : \mu \neq 52$$

評定虛無假設

單一樣本 t 檢定讓我們檢定關於該會計事務所員工平均每週工作 52 小時的虛無假設是否成立。在虛無假設為真的情形下，假使 t 檢定顯示獲得此結果的可能性很小（發生的次數小於 5%），就應拒絕虛無假設。反之，在虛無假設為真的情形下，顯示獲得此檢定結果的可能性很大（發生的次數大於 5%），就不能拒絕虛無假設。

研究問題

進行研究時，可以將我們所感興趣的基本問題以研究問題方式呈現，如：

「重要的會計事務所的員工其平均每週工作時數是否不同於全國平均的 52 小時？」

資料

圖 5.1 中為參與此次調查之 16 位員工平均每週工作時數資料。

參與者	每週工作時數
1	54
2	48
3	68
4	53
5	60
6	45
7	57
8	62
9	71
10	60
11	55
12	63
13	68
14	64
15	56
16	60

圖 5.1　該會計事務所 16 位員工平均
每週工作時數。（**注**：包含參
與者變數是為了說明之用，不
需要輸入到 SPSS 中。）

在 SPSS 中輸入及分析資料

　　步驟 1 及步驟 2 說明如何在 SPSS 中輸入資料。這份資料也存放在 Chapter 5 資料夾下，名為 *hours worked.sav*，讀者可從 www.pearsonhighered.com/yockey 下載。如果你比較想從電腦中開啟該資料檔案，則請直接閱讀步驟 3。

步驟 1：建立變數

1. 開啟 SPSS。
2. 點擊**變數檢視**標籤。

我們將在 SPSS 中為每位會計事務所員工的每週工作時數建立一個變數，並且將此變數命名為 **hoursweek**。

3.　　輸入名稱 **hourswork**，然後按向下鍵（↓），詳見圖 5.2。

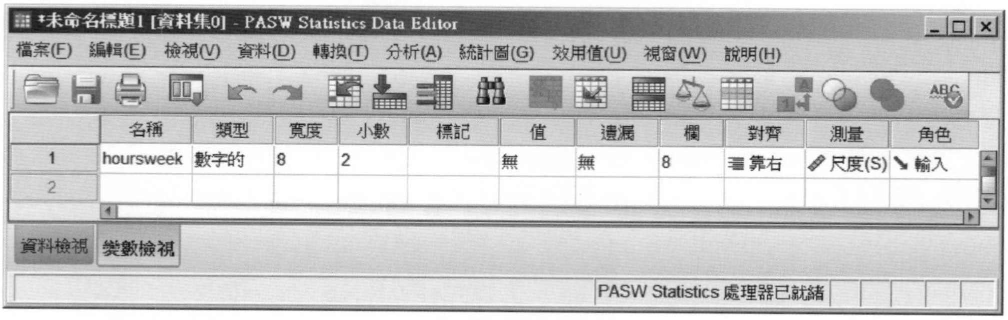

圖 5.2　**變數檢視**視窗及名稱 hoursweek 的變數。

步驟 2：輸入資料

1.　點擊**資料檢視**標籤，變數名稱 **hoursweek** 會出現於**資料檢視**視窗的第一欄。

2.　輸入 **hoursweek** 資料時，確定視窗左上角第一格已啟動（如未啟動，點擊它）。接下來，從第一位員工的工作時數（*54*）開始，逐次輸入每一個員工的工作時數，直到最後一位員工的工作時數（*60*）被輸入為止。（當完成輸入一位員工的資料後，按向下鍵或是輸入鍵移動到**資料檢視**視窗的下一列。）圖 5.3 為完成之資料檔。

圖 5.3　單一樣本 *t* 檢定範例的完整資料檔。

步驟 3：分析資料

1. 從選單列選擇分析＞比較平均數法＞單一樣本 T 檢定…（見第 92 頁圖 5.4）。（**譯注：** *t* 檢定一般使用小寫，不過 SPSS 使用大寫的 T 檢定。）

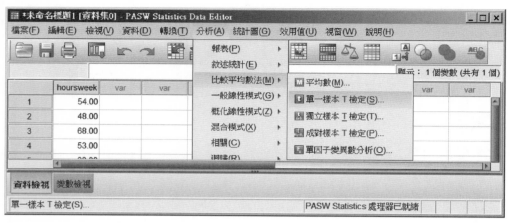

圖 5.4　**單一樣本 *t* 檢定**的選單指令。

2.　這時會出現**單一樣本 T 檢定**的對話窗,而變數 **hoursweek** 則會出現於它左邊的對話窗(見圖 5.5)。

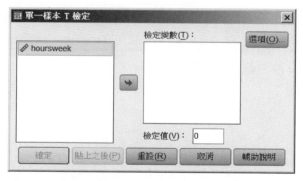

圖 5.5　**單一樣本 *T* 檢定**對話窗。

3.　選取對話窗左側之依變數 **hoursweek**,然後點擊視窗中間向右箭頭按鈕(![箭頭]),將此一依變數移至右邊**檢定變數**窗格。

4.　在**檢定值**窗格輸入 *52*,這一個值來自虛無假設之假定。詳見圖 5.6。〔**注**:這個步驟是很重要的,也常會被忽視。如果我們保留原始設定的 0 在**檢定值**窗格中,則單一樣本 *t* 檢定將會檢定這一家重要的會計事務所的員工每週工作時數是否不等於 0(當然他們的工作時數一定不可能是 0!)。記得當我們以 SPSS 進行單一樣本 *t* 檢定時,一定要將虛無假設所假定的值(在這個例子裡為 52)輸入**檢定值**窗格。〕

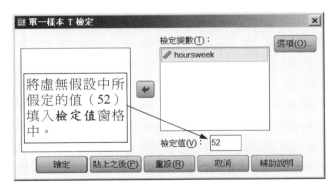

圖 5.6　**單一樣本 *T* 檢定**對話窗（續）。

5.　點擊**確定**。

單一樣本 *t* 檢定在 SPSS 的執行程序及結果會呈現於**瀏覽器**視窗中。

步驟 4：解讀結果

圖 5.7 為單一樣本 *t* 檢定執行結果。

單一樣本統計量

	個數	平均數	標準差	平均數的標準誤
hoursweek	16	59.0000	7.14609	1.78652

這裡的**平均差異**等於此重要的會計事務所員工平均每週工作時數（59）減去虛無假設所假定之會計師母群的平均每週工作時數（52）。

單一樣本檢定

	檢定值 = 52					
					差異的 95% 信賴區間	
	t	自由度	顯著性 (雙尾)	平均差異	下界	上界
hoursweek	3.918	15	.001	7.00000	3.1921	10.8079

因為這裡的 *p* 值小於 .05，虛無假設必須被拒絕。

圖 5.7　單一樣本 *t* 檢定的輸出結果。

單一樣本統計量表格

　　SPSS 輸出的第一個表格為**單一樣本統計量**，這個表格呈現了樣本數（個數）、平均數、標準差，及平均數的標準誤。注意這個事務所員工平均每週工作時數為 59 小時，這個數字比全國會計師每週的平均工作時數還要高 7 小時。至於這個差異（7 小時）是否大得足以達到統計上的顯著，我們將於下面繼續討論。

單一樣本檢定表格

　　下一個表格為**單一樣本檢定**，這個表格提供我們研究問題（這家事務所員工的每週平均工作時數是否不同於全國會計師每週平均工作時數的 52 小時）的答案。虛無假設檢定的結果是以 t 分數的形式呈現，在這裡：

$$t = \frac{\text{樣本平均數與母群平均數之差異}}{\text{平均數的標準誤}}$$

　　從**單一樣本檢定**表格選取適當數值（**平均差異、平均數的標準誤**）代入上面公式，可得

$$t = \frac{7}{1.78652} = 3.918$$

　　這個值與**單一樣本檢定**表格 t 欄的值相同。在 16 位參與者的情形下，自由度（df）等於 15（參與者人數減 1），相對應的 p 值為 .001。因為 p 值 .001 小於 .05，因此虛無假設（此重要之會計事務所員工的平均每週工作時數等於 52 小時）必須被拒絕。因為檢定的結果為顯著，進一步從**單一樣本統計量**表格檢視這 16 位參與者的平均數，可以歸結這間會計事務所員工的平均每週工作時數（59）顯著高於全國平均的工作時數（52）。

效果量

在第 2 篇的簡介部分，我們提到假設檢定的目的在於指出組與組間是否存在著顯著的不同（回答是或不是的問題），而效果量則提供結果**強度**的指標（回答「到什麼程度？」的問題）。以這個例子來說，藉由假設檢定我們可以結論說，這家重要的會計事務所的員工之每週平均工作時數與全國會計師的每週平均工作時數有所不同。我們將繼續進行效果量的計算，來顯示兩者間的差異有多大。

Cohen 的 *d* 為單一樣本 *t* 檢定較常用的效果統計量，在這裡

$$d = \frac{\text{樣本平均數與母群平均數之差異}}{\text{標準差}}$$

從圖 5.7 **單一樣本檢定**表格（**平均差異、標準差**）代入適當的數值到上面公式，可得 *d* 值為

$$d = \frac{7}{7.15} = .98$$

Jacob Cohen（1988）為效果量測量發展的先驅，在實務的應用上，他提供了小、中、大等三個等級效果量的參考指標。儘管 Cohen 的指標廣泛地被採用（本文也使用這些指標），必須注意的是，它們只是近似值（Cohen 強調這只是他的看法），而且隨著學科領域的不同會有差別。

以單一樣本 *t* 檢定來說，Cohen 之小、中、大等三個效果量指標，分別對應 .20、.50，及 .80 等三個數值。這些數值指出樣本平均數與母群平均數之差相當於幾個標準差。因此，.20 在這裡表示兩組之差相當於五分之一個標準差，而 .50 相當於二分之一個標準差的差異，.80 相當於十分之八個標準差的差異。根據 Cohen 的說法，.98 的 *d* 值在實務上屬於較大的效果，在這個例子裡意味著這家會計事務所員工的每週平均工作時數差距全國會計師平均工作時數幾乎達到一個標準差的距離（這家會計事務所的會計師工作時數較多）。[1]

以 APA 格式陳述結果

在第 2 篇的每一章中，我們都會提供以美國心理學會（American Psychological Association, APA）格式撰寫之結果報告。特定 APA 寫作格式標準可以自《美國心理學會論文格式手冊》（*Publication Manual of the American Psychological Association*, 2009）[2] 書中獲得。

當撰寫分析結果時，我們需要報告假設檢定結果、自由度、t 值、p 值、效果量，以及樣本的平均數和標準差。以下為一以 APA 格式撰寫分析結果之簡短範例。

撰寫結果

這家重要的會計事務所的員工（$M = 59.00$, $SD = 7.15$）平均每週工作時數顯著地較全國平均的 52 小時多，$t(15) = 3.92$, $p < .05$, $d = 0.98$。

單一樣本 t 檢定的假定

接下來第 2 篇的每一章中，我們都會說明每一種統計方法之假定。假定是很重要的，因為如果沒有滿足這些假定，那麼任何統計的結果都不足以被相信（換言之，p 值將會不正確）。判斷檢定是否違反了假定，則須視它違反假定的種類（有些假定違反的結果會比其他假定更嚴重）及程度而定。以下為**單一樣本 t 檢定**的假定。

1. **觀察值獨立。**

   要符合這項假定，在研究設計上，就必須確保參與者間彼此不會互相影響。違反這項假定會嚴重地傷害單一樣本 t 檢定的正確性。如果有理由相信已經違反觀察值獨立的假定，那麼就不應使用**單一樣本 t 檢定**這個統計方法。

2. **依變數的母群必須是常態分配。**

   這項假定在這裡指的是每週工作時數的母群必須是常態分配的。儘管如此，對於中等以上的樣本數（$N \geq 30$）而言，雖然 t 檢定的統計檢定力會受到傷害，大部分類型的非常態分配對於 t 檢定正確性之影響是相當小的。其中一種對於非常態資料的修正方法為對資料先進行非線性轉換。由於非線性轉換的方法不在本書的範圍，有興趣的讀者可以參考 Tabachnick 和 Fidell（2007）的著作。

在 SPSS 中執行單一樣本 *t* 檢定步驟之摘要

I.　輸入及分析資料

1.　在 SPSS 中建立一個變數。

2.　輸入資料。

3.　依選單列選擇**分析**＞**比較平均數法**＞**單一樣本 T 檢定…**。

4.　移動依變數到**檢定變數**的窗格。

5.　在**檢定值**的窗格中填入虛無假設所假設的值。

6.　點擊**確定**。

II.　解讀結果

1.　從**單一樣本檢定**表格中檢視 *p* 值〔在「**顯著性**」（**雙尾**）那一欄〕。

- 如果 $p \leq .05$，則拒絕虛無假設。比較樣本平均數跟母群平均數，寫出結果指出樣本平均數是否大於或是小於母群平均數。

- 如果 $p > .05$，則不能拒絕虛無假設。寫下結果指出樣本平均數與母群平均數之間並無顯著差異。

練習

1.　為了執行一個研究計畫，一名學生想要檢定那些宣稱他們能成功地預測出足球比賽之勝隊的人預測「贏隊」的比率是否不同於機會水準（換言之，正確預測贏隊的比率高於或是低於 50%）。她找出 15 位宣稱他們能預測贏隊的人，並且記錄下每個人整個足球季正確預測贏隊的比率。第 98 頁圖 5.8 為這 15 位「預言家」正確預測結果之記錄。

預言家	正確預測的百分比
1	45
2	46
3	47
4	52
5	51
6	43
7	47
8	38
9	53
10	51
11	52
12	50
13	48
14	47
15	51

圖 5.8　15 位預言家正確預測贏家的百
分比。

　　在 SPSS 輸入資料，並且執行適當的統計分析以回答下列問題（將變數名稱命名為 **success**）。（**提示**：對於這個問題，將**檢定值**設為 50，而且在輸入資料時不要包含 %符號。）

a.　寫出虛無假設及對立假設。

b.　為這些資料寫出研究問題。

c.　這些預言家成功預測贏隊的比率是否不同於 50%？請以 $\alpha = .05$ 進行檢定。

d.　效果量是多少？以小、中、大三個等級來描述此效果量。

e.　以適當的 APA 格式撰寫結果。

2.　母群為全美國四年級學生之數學標準技能測驗的平均分數為 50（分數愈高表示表現愈好）。一個地方學區進行了一個新的數學技能訓練課程，一位行政人員主持了一項評估的工作來了解是否參與這項課程的兒童之表現會不同於全國平均（雖然希望這些學童的表現會高於全國平均，但是在這裡我們同時檢定較高或較低兩種可能）。二

十五名參加這項新課程的四年級學生參與了這項數學標準技能測驗。資料存放在 Chapter 5 資料夾下，名為 *Chapter 5_Exercise 2.sav*（變數名稱為 **mathscore**），讀者可從 www.pearsonhighered.com/yockey 下載。在 SPSS 中開啟資料檔，並進行適當的分析以回答下列問題。

a.　寫出虛無假設及對立假設。

b.　為這些資料寫出研究問題。

c.　這些四年級學生的數學成績是否不同於全國平均？請以 $\alpha = .05$ 進行檢定。

d.　效果量是多少？以小、中、大三個等級來描述此效果量。

e.　以適當的 APA 格式撰寫結果。

3.　一個研究者企圖檢視學生對於某一總統候選人的喜惡情形。五十名學生被邀從下面敘述中，挑選最能反映他們對於這位候選人看法的描述。

敘述	資料檔中所對應的數值
我非常喜歡這位候選人。	1
我喜歡這位候選人。	2
我沒有喜歡或反對這位候選人。	3
我反對這位候選人。	4
我非常反對這位候選人。	5

資料存放在 Chapter 5 資料夾下，名為 *Chapter 5_Exercise 3.sav*（變數名稱為 **score**），讀者可從 www.pearsonhighered.com/yockey 下載。在 SPSS 中開啟資料檔，並進行適當的分析以回答下列問題。（**提示**：為了要調查學生對於這位候選人的看法，檢視他們的回應是否有別於中立的回應──這裡指的是在**檢定值**窗格中填入數值 "3"。）

a.　寫出虛無假設及對立假設。

b.　為這些資料寫出研究問題。

c.　這些學生對於這位候選人的看法是否趨於兩端（喜歡或者不喜歡）？請以 $\alpha = .05$ 進行檢定。

d.　效果量是多少？以小、中、大三個等級來描述此效果量。

e.　以適當的 APA 格式撰寫結果。

第 6 章

獨立樣本 *t* 檢定

　　獨立樣本 *t* 檢定使用於打算比較兩個獨立群組在一連續量依變數的平均數差異時。接下來是獨立樣本 *t* 檢定的範例。

範例

　　一位臨床心理學家想調查認知—行為療法與精神分析療法在憂鬱症治療上相對的效果。三十名罹患憂鬱症的病人隨機分派到兩種療法中的一種，其中 15 人接受認知—行為療法，剩下的 15 人接受精神分析療法。經過兩個月的治療之後，這位心理學家記錄了這些病患的憂鬱指數。這個研究中的自變數為療法型態（認知—行為、精神分析），依變數則為憂鬱指數，憂鬱指數愈高代表憂鬱情形愈嚴重（可能的憂鬱指數分數介於 10 到 70 之間）。

獨立樣本 *t* 檢定的目的及資料要求

獨立樣本 *t* 檢定

目的	資料要求	範例
就一個我們感興趣的依變數，檢定兩組資料的平均數是否顯著不同。	一個自變數及兩組彼此不相關的樣本	自變數 ・療法（認知—行為、精神分析）
	一個屬於連續量的依變數	依變數 ・憂鬱指數

虛無及對立假設

虛無假設在這裡假定兩組母群憂鬱指數平均數相等：

$$H_0 : \mu_{精神分析} = \mu_{認知-行為}$$

而對立假設則假定兩組母群憂鬱指數平均數不相等：

$$H_1 : \mu_{精神分析} \neq \mu_{認知-行為}$$

評定虛無假設

獨立樣本 t 檢定的功能在於協助我們檢定關於兩組母群平均數相等的虛無假設是否成立。在虛無假設為真的情形下，假使 t 檢定顯示獲得此結果的可能性很小（發生的次數小於 5%），就應拒絕虛無假設。反之，在虛無假設為真的情形下，顯示獲得此檢定結果的可能性很大（發生的次數大於 5%），就不能拒絕虛無假設。

研究問題

進行研究時，可以將我們所感興趣的基本問題以研究問題方式呈現，如：

「接受認知—行為療法病人之平均憂鬱指數是否不同於接受精神分析療法病人的平均憂鬱指數？」

資料

圖 6.1 為 30 位病患憂鬱指數資料。在**療法**這項變數中，接受精神分析療法的病患給定為 "1"，接受認知—行為療法的，則給定為 "2"。

參與者	療法	憂鬱指數	參與者	療法	憂鬱指數
1	1	57	16	2	47
2	1	61	17	2	42
3	1	67	18	2	59
4	1	63	19	2	37
5	1	51	20	2	35
6	1	55	21	2	42
7	1	45	22	2	38
8	1	62	23	2	49
9	1	41	24	2	61
10	1	36	25	2	43
11	1	55	26	2	47
12	1	57	27	2	49
13	1	70	28	2	37
14	1	62	29	2	41
15	1	58	30	2	48

圖 6.1　獨立樣本 *t* 檢定範例資料。（**注**：包含參與者變數是為了說明之用，不需要輸入到 SPSS 中。）

在 SPSS 中輸入及分析資料

步驟 1 及步驟 2 說明如何在 SPSS 中輸入資料。這份資料也存放在 Chapter 6 資料夾下，名為 *therapy.sav*，讀者可從 www.pearsonhighered.com/yockey 下載。如果你比較想從電腦中開啟該資料檔案，則請直接閱讀步驟 3。

步驟 1：建立變數

1. 開啟 SPSS。
2. 點擊**變數檢視**標籤。

我們將在 SPSS 中建立兩個變數，其中一個為療法種類（自變數），另一個為憂鬱指數（依變數）。請將這兩個變數分別命名為 **therapy** 和 **depression**。

3. 在**變數檢視**視窗的最前兩行，分別輸入變數名稱 **therapy** 和 **depression**（見圖 6.2）。

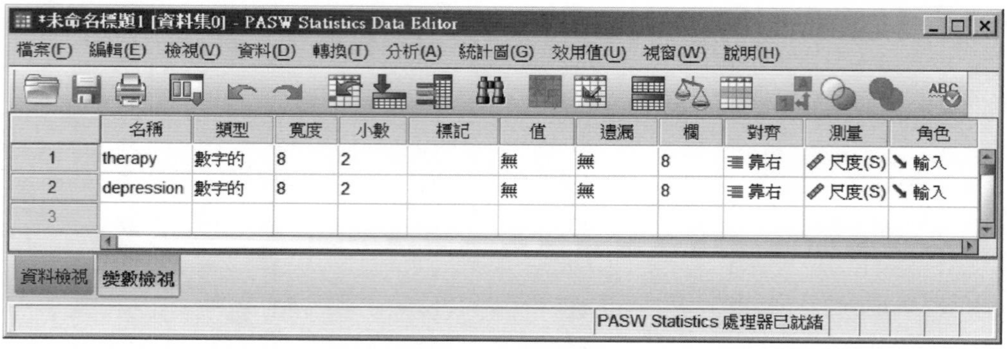

圖 6.2　在**變數檢視**視窗中已輸入變數名稱 therapy 和 depression。

4. 按照我們之前於第 1 章所介紹的步驟，為 **therapy** 變數建立數值註解，其中 1=「精神分析」，2=「認知—行為」。

步驟 2：輸入資料

1. 點擊**資料檢視**標籤，這時可以看到變數 **therapy** 和 **depression** 出現在**資料檢視**視窗的前兩欄。

2. 對照圖 6.1 中資料，依序輸入每位病患於以上兩變數的值。如對於第一位病患，我們分別對變數 **therapy** 和 **depression** 輸入值 *1* 和 *57*，以如此模式繼續輸入剩餘病患的資料。圖 6.3 顯示資料輸入完成後之畫面。

圖 6.3　獨立樣本 *t* 檢定範例的完整資料檔。

步驟 3：分析資料

1. 從選單列選擇**分析**＞**比較平均數法**＞**獨立樣本 T 檢定…**（見圖 6.4）。（**譯注**：*t* 檢定一般使用小寫，不過 SPSS 使用大寫的 T 檢定。）

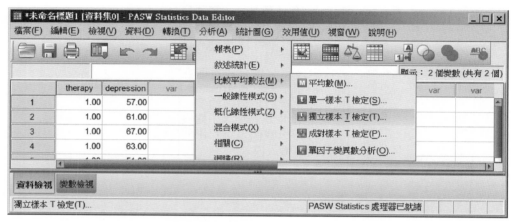

圖 6.4　**獨立樣本 *T* 檢定**的選單指令。

這時**獨立樣本 *T* 檢定**的對話窗會跳出，同時 **therapy** 和 **depression** 的變數名稱也會出現在左邊的對話窗（見圖 6.5）。

2. 選取依變數（**depression**），然後點擊對話窗中間上面的向右箭頭按鈕（➡）移動這個變數到右邊的**檢定變數**窗格。

3. 選取自變數（**therapy**），然後點擊對話窗中間下面的向右箭頭按鈕（➡），將自變數移到**分組變數**窗格。

圖 6.5　**獨立樣本** *T* **檢定**對話窗。

從圖 6.6 中，我們可以看到自變數 **therapy** 的名稱出現在**分組變數**的窗格裡，並且在它的右邊有著以括號括起來的區域，在其中可以看到兩個問號。這些問號表示我們必須輸入原先我們指定給兩個組的代號（即 1 和 2），為了完成這項動作，我們必須點擊**定義組別**按鈕。

圖 6.6　**獨立樣本** *T* **檢定**對話窗（續）。

4. 點擊**定義組別**。

5. 接下來，**定義組別**的對話窗將會出現。輸入 1 到**組別** 1 標籤右邊的窗格（這個數字原本就是指定給精神分析組的），接著輸入 2 到**組別** 2 標籤右方窗格（2 為認知—行為組之代號）。詳見圖 6.7。

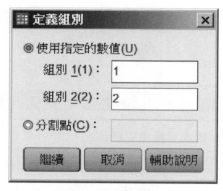

圖 6.7 **定義組別**對話窗。

6. 點擊**繼續**。

7. 點擊**確定**。

獨立樣本 t 檢定的執行程序及結果將會出現在**瀏覽器**視窗。

步驟 4：解讀結果

獨立樣本 t 檢定的執行結果呈現在圖 6.8。

t 檢定

組別統計量

	therapy	個數	平均數	標準差	平均數的標準誤
depression	精神分析	15	56.0000	9.41883	2.43193
	認知－行為	15	45.0000	7.63451	1.97122

組別統計量表格呈現兩不同療法組之平均數（精神分析及認知－行為）。如果虛無假設被拒絕，則我們將參考這裡的資訊，以確定哪一組有著較低的憂鬱指數。

獨立樣本檢定

		變異數相等的 Levene 檢定		平均數相等的 t 檢定						
									差異的 95% 信賴區間	
		F 檢定	顯著性	t	自由度	顯著性（雙尾）	平均差異	標準誤差異	下界	上界
depression	假設變異數相等	.311	.582	3.514	28	.002	11.0000	3.13050	4.58747	17.41253
	不假設變異數相等			3.514	26.850	.002	11.0000	3.13050	4.57507	17.42493

這裡的 *p* 值是給 Levene 檢定使用的。如果 *p* ≤ .05，則我們會假設兩組母群的變異數不相等（然後檢視緊鄰 *t* 檢定報告的下面一列）。如果 *p* 值 > .05，我們可以假設兩組母群的變異數相等（這時要看上面一列 *t* 檢定的結果）。因為在這個例子裡，我們得到的 *p* 值為 .582，大於 .05，所以我們可以假定兩組母群的變異數相等，並且檢視隔壁 *t* 檢定**假設變異數相等**那一列的資料。

因為這裡的 *p* 值等於 .002，小於 .05，關於兩組平均數相等的虛無假設必須被拒絕。這時我們必須參考**組別統計量**表格看哪一組平均憂鬱指數較低（認知－行為組較低）。

圖 6.8　獨立樣本 *t* 檢定的輸出結果。

組別統計量表格

　　第一個輸出的表格為**組別統計量**，這個表格呈現了關於兩個療法組別的描述性統計資料，這些資料包括樣本數、平均數、標準差，及標準誤等數據。請注意認知—行為組（平均數 = 45.00）有著比精神分析組（平均數 = 56.00）更低的憂鬱指數平均數。我們接下來將討論這兩組的差異是否達到統計上的顯著。

獨立樣本檢定表格

　　第二個表格為**獨立樣本檢定**，這個表格呈現了**變異數相等的** *Levene* **檢定**的結果及緊鄰的**平均數相等的** *t* **檢定**之結果。我們接下來將分別討論這兩個檢定。

變異數相等的 *Levene* 檢定

　　變異數相等的 *Levene* 檢定檢視兩組母群的變異數是否相等,而兩組母群變異數須同質為獨立樣本 *t* 檢定的一個假定。SPSS 使用 Levene 的方法來檢定變異數同質的假定。

　　以下為 Levene 檢定的虛無假設及對立假設

$$H_0 : \sigma^2_{精神分析} = \sigma^2_{認知-行為} \qquad (兩母群的變異數相等)$$

$$H_1 : \sigma^2_{精神分析} \neq \sigma^2_{認知-行為} \qquad (兩母群的變異數不相等)$$

　　變異數同質的假定必須經由檢視 SPSS 輸出檔中**變異數相等的 *Levene* 檢定**中的 *p* 值(**顯著性**)來確認。如果 $p \leq .05$,則我們必須拒絕虛無假設,換言之,我們必須假設兩個母群的變異數不相等。反之,如果 $p > .05$,則不能拒絕虛無假設,因此我們可以假設兩母群的變異數相等。

　　從**獨立樣本檢定**的表格中可以看到 Levene 檢定結果顯示其 *F* 值等於 .311(我們將於第 8 章介紹 *F* 檢定),*p* 值等於 .582。因為這裡的 *p* 值(.582)大於 .05,因此我們不能拒絕兩母群變異數相等的虛無假設。根據以上 Levene 檢定的結果,我們可以假設本例兩個母群的變異數相等。我們將以上變異數同質性假定的決定規則摘要於圖 6.9。

檢驗變異數同質性假定

Levene 檢定的結果	決定	結論
$p > .05$	不能拒絕 H_0	假設兩母群的變異數相等。
$p \leq .05$	拒絕 H_0	假設兩母群的變異數不相等。
我們的資料		
$p = .582; .582 > .05$	不能拒絕 H_0	假設兩母群的變異數相等。

圖 6.9　變異數同質性假定之評估規則。

平均數相等的 *t* 檢定

　　下一個表格為**平均數相等的 *t* 檢定**，這一檢定回答我們的研究問題，也就是兩個療法的憂鬱指數是否有差別。SPSS 的輸出報告包含兩組結果資料，其中一組出自於假設兩組母群的變異數相等，另一組資料則基於假設兩組母群的變異數不等。在這個例子裡，因為 Levene 檢定結果顯示沒有顯著（Levene 檢定的 *p* 值大於 .05），我們將使用表格第一列**假設變異數相等**的資料。〔如果 Levene 檢定的結果達顯著（換言之，*p* ≤ .05），我們將使用第二列**不假設變異數相等**的資料。〕

　　假設兩組平均數相等的虛無假設之檢定乃是經由 *t* 值來進行，而在這裡 *t* 值的計算公式如下：

$$t = \frac{\text{兩樣本平均數之差異}}{\text{兩樣本平均數之差異的標準誤}}$$

　　從**獨立樣本檢定**表格代入相關資料（**平均差異、標準誤差異**）到以上公式，可得 *t* 值如下：

$$t = \frac{11}{3.1305} = 3.514$$

這裡的 *t* 值正好就是**獨立樣本檢定**表格 *t* 欄的值。這個例子有 30 個成員，所以自由度（*df*）等於 28（全部成員數減去 2），相對應的 *p* 值則等於 .002。由於所得的 *p* 值（.002）小於 .05，關於平均數相等的虛無假設必須被拒絕，因此我們可以做出兩種療法之憂鬱指數顯著不同的結論。因為檢定結果達到顯著，我們再次檢視**組別統計量**表格的平均數資料，發現認知—行為組（平均數 = 45.00）有著比精神分析組（平均數 = 56.00）低的憂鬱指數平均數。（從另一角度來說，如果 *t* 檢定的結果**沒有**達到顯著，我們會假設**組別統計量**表格中平均數的差異乃是出自於抽樣誤差。）

效果量

d 值的計算為獨立樣本 t 檢定較常使用的效果量估計方式，其計算方式如下公式所示：

$$d = t\sqrt{\frac{N_1 + N_2}{N_1 N_2}}$$

這裡 N_1 及 N_2 為組 1 及組 2 的樣本數（個數），而 t 則為圖 6.8 中 t 統計量的值。[1]

從圖 6.8 中的**獨立樣本檢定**表格選取適當數值代入以上公式，可得效果量如下：

$$d = 3.514\sqrt{\frac{15 + 15}{15 * 15}}$$

$$d = 1.28$$

Cohen（1988）估計當 d 值等於 .2、.5，及 .8 時，在行為科學領域裡大概相當於小、中、大等三種效果量。在這個例子裡，根據 Cohen 的看法，1.28 的效果量在實務中應該是屬於大型的效果量，這數值同時也指出認知—行為組的憂鬱指數較精神分析低 1.28 個標準差。

以 APA 格式陳述結果

在撰寫獨立樣本 t 檢定結果時，我們的報告需包含假設檢定的結論、自由度、t 值、p 值、效果量，以及各組的平均數和標準差。接下來我們介紹一個以 APA 格式撰寫的簡短範例。

撰寫結果

接受認知—行為療法（$M = 45.00, SD = 7.63$）的病患之憂鬱指數顯著低於那些接受精神分析療法的病患（$M = 56.00, SD = 9.42$），$t(28) = 3.51, p < .05, d = 1.28$。

獨立樣本 *t* 檢定的假定

1. **觀察值獨立。**

   違反這項假定的結果會嚴重地危害獨立樣本 *t* 檢定的正確性。為了滿足這項假定，在設計研究時即須避免參與成員間彼此影響（比如說，參與成員一起回答憂鬱指數測量問題，即為違反此項假設的一個例子）。如果我們有理由相信我們的研究違反了這項獨立性假定，我們就不應該使用獨立樣本 *t* 檢定這一個統計分析方法。

2. **任一組母群的依變數分數必須要是常態分配。**

   這項假定的意思為兩組病患母群的憂鬱指數分數必須要是常態分配（當我們繪製次數分配圖時，這些分數會呈現類似鐘形的曲線）。雖然一些非常態的分配有害 *t* 檢定的統計檢定力，但對於中型規模以上的樣本來說，任何型態的非常態分配對於 *t* 檢定正確性的衝擊，相對來說會比較小。

3. **每一組之母群的變異數都要相等。**

   違反變異數同質性假定會傷害到獨立樣本 *t* 檢定的正確性，尤其當組與組之間的樣本規模不相等時。妥善解讀 SPSS 之 Levene 檢定的結果，並且讀取適當的 *t* 檢定的結果，將有助於滿足這項假定。

在 SPSS 中執行獨立樣本 *t* 檢定步驟之摘要

I.　輸入及分析資料

1. 在 SPSS 中建立兩個變數（一個為自變數，一個為依變數）。

2. 輸入資料。

3. 為自變數建立數值註解。在**數值註解**對話窗輸入適當的數值及標記，然後按**確定**。

4. 從選單列選擇**分析＞比較平均數法＞獨立樣本 T 檢定…**。

5. 移動依變數到**檢定變數**窗格，並且移動自變數到**分組變數**窗格。

6. 點擊**定義組別**按鈕，接著為組別 1 輸入值 *1*，組別 2 輸入 *2*，最後點擊**繼續**按鈕。

7. 點擊**確定**。

II. 解讀結果

1. 檢視變異數相等的 Levene 檢定之結果。

   - 如果 Levene 檢定結果顯示 $p > .05$，則我們應該假定兩組母群的變異數相等。接下來我們應檢視 t 檢定第一列前面標示**假設變異數相等**之資料。

   - 如果 Levene 檢定結果顯示 $p \leq .05$，則兩組母群的變異數不應該被假設為相等。這時我們應檢視 t 檢定第二列標示為**不假設變異數相等**之資料。

2. 檢視**獨立樣本檢定**表格中**平均數相等的 t 檢定**部分之 p 值（**顯著性**）。

   - 如果 $p \leq .05$，拒絕虛無假設。檢視**組別統計量**表格指出兩組差異的情形。

   - 如果 $p > .05$，則不能拒絕虛無假設，並做出兩組平均數並沒有顯著不等的結論。

練習

1. 近來外科手術科技的進步催生了微創手術（MIS）的使用，相較於傳統手術會進行相當大的組織切口（使用大型器具），這種手術採用了一個或是多個小型的組織切口（使用小型器具）。在所有 MIS 所宣稱的好處中，其中一項指出這樣的手術可以使病人在手術後較少疼痛。為了調查這項宣稱的正確性，一研究者對 30 位預計進行心血管手術的病患進行追蹤，這些病患中 15 位接受 MIS 手術，另外 15 位接受傳統手術。研究者調查了這些病患術後 24 小時的疼痛程度，並將結果記錄於圖 6.10。疼痛的尺度介於 1 和 10 之間，較大數字代表較高程度的疼痛。

手術類型	疼痛程度
MIS	5, 4, 7, 2, 3, 5, 4, 6, 2, 5, 6, 8, 4, 5, 5
傳統	6, 7, 5, 8, 9, 7, 8, 6, 6, 7, 8, 8, 6, 3, 9

圖 6.10　兩組病患手術後疼痛指數。

輸入資料到 SPSS 中，並進行適當的統計分析以回答下列問題。請分別將變數命名為 **procedure** 和 **pain**。

a.　寫出虛無假設及對立假設。

b.　為這些資料寫出研究問題。

c.　檢定變異數同質性假定。是否這些資料顯示組間變異數同質？

d.　組間疼痛指數是否存有顯著差異？請以 $\alpha = .05$ 進行檢定。

e.　效果量是多少？以小、中、大三個等級來描述此效果量。

f.　以適當的 APA 格式撰寫結果。

2.　一個研究比較了兩種協助人們克服蛇類恐懼症（ophidiophobia）方法的效力。二十位對於蛇類過度恐懼的病患隨機分派分別接受兩種治療：系統減敏感法（使用少量且進階的步驟來克服對於蛇類的恐懼）或者使用內爆法（大量地或飽和地給予病患的這類恐懼經驗，協助他們克服這類恐懼）。[2] 經過三週的治療之後，每一位病患接受蛇類恐懼測驗，測驗結果即為他們的蛇類恐懼指數（指數愈高表示愈害怕蛇類）。這項研究之資料存放於 Chapter 6 資料夾下，名為 *Chapter 6_Exercise 2.sav*，讀者可從 http://www.pearsonhighered.com/yockey 下載。檔案中包含兩個變數，分別名為：**therapy** 及 **snakefear**。其中 **therapy** 這個變數包含兩種資料：1 =「系統減敏感法」；2=「內爆法」。請在 SPSS 中開啟這個檔案，並進行適當的統計分析以回答下列問題。

a.　寫出虛無假設及對立假設。

b.　為這些資料寫出研究問題。

c.　檢定變異數同質性假定。是否這些資料顯示組間變異數同質？

d.　組間的蛇類恐懼指數是否存有顯著差異？請以 $\alpha = .05$ 進行檢定。

e.　效果量是多少？以小、中、大三個等級來描述此效果量。

f.　以適當的 APA 格式撰寫結果。

3.　一項研究調查居住處擁有寵物是否關係到他們對於所住療養院的滿意程度。滿意測量的尺度介於 5 到 25 之間，分數愈高表示滿意度愈高。六十位療養院的居住者參與這項研究，其中 30 位居住者的療養院擁有寵物，另外的 30 位則沒有寵物。這些居民滿意度的資料存放於 Chapter 6 資料夾下，名為 *Chapter 6_Exercise 3.sav*，讀者可從 http://www.pearsonhighered.com/yockey 下載。檔案中包含兩個變數：**group** 和 **satisfaction**。**group** 變數包含兩類資料：1=「有寵物」；2=「沒有寵物」。請自 SPSS 中開啟這個檔案，並進行適當統計分析以回答下列問題。

a.　寫出虛無假設及對立假設。

b.　為這些資料寫出研究問題。

c.　檢定變異數同質性假定。是否這些資料顯示組間變異數同質？

d.　組間的居民滿意度是否存有顯著差異？請以 $\alpha = .05$ 進行檢定。

e.　效果量是多少？以小、中、大三個等級來描述此效果量。

f.　以適當的 APA 格式撰寫結果。

第 7 章

相依樣本 t 檢定

相依樣本 t 檢定（又稱為成對樣本 t、重複量數 t，或配對樣本 t）為用在於比較**兩相關樣本**平均數的一種統計方法。當使用相依樣本 t 檢定時，這兩組樣本可以是同一個人於不同時間受測，或是找有關的兩個人各自受測一次（如比較同卵雙胞胎的智商，或比較丈夫與妻子的溝通品質）。辨認是否使用相依樣本 t 檢定的關鍵，在於所比較的兩個樣本間是否具有某種自然的關聯。接下來是一個相依樣本 t 檢定的範例。

範例

一個全國性的民意調查機構的員工接獲一項任務，這項任務目的在於調查選民的意向，了解他們比較重視經濟議題或是國家安全議題。二十五個可能投票的選民被要求在這兩個議題上，以 1 到 7 的等級，表達他們對於**這兩個議題**重視的程度（其中 1 = 一點也不重要，7 = 非常重要）。自變數在這裡指的是選民重視的議題（經濟、國家安全），而依變數則是重視的等級。[1]

相依樣本 t 檢定的目的及資料要求

相依樣本 t 檢定		
目的	資料要求	範例
檢定兩組相關樣本在某一我們所關心的依變數上所得平均分數是否具顯著差異。	一個具兩個彼此相關的組別或是類別的自變數	自變數 ・選民重視之議題（經濟、國家安全）
	一個連續的依變數	依變數 ・重視的等級（在 1 到 7 的尺度上）

虛無及對立假設

虛無假設在這裡假定全國（母群）選民對於經濟與國家安全的重視等級相同：

$$H_0 : \mu_{經濟} - \mu_{國家安全} = 0$$

對立假設則假定全國選民對於經濟與國家安全的重視等級不同：

$$H_1 : \mu_{經濟} - \mu_{國家安全} \neq 0$$

評定虛無假設

相依樣本 t 檢定能協助我們檢定假定兩母群平均數之差為零的虛無假設是否成立。在虛無假設為真的情形下，假使 t 檢定顯示獲得此結果的可能性很小（發生的次數小於 5%），就應拒絕虛無假設。反之，在虛無假設為真的情形下，顯示獲得此檢定結果的可能性很大（發生的次數大於 5%），就不能拒絕虛無假設。

研究問題

進行研究時，可以將我們所感興趣的基本問題以研究問題方式呈現，如：

「選民對於經濟與國家安全這兩個議題所知覺的重要性是否不同？」

資料

圖 7.1 為 25 位選民的資料。

參與者	經濟	國家安全
1	5	7
2	6	4
3	5	2
4	6	3
5	5	5
6	7	7
7	7	6
8	4	5
9	7	3
10	5	4
11	4	6
12	6	4
13	7	5
14	4	7
15	6	4
16	7	5
17	7	5
18	6	7
19	6	4
20	6	2
21	6	4
22	3	1
23	5	2
24	7	6
25	7	7

圖 7.1　獨立樣本 *t* 檢定範例資料。(**注**：包含參
　　　　與者變數是為了說明之用，不需要輸入
　　　　到 SPSS 中。)

在 SPSS 中輸入及分析資料

　　步驟 1 及步驟 2 說明如何在 SPSS 中輸入資料。這份資料也存放在 Chapter 7 資料夾下，名為 *opinion.sav*，讀者可從 www.pearsonhighered.com/yockey 下載。如果你比較想從電腦中開啟該資料檔案，則請直接閱讀步驟 3。

步驟 1：建立變數

1.　開啟 SPSS。
2.　點擊**變數檢視**標籤。

　　我們將在 SPSS 中建立兩個變數，一個存放選民對於經濟的關心等級，一個存放選民對於國家安全的關心等級。這兩個變數分別命名為 **economy** 及 **security**。

3.　在**變數檢視**視窗的頭兩列中，輸入 **economy** 及 **security** 的變數名稱（見圖 7.2）。

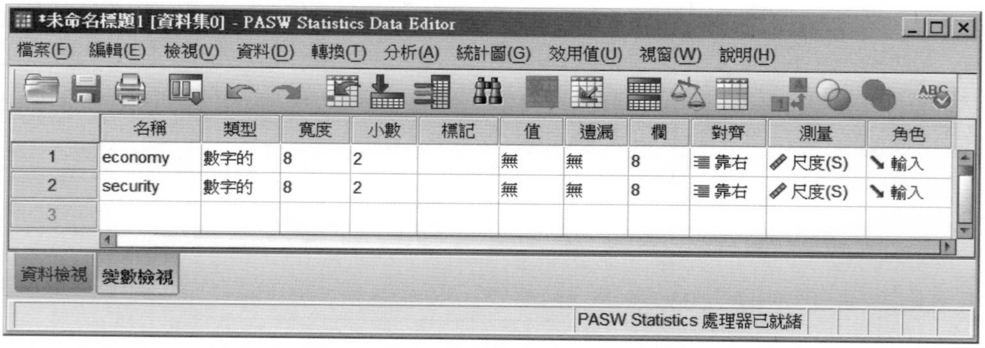

圖 7.2　在**變數檢視**視窗中已輸入變數名稱 economy 及 security。

步驟 2：輸入資料

1.　點擊**資料檢視**標籤。這時變數 **economy** 及 **security** 會出現在**資料檢視**視窗的前兩欄。
2.　對照圖 7.1 的資料輸入每一位參與者對於這兩個變數的重視等級。如以第一位參與者來說，我們分別輸入等級 *5* 及 *7* 給 **economy** 及 **security** 兩個變數。依照這種方式完成輸入所有 25 位參與者的資料。圖 7.3 為資料完成輸入之後的畫面。

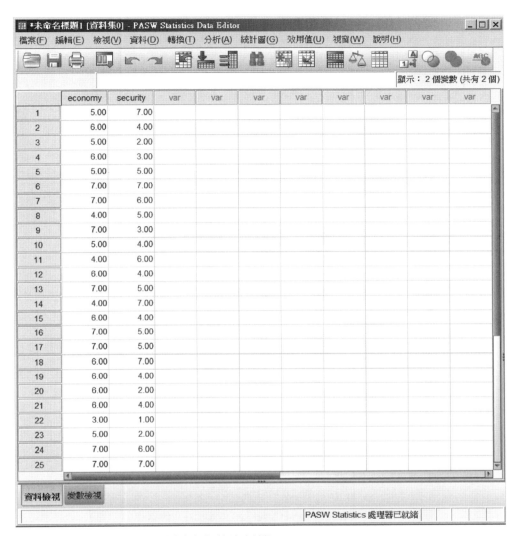

圖 7.3　相依樣本 *t* 檢定範例的完整資料檔。

步驟 3：分析資料

1. 從選單列選擇分析 > 比較平均數法 > 成對樣本 T 檢定... （見第 122 頁圖 7.4）。（**譯注**：*t* 檢定一般使用小寫，不過 SPSS 使用大寫的 T 檢定。）

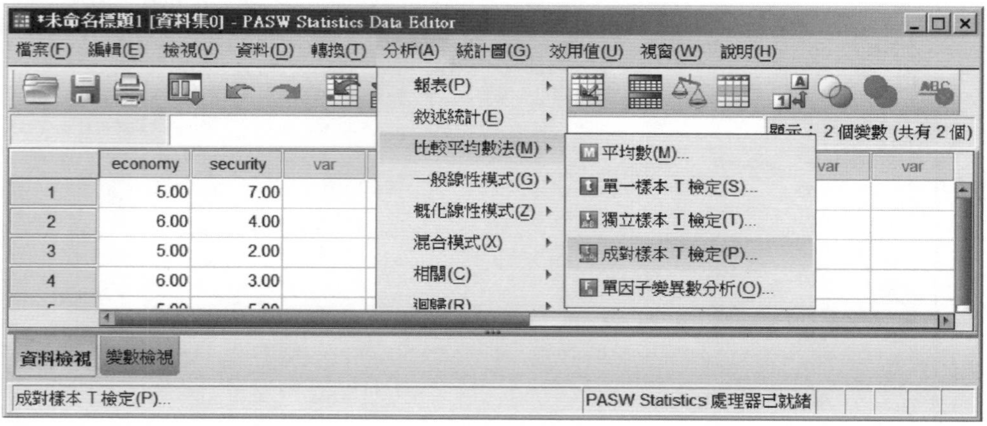

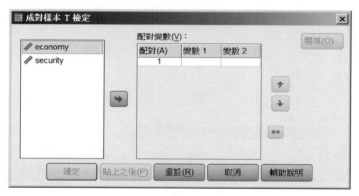

圖 7.4　**成對樣本 *T* 檢定**的選單指令。

這時**成對樣本 *T* 檢定**的對話窗會跳出，同時 **economy** 及 **security** 的變數名稱也會出現在左邊的窗格（見圖 7.5）。

圖 7.5　**成對樣本 *T* 檢定**對話窗。

2.　選取 **economy** 及 **security** 等變數，然後點擊向右箭頭按鈕（⮕）把它們移到右邊的**配對變數**窗格（見圖 7.6）。

3.　點擊**確定**。

圖 7.6　**成對樣本** *T* **檢定**對話窗（續）。

這時，相依樣本 *t* 檢定的 SPSS 執行程序及結果會出現在**瀏覽器**視窗。

步驟 4：解讀資料

圖 7.7 為相依樣本 *t* 檢定的輸出結果。

t 檢定

成對樣本統計量

		平均數	個數	標準差	平均數的標準誤
成對 1	economy	5.7600	25	1.16476	.23295
	security	4.6000	25	1.77951	.35590

> **成對樣本統計量**表格提供了兩個變數（**economy** 和 **security**）的平均數。如果虛無假設被拒絕，我們將參考這個表格來決定哪一個變數有著較高的平均數等級。

成對樣本相關

		個數	相關	顯著性
成對 1	economy 和 security	25	.253	.222

成對樣本檢定

		成對變數差異					t	自由度	顯著性 (雙尾)
		平均數	標準差	平均數的標準誤	差異的 95% 信賴區間 下界	差異的 95% 信賴區間 上界			
成對 1	economy - security	1.16000	1.86369	.37274	.39071	1.92929	3.112	24	.005

> 這裡平均數指的是 **economy** 和 **security** 兩數平均之差（換言之，5.76−4.60 = 1.16）。

> 因為這裡 *p* 值等於 .005，小於 .05，所以虛無假設必須被拒絕。

圖 7.7　相依樣本 *t* 檢定之輸出結果。

成對樣本統計量

　　SPSS 輸出的第一個表格為**成對樣本統計量**，這個表格呈現 **economy** 及 **security** 兩個變數的描述性統計量，這些統計量包括平均數、個數、標準差，及平均數的標準誤。注意 **economy**（平均數 = 5.76）這個變數有著比 **security**（平均數 = 4.60）較高的平均重視等級。至於這樣的平均差距（5.76 對 4.60）是否大得足夠為統計上的顯著，我們接下來會對此進行討論。

成對樣本相關

　　成對樣本相關之表格在成對樣本 t 檢定結果的解讀上，用處不大，因此我們對此表格不多作討論。但要提醒讀者，這裡的相關指的是介於 **economy** 和 **security** 兩變數間的皮爾遜相關係數（皮爾遜相關係數將於第 12 章討論）。

成對樣本檢定

　　成對樣本檢定表格提供我們研究問題的解答，也就是是否經濟與國家安全被重視的程度有所不同。我們以 t 分數的形式檢驗虛無假設，這裡

$$t = \frac{\text{economy 及 security 平均分數之差異}}{\text{差異分數平均數之標準誤}}$$

　　自**成對樣本檢定**表格取得適當數值（**平均數、平均數的標準誤**）代入上面公式得

$$t = \frac{1.16}{.37274} = 3.112$$

上面公式計算出的 t 值與**成對樣本檢定**表格中的 t 值是相同的。這個研究有 25 位參與者，因此自由度等於 24（參與者個數減去 1），相對應的 p 值等於 .005。

　　因為 p 值（.005）小於 .05，因此我們必須拒絕假定平均數相等的虛無假設，並且做出經濟與國家安全的重要程度顯著不同的結論。因為檢定結果達顯著，經由再次檢視**成對樣本統計量**表格中兩變數的平均數，可以發現經濟（平均數 = 5.76）有著比國家安全（平均數 = 4.60）更高的重要程度。（從另一方面來看，如果 t 檢定的結果**沒有**達到顯著，我們就可以假定**成對樣本統計量**表格中兩變數平均數之差異，乃是出自於抽樣誤差。）

效果量

在相依樣本 *t* 檢定中常使用到的效果量為 *d*，這裡

$$d = \frac{平均數之差異}{差異分數之標準差}$$

從 **成對樣本檢定** 表格中選取適當數值（**平均數、標準差**）代入上面公式可得效果量為

$$d = \frac{1.16}{1.86} = .62$$

按照 Cohen（1988）的說法，相依樣本 *t* 檢定結果之效果量，如以小、中、大來區分，則分別對應於 .20、.50，及 .80 等 *d* 值。對照 Cohen 的說法，這裡 .62 的效果量若對應到實務上，應該為相當於中等程度的效果，.62 的效果量也同時指出經濟被關心的程度高於國家安全 .62 個標準差。

以 APA 格式陳述結果

在撰寫結果報告時，報告內容需包括假設檢定結果、自由度、*t* 值、*p* 值、效果量，以及各變數的平均數與標準差。下面是以 APA 格式撰寫的簡短範例。

撰寫結果

選民認為經濟（*M* = 5.76, *SD* = 1.16）顯著地較國家安全（*M* = 4.60, *SD* = 1.78）重要，*t*(24) = 3.11, *p* < .05, *d* = 0.62。

相依樣本 *t* 檢定的假定

接下來我們將指出相依樣本 *t* 檢定之幾項假定。其中第二項假定關心的是差異分數，而不是圖 7.1 中的原始成績。這裡所謂的差異分數指的是每一參與者之兩變數分數的差異（換言之，以這個例子來說，指的就是每一位受訪選民對於經濟重視程度與對於國家安全重視程度的差異）。舉例來說，以圖 7.1 中的資料而言，第一位選民的差異分數等於 -2（也就是，$5-7 = -2$）。

1.   **觀察值獨立。**

     違反組內獨立性假定會嚴重地傷害相依樣本 *t* 檢定的正確性。要滿足這項假定，研究設計時，就要避免參與者間彼此影響（比如說，若參與者一起決定它們對於經濟的重視程度，就會違反獨立性假定）。如果我們有理由相信已經違反組內獨立性假定，那麼就不可以使用相依樣本 *t* 檢定。這裡必須強調的是，組間的獨立性並不是相依樣本 *t* 檢定的假定（在這裡，我們期望同一個人的兩個量數間存有相依的關係，這也是使用相依樣本 *t* 檢定的理由）。

2.   **差異分數在母群中為常態分配。**

     這項假定的意思是差異分數的母群應該是呈常態分配的。但是雖然一些非常態分配的情形會傷害到 *t* 檢定的統計考驗力，對於中等以上規模的樣本來說，大部分非常態分配的情形，對於 *t* 檢定的正確性之影響是相當小的。

在 SPSS 中執行相依樣本 *t* 檢定步驟之摘要

I.   **輸入及分析資料**

1.   在 SPSS 中建立兩個變數。

2.   輸入資料。

3.   選擇**分析＞比較平均數法＞成對樣本 T 檢定…**。

4.   移動這兩個變數至右邊的**配對變數**窗格。

5.   點擊**確定**。

II. 解讀結果

1. 檢視**成對樣本檢定**表格最右一欄的 *p* 值（**顯著性**）。

   - 如果 $p \leq .05$，拒絕虛無假設。接著檢視於**成對樣本統計量**的表格，指出並記錄下兩組差異的情形。

   - 如果 $p > .05$，則不能拒絕虛無假設，寫下結果，並指出兩組間並無顯著差異。

練習

1. 一項調查探討競選宣傳影片之於選民對於某一政治候選人態度的影響。在播放影片之前，研究者先利用政治人物喜好量表調查 15 個人對於這位候選人的態度。完成量表填寫之後，這些人接下來觀看了一段 20 分鐘的競選宣傳影片，接著他們再填寫這份量表一次。第 128 頁圖 7.8 為參與者兩次問卷填答分別所得的分數（量尺分數的範圍為 20 到 100 分，愈高的分數代表參與者對於該候選人的好感愈高）。

   請輸入資料於 SPSS 中，並且進行適當的統計分析以回答下列問題。請將變數分別命名為 **beforefilm** 和 **afterfilm**。

   a. 寫出虛無假設及對立假設。

   b. 為這些資料寫出研究問題。

   c. 選民對於候選人的態度是否於觀看競選宣傳影片之後發生改變？請以 $\alpha = .05$ 進行檢定。

   d. 效果量是多少？以小、中、大三個等級來描述此效果量。

   e. 以適當的 APA 格式撰寫結果。

參與者	影片觀看前	影片觀看後
1	75	80
2	25	26
3	50	58
4	45	65
5	48	59
6	88	93
7	55	52
8	78	92
9	52	59
10	46	52
11	48	52
12	48	53
13	57	61
14	55	59
15	42	41

圖 7.8　觀看競選宣傳影片前後，選民對該候選
人的喜好程度。

2.　航管人員常會經歷高度的工作壓力。在一項協助他們克服壓力的嘗試中，主事者想
了解一項放鬆運動課程的效力。他選取了 30 位來自全國最忙碌機場的航管人員，先
讓這些人填答一份測量工作壓力的量表（量尺範圍自 10 分到 50 分，分數愈高表示
壓力愈大）。接著，這些人員進行了四週的放鬆運動訓練。課程結束後，這些人員再
次接受這份工作壓力量表的調查。資料存放在 Chapter 7 資料夾下，名為 *Chapter
7_Exercise 2.sav*（變數名稱為 **prerelax** 和 **postrelax**），讀者可從
www.pearsonhighered.com/yockey 下載。在 SPSS 中開啟資料檔，並進行適當的分析
以回答下列問題。

a.　寫出虛無假設及對立假設。

b.　為這些資料寫出研究問題。

c.　放鬆運動訓練之後，這些人員所感受的壓力程度是否不同於訓練之前？請以
$\alpha = .05$ 進行檢定。

d.　效果量是多少？以小、中、大三個等級來描述此效果量。

e.　以適當的 APA 格式撰寫結果。

3.　一研究者想要調查，接受運動心理專家的訓練之後，大學網球選手的擊球精準度是否會受到影響。他記錄了 15 位網球選手接受運動心理專家八週訓練之前與之後的擊球精準度（精準度分數的範圍為 0 分到 100 分，分數愈高表示精準度愈高）。資料存放在 Chapter 7 資料夾下，名為 *Chapter 7_Exercise 3.sav*（變數名稱為 **beforetraining** 和 **aftertraining**），讀者可從 www.pearsonhighered.com/yockey 下載。在 SPSS 中開啟資料檔，並進行適當的分析以回答下列問題。

a.　寫出虛無假設及對立假設。

b.　為這些資料寫出研究問題。

c.　訓練前後這些網球選手的擊球精準度是否不同？請以 $\alpha = .05$ 進行檢定。

d.　效果量是多少？以小、中、大三個等級來描述此效果量。

e.　以適當的 APA 格式撰寫結果。

| 單因子獨立樣本變異數分析

單因子獨立樣本（受試者間）變異數分析（ANOVA）可以同時比較兩個以上獨立群組在我們感興趣的依變數之平均數。在單因子獨立樣本變異數分析中，自變數為受試者間因子，每一位參與者接受此一因子中**只有一個**水準的處理（換言之，每一個人只存在於其中一個組中）。[1] 接下來是單因子獨立樣本變異數分析的範例。

範例

在一份研究作業中，一位學生打算探討學習策略（策略 A、B，及 C）與文字記憶效果的關係。三十位學生同意參與這項研究，研究者隨機將這些學生分派到三種學習策略中（每一種策略有 10 位學生）。在策略學習後，每一位學生接受了一項文字記憶的測驗，在測驗中，學生會先閱讀一段文字（15 個字）五分鐘，學生們必須使用他們所學到的新策略，盡他們可能地記憶其中的文字。經短暫的停頓後，學生們必須盡他們可能寫下所記憶的文字，而正確回憶的文字數量則會被記錄下來。在這個研究中，自變數為學習策略（A、B，及 C），而依變數則為正確回憶的字數。

單因子獨立樣本變異數分析的目的及資料要求

單因子獨立樣本變異數分析

目的	資料要求	範例
檢定兩個以上群組在我們感興趣依變數之得分的平均數是否不同。	自變數 ・擁有兩個以上彼此不相關群組或是類別的受試者間因子	自變數 ・學習策略（策略 A、B，及 C）
	依變數 ・連續的	依變數 ・正確回憶的字數

虛無及對立假設

在這裡，虛無假設假定在母群中這三個組的學生學習後所能正確回憶的字數相同：

$$H_0 : \mu_{策略A} = \mu_{策略B} = \mu_{策略C}$$

在這裡必須注意，要讓虛無假設為假，並不需要所有的組都與其他組不同（當然這也是其中一種可能性）；要讓虛無假設不成立，只要它在其中一些組間的比較結果為假就可以（換言之，只要**部分**組彼此間不同就可以）。因此，與其寫出所有虛無假設可能為假的情形（當組數很多時，這項工作便會使人厭煩），在這裡，我們將寫出一個普遍性的陳述來表示對立假設：

$$H_1 : 至少有一母群的平均數與其他平均數不同$$

評定虛無假設

單因子獨立樣本變異數分析協助我們檢定假定三個組母群平均數均相等的虛無假設是否成立。在虛無假設為真的情形下，假使檢定顯示獲得此結果的可能性很小（發生的次數小於 5%），就應拒絕虛無假設。反之，在虛無假設為真的情形下，顯示獲得此檢定結果的可能性很大（發生的次數大於 5%），就不能拒絕虛無假設。

研究問題

進行研究時，可以將我們所感興趣的基本問題以研究問題方式呈現，如：

「回憶之字數是否因所使用學習策略形式而有不同？」

資料

圖 8.1 中涵蓋 30 位參與者受測結果資料。在策略這欄中，凡接受策略 A 的參與者編碼為 "1"，接受策略 B 者編碼為 "2"，接受策略 C 者為 "3"。

參與者	策略	回憶字數	參與者	策略	回憶字數	參與者	策略	回憶字數
1	1	8	11	2	12	21	3	6
2	1	10	12	2	10	22	3	4
3	1	9	13	2	9	23	3	5
4	1	7	14	2	10	24	3	6
5	1	9	15	2	9	25	3	4
6	1	7	16	2	8	26	3	2
7	1	10	17	2	12	27	3	5
8	1	8	18	2	10	28	3	3
9	1	12	19	2	10	29	3	7
10	1	9	20	2	12	30	3	5

圖 8.1　單因子獨立樣本變異數分析範例資料。（**注**：包含參與者變數是為了說明之用，不需要輸入到 SPSS 中。）

在 SPSS 中輸入及分析資料

　　步驟 1 及步驟 2 說明如何在 SPSS 中輸入資料。這份資料也存放在 Chapter 8 資料夾下，名為 *word recall.sav*，讀者可從 www.pearsonhighered.com/yockey 下載。如果你比較想從電腦中開啟該資料檔案，則請直接閱讀步驟 3。

步驟 1：建立變數

1.　開啟 SPSS。
2.　點擊**變數檢視**標籤。

　　在 SPSS 中我們建立了兩個變數，其中一個給不同的策略（自變數），另一個是回憶字數資料（依變數）。我們分別將這兩個變數命名為 **strategy** 和 **wordrecall**。

3.　在**變數檢視**視窗的最前面兩列輸入以上變數名稱（見第 134 頁圖 8.2）。

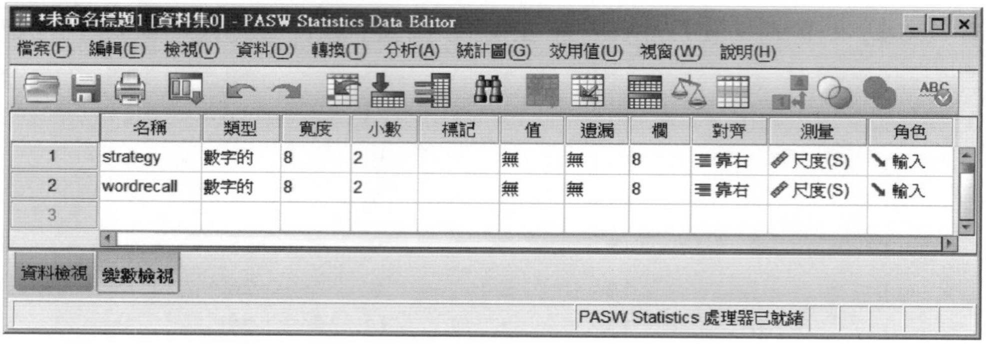

圖 8.2 在**變數檢視**視窗中已輸入變數名稱 strategy 和 wordrecall。

4. 使用第 1 章中所介紹的步驟,為變數 **strategy** 建立數值註解。其中,1=「策略 A」,2=「策略 B」,3=「策略 C」。

步驟 2:輸入資料

1. 點擊**資料檢視**標籤。這時變數 **strategy** 及 **wordrecall** 會出現於**資料檢視**視窗的前兩欄。

2. 對照圖 8.1,為每一位參與者輸入兩個變數的值。對於第一位參與者,我們分別為變數 **strategy** 及 **wordrecall** 輸入值 *1* 及 *8*。請使用這一個模式為所有 30 位參與者輸入資料。圖 8.3 為完整的資料集。

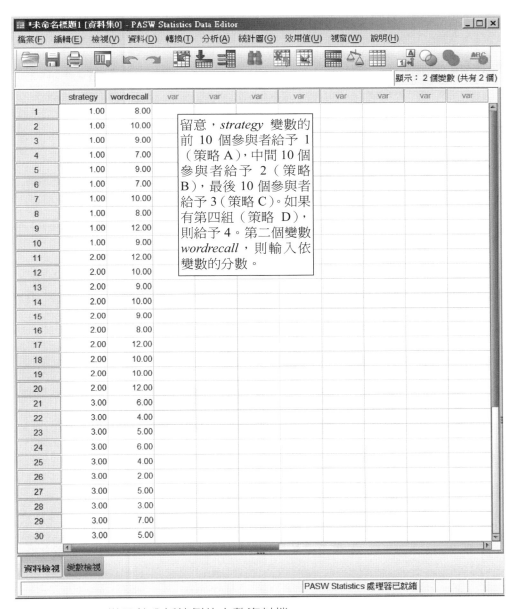

圖 8.3　單因子變異數分析範例的完整資料檔。

步驟 3：分析資料

1.　從選單列選擇**分析 > 比較平均數法 > 單因子變異數分析...**（見第 136 頁圖 8.4）。

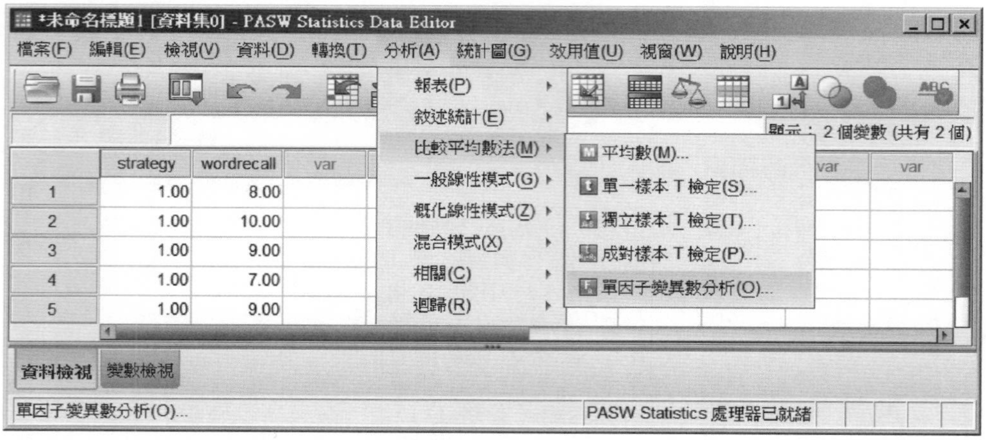

圖 8.4　**單因子變異數分析**程序的選單指令。

　　這時將會出現一個**單因子變異數分析**的對話窗，在它左邊的窗格可以看到變數 **strategy** 和 **wordrecall** 的變數名稱（見圖 8.5）。

圖 8.5　**單因子變異數分析**對話窗。

2.　選取依變數 **wordrecall**，接著點擊視窗中間上面的向右箭頭按鈕（ ），將此依變數移至**依變數清單**窗格。

3.　選取自變數　**strategy**，然後點擊視窗中間下面的向右箭頭按鈕（ ），將自變數 **strategy** 移至**因子**窗格。詳見圖 8.6。

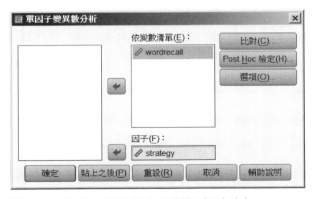

圖 8.6　單因子變異數分析對話窗（續）。

4.　點擊**選項**。這時將會出現**單因子變異數分析：選項**視窗。在**統計**選項中選取**描述性統計量**及**變異數同質性檢定**[2]（見圖 8.7）。

圖 8.7　單因子變異數分析：選項對話窗。

5.　點擊**繼續**。

6.　點擊 *Post Hoc* **檢定**。這時將會出現**單因子變異數分析：***Post Hoc* **多重比較對話窗**。在**假設相同的變異數**窗格中，選取 *Tukey* **法**（注意：不是 *Tukey's-b*）。[3] 見第 138 頁圖 8.8。

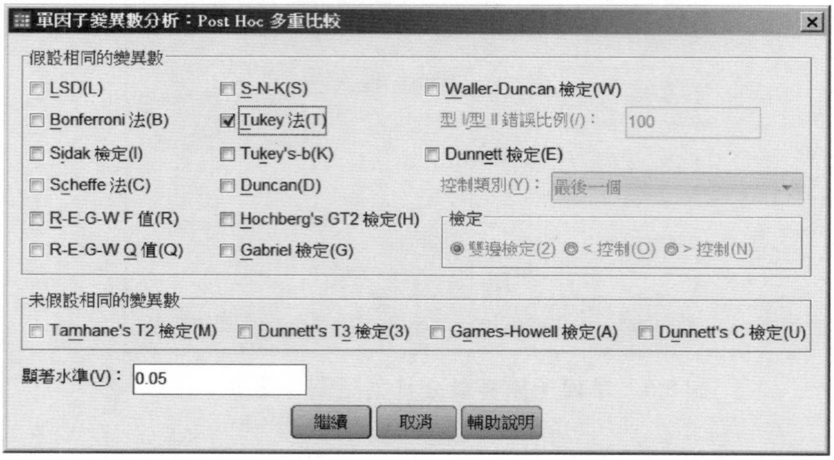

圖 8.8　單因子變異數分析：*Post Hoc* 多重比較對話窗。

7.　點擊**繼續**。

8.　點擊**確定**。

這時在 SPSS 執行單因子變異數分析的程序及分析的結果將會出現在**瀏覽器**的視窗中。

步驟 4：解讀結果

單因子變異數分析的結果呈現於圖 8.9 中。

單因子

描述性統計量

wordrecall

	個數	平均數	標準差	標準誤	平均數的 95% 信賴區間		最小值	最大值
					下界	上界		
策略A	10	8.9000	1.52388	.48189	7.8099	9.9901	7.00	12.00
策略B	10	10.2000	1.39841	.44222	9.1996	11.2004	8.00	12.00
策略C	10	4.7000	1.49443	.47258	3.6309	5.7691	2.00	7.00
總和	30	7.9333	2.77841	.50727	6.8959	8.9708	2.00	12.00

圖 8.9　單因子獨立樣本變異數分析的輸出結果。

變異數同質性檢定

wordrecall

Levene 統計量	分子自由度	分母自由度	顯著性
.021	2	27	.980

變異數同質性檢定之 p 值（這是一項 ANOVA 的假定）。因為 .980 大於 .05，我們**必須**接受虛無假設，並且假設三種策略的變異數相等。

ANOVA

wordrecall

	平方和	自由度	平均平方和	F	顯著性
組間	165.267	2	82.633	38.073	.000
組內	58.600	27	2.170		
總和	223.867	29			

這裡的 p 值檢定母群的平均數是否相等。因為這裡 p 值（顯著性）小於 .05，假定三組平均數相等的虛無假設必須被拒絕。

Post Hoc 檢定

多重比較

wordrecall
Tukey HSD

(I) strategy	(J) strategy	平均差異 (I-J)	標準誤	顯著性	95% 信賴區間 下界	上界
策略A	策略B	-1.30000	.65884	.138	-2.9335	.3335
	策略C	4.20000*	.65884	.000	2.5665	5.8335
策略B	策略A	1.30000	.65884	.138	-.3335	2.9335
	策略C	5.50000*	.65884	.000	3.8665	7.1335
策略C	策略A	-4.20000*	.65884	.000	-5.8335	-2.5665
	策略B	-5.50000*	.65884	.000	-7.1335	-3.8665

*. 平均差異在 0.05 水準是顯著的。

同質子集

wordrecall

Tukey HSD[a]

strategy	個數	alpha = 0.05 的子集 1	2
策略C	10	4.7000	
策略A	10		8.9000
策略B	10		10.2000
顯著性		1.000	.138

因為策略 C 與策略 A 和 B 不同欄，所以它與策略 A 和 B 顯著不同（較低）。

策略 A 和 B **沒有**顯著不同，因為它們都位於同一欄。

顯示的是同質子集中組別的平均數。

a. 使用調和平均數樣本大小 = 10.000。

圖 8.9　單因子獨立樣本變異數分析的輸出結果。（續）

描述性統計量

　　描述性統計量表格呈現各組之描述性統計量（及全部樣本的統計量）。檢視各個不同學習策略的平均數可以發現，平均來說，策略 B 組記憶最多文字（平均數 = 10.20），策略 A 組次之（平均數 = 8.90），策略 C 組最少（平均數 = 4.70）。我們接下來將討論這些平均數間的差異是否達到統計上的顯著。

變異數同質性檢定

　　下一個表格為**變異數同質性檢定**，這一個表格檢定這三個組的變異數是否相等（此為獨立樣本變異數分析的基本假定）。SPSS 使用 Levene 發展出來的方法檢定變異數同質性假定。

　　以下分別為 Levene 檢定的虛無假設及對立假設：

$$H_0 : \sigma^2_{策略A} = \sigma^2_{策略B} = \sigma^2_{策略C}（在母群中三組的變異數相等。）$$

$$H_1：至少有一個變異數與其他的變異數不相等$$

　　我們藉由**變異數同質性檢定**表格中的 p 值（**顯著性**）評估變異數是否同質。如果 $p \leq .05$，虛無假設必須被拒絕，而我們必須假定母群的變異數不相等。如果 $p > .05$，我們不能拒絕虛無假設，並且假定這三組母群的變異數相等。

　　就我們的資料而言，Levene 檢定結果得 F 值為 .021（SPSS 將這個值標示為 *Levene 統計量*），而 p 值為 .980（見圖 8.9）。因為 .980 大於 .05，關於變異數相等的虛無假設必須被接受。換言之，我們將假定本例中三組的母群變異數相等。關於評估變異數同質性假定的規則，見圖 8.10。

ANOVA——檢定假定三種策略之平均數均相等的虛無假設

　　下一個表格為 *ANOVA*，這個表格協助我們獲取研究問題的解答（這三組正確記憶的文字數量是否不同）。ANOVA 輸出一個 F 檢定，F 檢定為兩個變異數的比值，它們在 ANOVA 表格中是以**平均平方和**（*MS*）的名稱出現：

$$F = \frac{組間平均平方和}{組內平均平方和}$$

從圖 8.9 的 ANOVA 表格找尋適當數值代入上面公式，可得 F 值為：

$$F = \frac{82.633}{2.170} = 38.073$$

這個值與 ANOVA 表格中的 F 值相同。

這個檢定輸出兩個自由度（df）：一個為組間自由度（組數減 1）及組內自由度（全部樣本個數減去組數）。在這裡，組間自由度及組內自由度分別為 2 和 27。

在 ANOVA 表格中，p 值位於名為「**顯著性**」的欄位中，這裡 p 值等於 .000（這裡我們讀作「小於 .001」，而非「0」）。因為 p 值小於 .05，我們必須拒絕虛無假設，同時做出至少有一種策略與其他策略不同的結論。

Levene 檢定的結果	決定	結論
$p > .05$	不能拒絕 H_0	假定在母群中這些變異數均相等。
$p \leq .05$	拒絕 H_0	假定在母群中這些變異數並不相等。
我們的資料		
$p = .980; .980 > .05$	不能拒絕 H_0	假定在母群中這些變異數均相等。

圖 8.10　評估變異數相等假定的規則。

多重比較 *Post Hoc* 檢定——評估究竟哪些組不同

在單因子變異數分析中，當我們拒絕虛無假設（三組平均數均相等）時，對立假設的假定並沒有特定地告訴我們究竟哪些平均數間彼此不同，它只假定有一些平均數與其他平均數不同。為了解哪些組間不同，我們必須做進一步的檢定。

常用的作法是檢定可能的平均數配對，這裡我們指的是檢定所有可能的成對比較。SPSS 提供我們許多成對比較檢定的方法，Tukey 事後比較是比較常用的一種檢定。（Post hoc 是「事後」的意思；通常在整體 ANOVA 檢定結果獲得顯著**後**，我們才解讀 Tukey 檢定的結果，換

言之,當虛無假設被拒絕時,我們才有必要看這項比較的結果。)以這個例子來說,Tukey 的程序會輸出三個不同的檢定:A 對 B、A 對 C,及 B 對 C。[4]

在原始設定中,SPSS 會以**多重比較**及**同質子集**兩種表格輸出 Tukey 檢定的結果。這兩種表格都可以用來解讀成對比較的結果,在這裡我們先使用**同質子集**來解讀。圖 8.9 中的**同質子集**表格中有兩個不同的欄位,其中一個標示為 "*1*",另一個標示為 "*2*"。當我們解讀**同質子集**表格的結果時,須注意組若是被置於同一個欄位,表示它們之間並**沒有**顯著差異,反之,組若沒有被置於同一欄位,則表示它們彼此間**有**顯著差異。在我們的例子裡,因為策略 A 及 B 存在同一欄(第 2 欄),這表示它們之間沒有顯著差異(兩者間任何被觀察到的差異,都可歸諸於抽樣誤差)。而策略 C 與策略 A 及 B 不在同一欄,則顯示它與 A 及 B 顯著不同。從這一個表格中的資料可以看出使用策略 C 的參與者正確回憶的字數(平均數 = 4.7),低於使用策略 A(平均數 = 8.9)及 B(平均數 = 10.2)者。

接下來的表格摘要了**同質子集**表格中 Tukey 檢定的結果。

檢定	這些組是否在同一欄?	結果
A 對 B	是	沒有顯著;假定 A 及 B 相等。
A 對 C	不是	顯著;A 比 C 記憶更多文字。
B 對 C	不是	顯著;B 比 C 記憶更多文字。

此外,我們也可以使用**多重比較**表格來解讀成對比較的結果。在圖 8.9 的**多重比較**表格中的前兩欄為進行檢定兩組的名稱,緊接在後面的為組間平均差異、標準誤、p 值(顯著性),及 95%的信賴區間。現在讓我們首先閱讀第一列的資料,這一列資料是關於策略 A 與策略 B 的比較,這裡兩組的平均差異為 -1.3(策略 A 的平均數減去策略 B 的平均數),p 值為 .138。因為 p 值大於 .05,所以策略 A 與 B 之間並沒有顯著差異。下一個成對比較(必須以斜對角來看)為策略 A 對策略 C,它們的平均差異為 4.2(策略 A 的平均數減去策略 C 的平均數),p 值小於 .001(在 SPSS 中,因為四捨五入的緣故,小於 .001 會被報告為 .000)。因為 p 值小於 .05,所以 A 與 C 之間有著顯著不同。檢視圖 8.9 中**描述性統計量**表格中的平均數,可以發現使用策略 A 的參與者(平均數 = 8.9)比策略 C(平均數 = 4.7)正確記住較多文字。

多重比較表格較易使人搞混的地方在於它每一個成對比較都出現兩次。在策略 A 與 C 的檢定之後,策略 A 與 B 的檢定又再出現一次,所不同的是,這次策略 B 被擺在前面。因為 B 對 A 的檢定與 A 對 B 的檢定完全相同(注意兩次檢定的 p 值都等於 .138),使用哪一次檢定

的結果作報告都是一樣的。多重比較表格總是會出現像這樣多餘的資料，每一個成對比較會出現兩次。因此在解讀結果時，要注意只報告每個成對比較的結果一次。接下來讓我們討論 B 對 C 的檢定，從下一列的斜對角，可以看到 B 和 C 彼此顯著不同，這裡的 p 值小於.001（SPSS 的輸出報告僅註明等於 .000，這是因為四捨五入的緣故）。從**描述性統計量**表格中平均數的資料，可以看出策略 B（平均數 = 10.2）顯著高於策略 C（平均數 = 4.7）。基本上，兩個表格（同質子集與多重比較）的結果都一樣：A 與 B 之間沒有顯著不同，而且兩者皆顯著高於策略 C。（**譯注**：有時同質子集與多重比較的結果會不一致，建議以同質子集為準。）

效果量

ANOVA 較常使用的效果量測量方式為 eta 平方（η^2）。計算 η^2 的公式如下：

$$\eta^2 = \frac{組間平方和}{總和平方和}$$

組間平方和及總和平方和的資料可以於 *ANOVA* 表格中找到（圖 8.9）。[5] 代入適當的值到以上公式可得：

$$\eta^2 = \frac{165.267}{223.867} = .74$$

按照 Cohen（1988）的說法，.01、.06，及 .14 的 η^2 值分別對應小、中、大三種效果量。η^2 可以被解釋為在依變數中有多少百分比的變異數可以由自變數所解釋。在這個例子裡，.74 的效果量為相當大的效果量，也表示學習策略解釋了正確文字回憶量 74%的變異。

以 APA 格式陳述結果

報告單因子獨立樣本變異數分析結果時，報告內容應包括假設檢定的結論、自由度（*df*）、*F* 值、*p* 值和效果量，以及各組的平均數及標準差（如果有必要的話，平均數及標準差可以另

外以表格方式呈現）。下面是以 APA 格式撰寫的簡短範例。

撰寫結果

　　回憶的字數會依所使用的學習策略而有不同，$F(2, 27) = 38.07, p < .05, \eta^2 = .74$，Tukey 事後檢定結果顯示使用策略 A 者（$M = 8.90, SD = 1.52$）及策略 B 者（$M = 10.20, SD = 1.40$）明顯較使用策略 C 者（$M = 4.70, SD = 1.49$）回憶更多文字。但是使用策略 A 者與使用策略 B 者所回憶字數兩者並無顯著差異。

單因子獨立樣本變異數分析的假定

1. **觀察值獨立。**

　　違反這項假定會嚴重地傷害變異數分析檢定的正確性。為了滿足這項假定，當進行研究設計時，要注意不要讓參與者彼此互相影響（在這個例子裡，讓參與者一起寫下所記憶之文字，就會違反這項假定）。如果我們有理由相信我們的研究違反了這項獨立性假定，那麼獨立樣本變異數分析就不適合用在我們的研究中。

2. **在母群中各組之依變數必須是常態分配。**

　　這個假定的意思是，在母群中各策略組所記憶的字數之次數分配應該為常態分配形式。雖然說有些非常態分配的情形會傷害變異數分析的統計考驗力，但是對於中等以上規模的樣本而言，大部分的非常態分配對變異數分析正確性的衝擊是相當小的。

3. **母群中各組的變異數必須相等。**

　　違反變異數同質性假定會傷害變異數分析檢定的正確性，特別是在各組樣本人數不等的情形下。為了避免違反這項假定，必須注意 SPSS 中 Levene 檢定的結果，若發現變異數不等時，須以變通之統計方法（如 Brown-Forsythe 檢定或 Welch 檢定）之分析結果（如果需要事後比較的話，注意選取適當的事後比較方式，如 Dunnett's T3）。

在 SPSS 中執行單因子獨立樣本變異數分析步驟之摘要

I.　輸入及分析資料

1. 在 SPSS 中建立兩個變數（一個為自變數，一個為依變數）。

2. 輸入資料。

3. 為自變數設定數值註解。在**數值註解**對話窗輸入適當的數值及標記。點擊**確定**。

4. 選擇分析＞比較平均數法＞單因子變異數分析…。

5. 分別移動依變數到**依變數清單**窗格及自變數到**因子**窗格。

6. 點擊**選項**。接著選取**描述性統計量**及**變異數同質性檢定**。點擊**繼續**。

7. 點擊 *Post Hoc* **檢定**。點選 *Tukey* **法**。點擊**繼續**。

8. 點擊**確定**。

II.　解讀結果

1. 檢查變異數同質性檢定（Levene 檢定）結果：

a. 如果 Levene 檢定結果的 $p > .05$，則必須假定母群變異數同質。接下來解讀 ANOVA 表格的結果。

  - 如果 ANOVA 結果為顯著（換言之，$p \leq .05$），接下來看 Tukey 事後檢定的結果。

  - 如果 ANOVA 結果沒有達到顯著（換言之，$p > .05$），那麼就不必再往下看。並在結果中註明組間並無顯著差異。

b. 如果 Levene 檢定結果 $p \leq .05$，那麼就不能假定母群的變異數相等。這時必須重新執行變異數分析，並選取 *Brown-Forsythe* 或 *Welch* 方法中一種（點擊**選項**，然後自**單因子變異數分析：選項**視窗中選取），接著點擊 *Post Hoc* **檢定**，從未假設相同的變異數的窗格中，選取一種事後比較方法（如 Dunnett's T3 檢定）。不像 ANOVA 及 Tukey 檢定，以上所提的檢定方法並不需要假定變異數同質。

  - 如果整體檢定結果（*Brown-Forsythe* 或 *Welch*）達顯著（換言之，$p \leq .05$），繼續解讀事後檢定程序的結果。

  - 如果整體檢定結果（*Brown-Forsythe* 或 *Welch*）未達顯著（換言之，$p > .05$），那麼就在這裡停止。並在結果中敘明組間並沒顯著不同。

練習

1. 一位醫學研究者想要調查不同疼痛藥物在治療人們偏頭痛上的效果。二十一位最近

曾尋求醫生治療偏頭痛的患者，隨機分派接受以下藥物治療：藥物 A、藥物 B，或百憂解。在服用適當藥物的同時，每一位患者每天記錄他們疼痛程度三次，如此繼續進行一週（疼痛程度以 1 到 10 的量尺記錄，分數愈高表示愈痛）。圖 8.11 為每位患者一週平均疼痛的程度。

藥物	疼痛程度
A	5.2, 4.1, 5.8, 6.85, 4.75, 1.75, 4
B	3.05, 6.15, 5.5, 6.15, 1.85, 6.4, 3.1
C	8.15, 7.15, 6.2, 7.85, 9.45, 9.25, 6.3

圖 8.11 三組的疼痛程度。

輸入資料到 SPSS 中，並進行適當的統計分析以回答下列問題。請分別將變數命名為 **drug** 及 **pain**。

a. 寫出虛無假設及對立假設。

b. 為這些資料寫出研究問題。

c. 請檢定有關變異數同質的假定。請說出資料分析的結果是否顯示組間變異數相等？請以 $\alpha = .05$ 進行檢定。

d. 組間的疼痛程度是否有著顯著不同？請以 $\alpha = .05$ 進行檢定。

e. 效果量是多少？以小、中、大三個等級來描述此效果量。

f. 如果整體 ANOVA 達到顯著，簡短摘要 Tukey 事後檢定的結果。

g. 以適當的 APA 格式撰寫結果（請注意，如果整體 ANOVA 檢定達顯著的話，要包括 Tukey 的檢定結果）。

2. 一位研究者想知道不同種類車子的擁有者對於高油價所感受的挫折感是否不同。就在一次油價的大幅提升後，這位研究者在加油站詢問了 30 位消費者，關於他們對油價所感受之挫折感（挫折感的範圍自 1 到 10，分數愈高表示挫折程度愈高）。受訪者中有 10 位以機車作為主要的交通工具（在資料檔中編碼為 1），另外 10 位擁有油電混合動力車（在資料檔中編碼為 2），剩下 10 位擁有一般（非油電混合動力）的車子（在資料檔中編碼為 3）。資料存放在 Chapter 8 資料夾下，名為 *Chapter 8_Exercise 2.sav*（變數名稱為 **vehicle** 和 **frustration**），讀者可從 www.pearsonhighered.com/yockey 下載。在 SPSS 中開啟資料檔，並進行適當的分析以回答下列問題。

a.　寫出虛無假設及對立假設。

b.　為這些資料寫出研究問題。

c.　請檢定有關變異數同質的假定。請說出這些資料是否暗示組間變異數不相等？請以 $\alpha = .05$ 進行檢定。

d.　不同種類車子擁有者的挫折感是否顯著不同？請以 $\alpha = .05$ 進行檢定。

e.　效果量是多少？以小、中、大三個等級來描述此效果量。

f.　如果整體 ANOVA 達到顯著，簡短摘要 Tukey 事後檢定的結果。

g.　以適當的 APA 格式撰寫結果（請注意，如果整體 ANOVA 檢定達顯著的話，要包括 Tukey 的檢定結果）。

3.　一位市場研究者受僱於一家警報公司，調查是否不同公司對於警報通知的反應時間不同。這個研究調查了三間頂尖公司。這研究隨機選取每間公司 15 次對於警報的反應時間（以秒計），資料存放在 Chapter 8 資料夾下，名為 *Chapter 8_Exercise 3.sav*（變數名稱為 **company** 和 **time**；在變數 **company** 中，1 代表「公司 A」，2 代表「公司 B」，3 代表「公司 C」），讀者可從 www.pearsonhighered.com/yockey 下載。在 SPSS 中開啟資料檔，並進行適當的分析以回答下列問題。

a.　寫出虛無假設及對立假設。

b.　為這些資料寫出研究問題。

c.　請檢定有關變異數同質的假定。請說出這些資料是否暗示組間變異數不相等？請以 $\alpha = .05$ 進行檢定。

d.　不同公司對於警報的反應時間是否不同？請以 $\alpha = .05$ 進行檢定。

e.　效果量是多少？以小、中、大三個等級來描述此效果量。

f.　如果整體 ANOVA 達到顯著，簡短摘要 Tukey 事後檢定的結果。

g.　以適當的 APA 格式撰寫結果（請注意，如果整體 ANOVA 檢定達顯著的話，要包括 Tukey 的檢定結果）。

第 9 章

二因子獨立樣本變異數分析

二因子獨立樣本（受試者間）變異數分析（ANOVA）使用於當我們需同時評估兩個自變數在一個連續依變數上的效果時。在二因子獨立樣本 ANOVA 中，它的兩個自變數都是獨立樣本，而且分別擁有兩個以上水準，並且每一位參與者只接受一個因子中**唯一一個水準**之處理。接下來是二因子獨立樣本變異數分析的範例。

範例

一位研究者想要了解物理治療及放鬆活動在背痛上的治療效果，他從一家當地的骨科醫院招募了 24 位罹患急性背痛的患者參與此研究，此研究計畫調查兩種不同型態的物理治療及兩種不同放鬆活動的治療效果。在物理治療方面，半數（12 位）患者使用延展活動，剩下的半數（12 位）患者使用肌力增強活動。在放鬆活動方面，半數（12 位）患者使用肌肉放鬆（一種從頭部開始直到腳趾，拉緊和放鬆肌肉的活動），剩下半數（12 位）患者則使用引導意象的技術（一種目的在協助病患放鬆的結構性視覺科技）。

此研究（呈現於圖 9.1）為完全交叉設計的一個例子，其中，物理治療的兩個水準完全交叉放鬆活動的兩個水準。這研究設計產生了四種不同的狀況（每一種狀況有六位參與者）：延展活動和肌肉放鬆（細格 a）、延展活動和引導意象（細格 b）、肌力增強活動和肌肉放鬆（細格 c），以及肌力增強活動和引導意象（細格 d）。這類型的設計我們通常稱為 2×2（二乘二）變異數分析，裡面包含兩個水準的物理治療及兩個水準的放鬆活動，合計四種狀況。

		放鬆活動		
		肌肉放鬆	引導意象	總計
物理 治療	延展活動	6 位參與者（細格 a）	6 位參與者（細格 b）	12
	肌力增強活動	6 位參與者（細格 c）	6 位參與者（細格 d）	12
	總計	12	12	24

圖 9.1　二因子獨立樣本變異數分析範例之研究設計。

　　這項研究持續了六週，這期間這些參與者每週接受一定的訓練。六週後，每位參與者填寫一份內含 10 道題的問卷來評估他們目前的疼痛程度（這份問卷可能的總分介於 0 與 60 之間，0 表示沒有疼痛感覺，而 60 則表示非常痛）。這項研究的依變數為六週後之疼痛程度，而自變數為物理治療及放鬆活動。

二因子獨立樣本變異數分析的目的及資料要求

二因子獨立樣本變異數分析		
目的	資料要求	範例
1. 檢定主要效應 • 延展活動與肌力增強活動兩組參與者的疼痛程度是否不同？ • 肌肉放鬆與引導意象兩組參與者的疼痛程度是否不同？	自變數 • 兩個獨立因子，每一因子各自有兩個以上水準	自變數 • 物理治療（延展活動、肌力增強活動） • 放鬆活動（肌肉放鬆、引導意象）
2. 檢定交互作用 • 物理治療的效果是否因不同放鬆活動種類而異？	依變數 • 連續的	依變數 • 六週後患者所感受之疼痛程度

虛無及對立假設

　　在二因子獨立樣本變異數分析裡，我們要檢定三個不同的虛無假設。每一個虛無假設檢定一個自變數（也就是檢定主要效應），剩下一個負責處理兩個自變數的混合效應（也就是檢定交互作用效應）（**譯注**：effect 在本章中交叉使用**效果**與**效應**，SPSS 中文版也交互出現，兩者是相同意義）。接下來我們要對這些假設進行介紹。

假設 1. 物理治療檢定：延展活動對肌力增強活動

在這裡我們定義物理治療的虛無假設為，於母群中，延展活動組患者與肌力增強活動組患者所感受的疼痛程度相同：

$$H_0 : \mu_{延展活動} = \mu_{肌力增強活動} \tag{H.1}$$

而對立假設則定義，這兩組母群的平均數不相等：

$$H_1 : \mu_{延展活動} \neq \mu_{肌力增強活動}$$

假設 2. 放鬆活動檢定：肌肉放鬆對引導意象

放鬆活動的虛無假設定義，肌肉放鬆組母群與引導意象組母群的平均疼痛程度相同：

$$H_0 : \mu_{肌肉放鬆} = \mu_{引導意象} \tag{H.2}$$

對立假設則定義，這兩個母群的平均數不相等：

$$H_1 : \mu_{肌肉放鬆} \neq \mu_{引導意象}$$

假設 3. 物理治療與放鬆活動交互作用效應之檢定

虛無假設定義，這兩個變數之間沒有交互作用：

$$H_0 : 物理治療 \times 放鬆活動沒有交互作用 \tag{H.3}$$

對立假設則定義，這兩個變數間存在著交互作用：

$$H_1 : 物理治療 \times 放鬆活動有交互作用$$

評定虛無假設

　　二因子獨立樣本變異數分析檢定之前所提到的三個虛無假設。對於任何一個我們有興趣的假設，在虛無假設為真的情形下，假使檢定顯示獲得此結果的可能性很小（發生的次數小於 5%），就應拒絕虛無假設。反之，在虛無假設為真的情形下，顯示獲得此檢定結果的可能性很大（發生的次數大於 5%），就不能拒絕虛無假設。

研究問題

　　在一個二因子變異數分析中，可以將我們所感興趣的基本問題以研究問題方式呈現，如：

對於物理治療

　　「延展活動組患者與肌力增強活動組患者所感受的疼痛程度是否不同？」

對於放鬆活動

　　「肌肉放鬆組患者與引導意象組患者所感受的疼痛程度是否不同？」

對於物理治療與放鬆活動間的交互作用

　　「物理治療組患者所感受的疼痛程度是否因他們同時也使用肌肉放鬆活動及引導意象活動而有不同？」

資料

　　圖 9.2 中為 24 位患者的疼痛資料。對於物理治療，接受延展活動者編碼為 "1"，接受肌力增強活動者編碼為 "2"。對於放鬆活動，接受肌肉放鬆療法者編碼為 "1"，接受引導意象活動者編碼為 "2"。

參與者	物理治療	放鬆活動	疼痛程度	參與者	物理治療	放鬆活動	疼痛程度
1	1	1	30	13	2	1	40
2	1	1	22	14	2	1	50
3	1	1	25	15	2	1	38
4	1	1	28	16	2	1	52
5	1	1	20	17	2	1	45
6	1	1	20	18	2	1	50
7	1	2	50	19	2	2	50
8	1	2	45	20	2	2	55
9	1	2	35	21	2	2	50
10	1	2	40	22	2	2	45
11	1	2	30	23	2	2	47
12	1	2	45	24	2	2	43

圖 9.2　二因子獨立樣本變異數分析範例資料。（**注**：包含參與者變數是為了說明之用，不需要輸入到 SPSS 中。）

在 SPSS 中輸入及分析資料

　　步驟 1 及步驟 2 說明如何在 SPSS 中輸入資料。這份資料也存放在 Chapter 9 資料夾下，名為 *back pain.sav*，讀者可從 www.pearsonhighered.com/yockey 下載。如果你比較想從電腦中開啟該資料檔案，則請直接閱讀步驟 3。

步驟 1：建立變數

1.　開啟 SPSS。
2.　點擊**變數檢視**標籤。

　　我們將在 SPSS 中建立三個變數，其中兩個（自變數）分別為物理治療及放鬆活動，剩下一個（依變數）為疼痛程度。這三個變數分別命名為 **phyther**、**relax**，及 **pain**。

3.　在**變數檢視**視窗的前三列分別輸入 **phyther**、**relax**，及 **pain** 等變數名稱（見第 154 頁圖 9.3）。

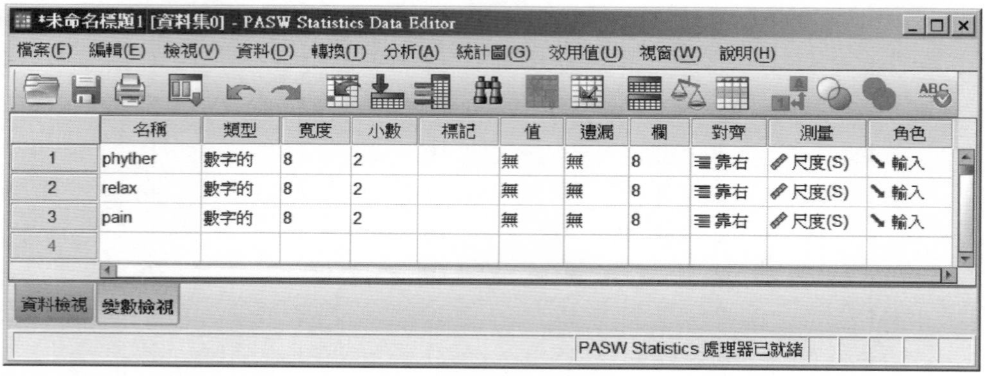

圖 9.3　在**變數檢視**視窗中已輸入變數名稱 phyther、relax，及 pain。

4.　按照第 1 章所介紹的步驟，為變數 **phyther** 和 **relax** 設定數值註解。對於 **phyther** 變數，我們設定 1=「延展活動」，2=「肌力增強活動」；對於 **relax** 變數，1=「肌肉放鬆」，2=「引導意象」。

步驟 2：輸入資料

1.　點擊**資料檢視**標籤。這時，**phyther**、**relax**，及 **pain** 等三個變數名稱會出現在**資料檢視**視窗的前三欄。

2.　對照圖 9.2 為每一個參與者輸入其三個變數的資料。對於第一位參與者，我們分別為變數 **phyther**、**relax**，及 **pain** 輸入值 *1*、*1*，及 *30*。依照這種模式繼續為所有 24 位參與者輸入相關資料。完整的資料輸入結果則見圖 9.4。

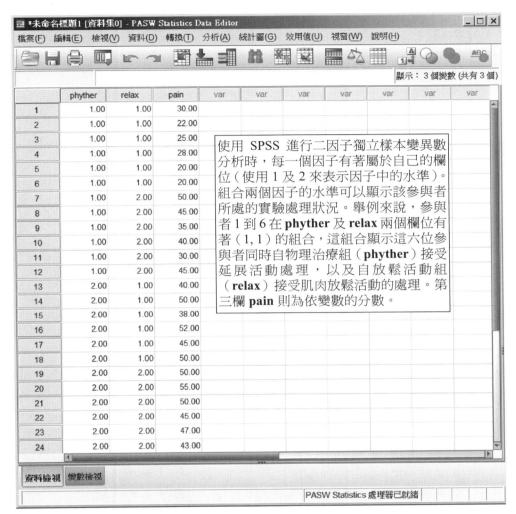

圖 9.4　二因子獨立樣本變異數分析範例的完整資料檔。

步驟 3：分析資料

1.　從選單列選擇**分析＞一般線性模式＞單變量...**（見圖 9.5）。

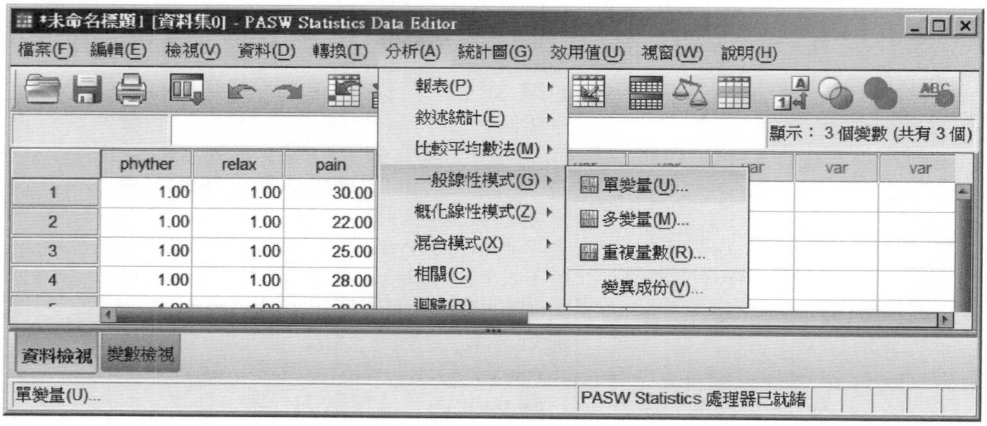

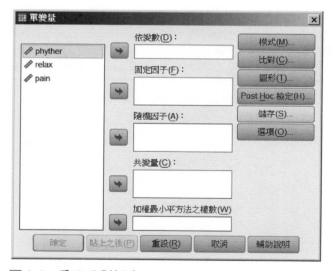

圖 9.5　**二因子獨立樣本變異數分析**的選單指令。

這時會出現**單變量**的對話窗，而變數名稱 **phyther**、**relax**，和 **pain** 會出現在對話窗的左邊（見圖 9.6）。

圖 9.6　**單變量**對話窗。

2.　選取依變數 **pain**，然後點選上面的向右箭頭按鈕（ ），將此變數移至**依變數**窗格。

3. 按住 *Ctrl* 鍵不放，以滑鼠點選 **phyther** 及 **relax** 變數，並且點擊上面第二個向右箭頭按鈕（），將這兩個變數移至**固定因子**窗格[1]（見圖 9.7）。

圖 9.7　**單變量**對話窗（續）。

4. 點擊**選項**。**單變量：選項**的對話窗將會開啟。在**因子與因子交互作用**窗格中選取 **phyther**、**relax**，及 **phyther*relax** 等變數（不要選取 OVERALL），然後點擊向右箭頭按鈕（ ）將以上變數移至**顯示平均數**窗格。在**顯示**窗格中選取**敘述統計**、**效果大小估計值**，及**同質性檢定**等項目（見第 158 頁圖 9.8）。

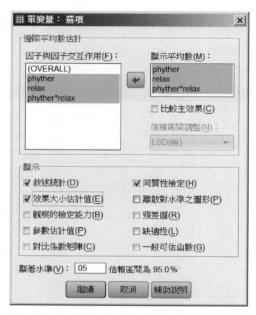

圖 9.8　單變量：選項對話窗。

5.　點選**繼續**。

6.　點擊**圖形**。這時**單變量：剖面圖**對話窗會開啟。選擇 **phyther** 變數，並點擊上面的向右箭頭按鈕（ ➡ ）將此變數移至**水平軸**窗格。選取 **relax** 變數，並點擊中間的向右箭頭按鈕（ ➡ ）將此變數移至**個別線**窗格（見圖 9.9）。

圖 9.9　單變量：剖面圖對話窗。

7.　點擊**新增**。這時 **phyther*relax** 訊息會出現在**圖形**窗格（見圖 9.10）。

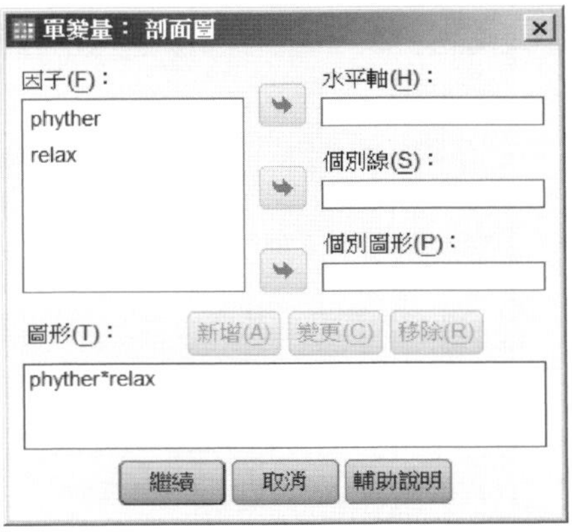

圖 9.10　**單變量：剖面圖**對話窗（續）。

8.　點擊**繼續**。

9.　點擊**確定**。

SPSS 執行二因子獨立樣本變異數分析的程序及結果會出現於**瀏覽器**視窗。

在討論變異數分析的結果前，我們要先建立一個條形圖。條形圖為剖面圖的變通方式，目的在顯示交互作用效應。下面為二因子變異數分析中繪製條形圖的指令（見第 3 章以獲得更多條形圖的資訊）。

繪製條形圖

1.　從選單列選擇**統計圖＞歷史對話記錄＞條形圖**...。（**注**：如果你使用 SPSS 14.0 或之前的版本，選單指令是**統計圖＞條形圖**...，其他指令均相同。）

2.　這時**長條圖**對話窗會開啟。

3.　選取**集群**。

4.　請確定**圖表中資料為**窗格中的**觀察值組別之摘要**項目已被選取。

5.　點擊**定義**。

6.　移動 **phyther** 變數到**類別軸**窗格。

7.　移動 **relax** 變數到**定義集群依據**窗格。

8.　在**條形圖表示**窗格選取**其他統計量**（例如平均數）項目，並且將 **pain** 變數移至**變數**窗格（見第 160 頁圖 9.11）。

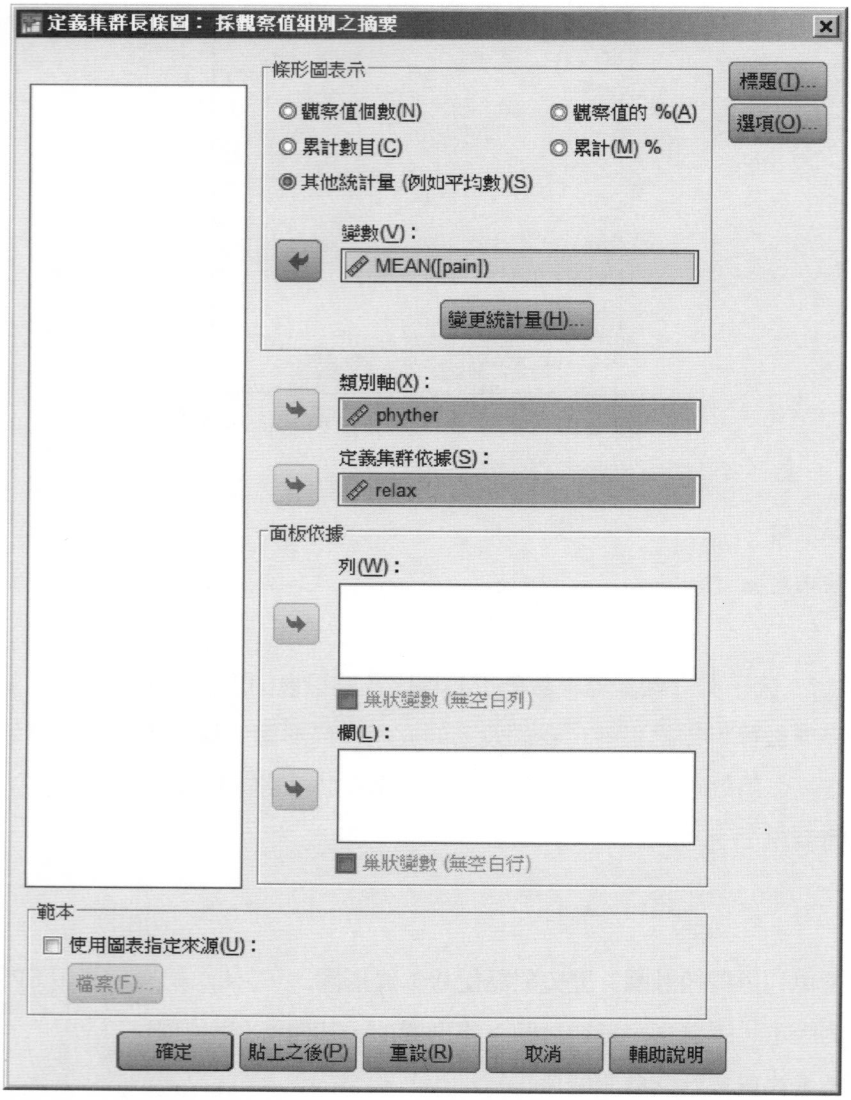

圖 9.11　**定義集群長條圖：採觀察值組別之摘要**對話窗。

9.　點擊**確定**。

SPSS 繪製條形圖的程序及結果將會出現在**瀏覽器**視窗。

步驟 4：解讀結果

　　二因子獨立樣本變異數分析的輸出結果呈現於圖 9.12，而條形圖的輸出結果則呈現於第 164 頁圖 9.13。

變異數的單變量分析

受試者間因子

		數值註解	個數
phyther	1.00	延展活動	12
	2.00	肌力增強活動	12
relax	1.00	肌肉放鬆	12
	2.00	引導意象	12

敘述統計

依變數：pain

phyther	relax	平均數	標準離差	個數
延展活動	肌肉放鬆	24.1667	4.21505	6
	引導意象	40.8333	7.35980	6
	總數	32.5000	10.41415	12
肌力增強活動	肌肉放鬆	45.8333	5.81091	6
	引導意象	48.3333	4.27395	6
	總數	47.0833	5.03548	12
總數	肌肉放鬆	35.0000	12.30669	12
	引導意象	44.5833	6.94731	12
	總數	39.7917	10.93053	24

誤差變異量的 Levene 檢定等式[a]

依變數：pain

F	df1	df2	顯著性
1.238	3	20	.322

在這裡為變異數同質性（變異數分析的假定之一）檢定的 p 值（**顯著性**），因為 .322 大於 .05，我們必須接受虛無假設，並且假定四個細格的變異數相等。

檢定各組別中依變數誤差變異量的虛無假設是相等的。

a. Design: 截距 + phyther + relax + phyther * relax

圖 9.12　二因子獨立樣本變異數分析的輸出結果。

受試者間效應項的檢定

依變數：pain

來源	型 III 平方和	df	平均平方和	F	顯著性	淨 Eta 平方
校正後的模式	2128.125[a]	3	709.375	22.889	.000	.774
截距	38001.042	1	38001.042	1226.170	.000	.984
phyther	1276.042	1	1276.042	41.174	.000	.673
relax	551.042	1	551.042	17.780	.000	.471
phyther * relax	301.042	1	301.042	9.714	.005	.327
誤差	619.833	20	30.992			
總數	40749.000	24				
校正後的總數	2747.958	23				

a. R 平方 = .774 (調過後的 R 平方 = .741)

我們感興趣的三個檢定。

這三個檢定都達顯著，因為它們的 p 值都小於 .05。

估計的邊緣平均數

1. phyther

依變數：pain

phyther	平均數	標準誤差	95% 信賴區間 下界	95% 信賴區間 上界
延展活動	32.500	1.607	29.148	35.852
肌力增強活動	47.083	1.607	43.731	50.436

因為 **phyther** 檢定達顯著，我們要藉由檢視估計邊緣平均數表格來決定哪一種狀況會使患者感受較少疼痛。（這裡延展活動的平均數為 32.50，這表示感受較少的疼痛。）

2. relax

依變數：pain

relax	平均數	標準誤差	95% 信賴區間 下界	95% 信賴區間 上界
肌肉放鬆	35.000	1.607	31.648	38.352
引導意象	44.583	1.607	41.231	47.936

Relax 的檢定達顯著；估計的邊緣平均數表格的資料告訴我們接受肌肉放鬆者比接受引導意象活動者感受較少疼痛。

3. phyther * relax

依變數：pain

phyther	relax	平均數	標準誤差	95% 信賴區間 下界	95% 信賴區間 上界
延展活動	肌肉放鬆	24.167	2.273	19.426	28.907
	引導意象	40.833	2.273	36.093	45.574
肌力增強活動	肌肉放鬆	45.833	2.273	41.093	50.574
	引導意象	48.333	2.273	43.593	53.074

圖 9.12　二因子獨立樣本變異數分析的輸出結果。(續)

剖面圖

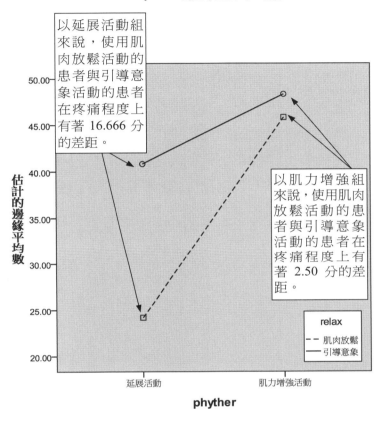

圖 9.12　二因子獨立樣本變異數分析的輸出結果。(續)

圖形

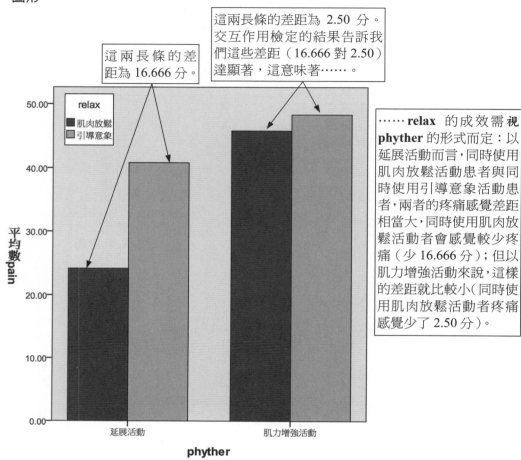

圖 9.13　**條形圖**程序之輸出結果。

受試者間因子

受試者間因子表格呈現本研究中所包含的因子（自變數）、每個因子所包含的水準數、數值註解，及每一因子中每一水準的樣本規模。注意 **phyther** 變數及 **relax** 變數中的每一水準都有 12 位參與者，這一點與我們的研究設計一致。

敘述統計

　　敘述統計表格呈現本研究中每一種情況（及每一因子的每一水準）的平均數、標準差（**譯注**：SPSS 中文版常將「標準差」譯為「標準離差」），及樣本數。雖然稍後我們會把注意力聚焦於**估計的邊緣平均數**表格以解讀組間平均數的不同，在隨後撰寫結果時，會使用到這個表格的標準差資料。

誤差變異量的 *Levene* 檢定等式

　　誤差變異量的 *Levene* **檢定等式**（**譯注**：誤差變異數的 Levene 均等性檢定較恰當）表格協助我們檢定研究中四個細格（情況）變異數是否相等，此一檢定關係到二因子獨立樣本變異數分析的假定（見第 8 章中關於變異數同質性假定的相關資訊）。

　　以下為 Levene 檢定的虛無假設及對立假設：

$$H_0 : \sigma_{1,1}^2 = \sigma_{1,2}^2 = \sigma_{2,1}^2 = \sigma_{2,2}^2 \quad （在母群中四個細格的變異數均相等。）$$

$$H_1 ：至少一個變異數與其他變異數不同$$

　　我們藉由檢視**誤差變異量的** *Levene* **檢定等式**表格的 *p* 值（**顯著性**）來檢定變異數同質性假定。如果 $p \leq .05$，我們就必須拒絕虛無假設，並假定這些母群變異數不相等。反之，如果 $p > .05$，我們必須接受虛無假設，並且假設這四個細格之母群的變異數相同。

　　Levene 檢定之結果，*F* 值等於 1.238，*p* 值等於 .322（見圖 9.12）。因為 .322 大於 .05，因此，關於變異數同質的虛無假設必須被接受，而我們在這個研究裡，必須假定四種情況母群的變異數相等。

受試者間效應項的檢定

　　下一個表格為**受試者間效應項的檢定**表格，這一個表格呈現主要效應（**phyther** 和 **relax**）及交互作用（**phyther*relax**）檢定之結果。[2] 在二因子變異數分析裡，每一個主要效應及交互作用都分別有一個 *F* 檢定。就如同我們在第 8 章的單因子變異數分析裡提及的，*F* 檢定為兩個變異數的比值，在 SPSS 的輸出中，這些變異數是以平均平方和（*MS*）的名稱出現：

$$F = \frac{MS \text{效應}}{MS \text{誤差}}$$

　　這裡 *MS 效應* 指的是我們感興趣之檢定的組間平均平方和，而 *MS 誤差* 指的是**受試者間效應項的檢定**表格中誤差的平均平方和。如果想要求得我們所感興趣之檢定的 *F* 值，只需代入適當值到上面公式。舉例來說，**phyther** 實驗處理之主要效應檢定的組間平均平方和等於 1276.042，而誤差的平均平方和等於 30.992，因此 **phyther** 實驗處理之主要效應檢定的 *F* 值等於

$$F = \frac{1276.042}{30.992} = 41.174$$

這裡所得的值等於圖 9.12 中**受試者間效應項的檢定**表格中 **phyther** 列之 *F* 值。

　　Phyther 主要效應檢定產生了兩個自由度（*df*），組間自由度（**phyther** 變數水準個數減去 1）及誤差（組內）自由度（全部樣本個數減去全部細格數）。對於 **phyther** 檢定來說，這兩個自由度分別為 1 和 20。

　　Phyther 主要效應檢定的 *p* 值位於**受試者間效應項的檢定**表格中顯著性那一欄，其值為 .000（這裡應該讀作「小於 .001」）。因為 *p* 值小於 .05，我們必須拒絕虛無假設，並做出延展活動組患者與肌力增強活動組患者所感受到的疼痛程度顯著不相同之結論（我們將在下面估計的邊緣平均數這一段落，進一步討論物理治療實驗處理中哪一組的疼痛程度較低）。

　　受試者間效應項的檢定表格中的下一個檢定為 **relax** 實驗處理之主要效應。**Relax** 檢定的 *F* 值為 17.78（551.042/30.992），自由度分別為 1（**relax** 的水準數減去 1）及 20（誤差自由度）。**Relax** 檢定的 *p* 值等於 .000，位於**受試者間效應項的檢定**表格中的**顯著性**欄。因為這裡的 *p* 值小於 .05，我們必須拒絕虛無假設，並結論出肌肉放鬆組及引導意象組兩組患者所感受到之疼痛程度顯著不同（我們會在估計的邊緣平均數這一段落，探討哪一組患者的疼痛程度較低）。

　　最後一項我們感興趣的檢定為 **phyther** 與 **relax** 兩者間交互作用的檢定，這項檢定結果的 *F* 值為 9.714（301.042/30.992），自由度分別為 1〔（**phyther** 的水準數－1）×（**relax** 的水準數－1）〕及 20（誤差自由度）。交互作用的 *p* 值為 .005，因為這個值小於 .05，因此我們必須拒絕虛無假設，並且結論 **phyther** 與 **relax** 兩者之間有顯著之交互作用。

估計的邊緣平均數

　　SPSS 輸出的**估計的邊緣平均數**這一部分，包含了一系列的表格，兩個因子各一個表格，交互作用一個表格。估計的邊緣平均數的用途在於當檢定結果已達**顯著**之後，告訴我們這結果的方向。在我們的例子裡的三個檢定都達到顯著，因此我們接下來將分別討論這三個**估計的邊緣平均數**表格。（但是，如果檢定未達顯著，那麼這一檢定中，任何估計的邊緣平均數間的差異，都可以歸諸於抽樣誤差，沒有必要對其進行描述。）

　　第一個表格屬於 *phyther* 實驗處理，這表格呈現兩個物理治療組的估計的邊緣平均數。因為 **phyther** 實驗處理達顯著，我們將進一步檢視它的平均數以決定哪一組患者感覺較少疼痛。**Phyther** 的估計的邊緣平均數表格顯示延展活動組患者（平均數 = 32.50）比肌力增強組（平均數 = 47.08）顯著感受到較少的疼痛。

　　第二個表格屬於**放鬆活動**（*relax*），這個表格呈現了放鬆活動實驗處理中兩個組的估計的邊緣平均數。因為這個實驗處理也達顯著，我們也是要透過檢視這個表格的資料來決定哪一組感受到較低的疼痛程度。表格的資料顯示使用肌肉放鬆活動者（平均數 = 35.00）明顯較引導意象組（平均數 = 44.58）有著較低的疼痛感覺。

　　最後一個表格屬於交互作用。這個表格顯示了四個細格的平均數，這裡的平均數代表其中六個參與者的平均疼痛程度。為了能更清楚地顯示交互作用的效應，我們稍微調整了這個表格的呈現方式，並將調整後的結果呈現於第 168 頁圖 9.14。

　　圖 9.14 第一欄的資料顯示延展活動組的肌肉放鬆細格之平均數（24.167）比引導意象細格（40.833）低了 16.666 分。第二欄的資料則顯示肌力增強組的肌肉放鬆細格之平均數僅較引導意象細格低 2.50 分（45.833 對 48.333）。這些平均數的差異顯示了交互作用的效應：在延展活動的情況下，肌力增強細格與引導意象細格平均數之差相當大（16.666），但是於肌力增強的情況下，兩者的差距卻僅有 2.50。交互作用達顯著意味著此差距達顯著（16.666 對 2.50）。如果再讓我們檢視這四個細格的平均數，我們可以發現肌肉放鬆與延展活動的結合有助於減輕疼痛（接受這個實驗處理的患者有著最低的疼痛平均分數 24.167）。

	延展活動	肌力增強	放鬆活動的估計邊緣平均數
肌肉放鬆	24.167	45.833	35.000
引導意象	40.833	48.333	44.583
平均數差異	**16.666**	**2.500**	**9.583**

圖 9.14　本研究中四種狀況的細格平均數、放鬆活動的估計邊緣平均數、放鬆活動兩個實驗處理分別於延展活動及肌力增強情況下的平均*差距*，及它們估計邊緣平均數之差。

交互作用的圖形表徵

　　除了透過前面我們所採用的，以檢視細格平均數間差距來檢驗交互作用效應的方式外，經由圖表來呈現結果也是檢視交互作用的有效途徑。接下來我們將討論兩種用來呈現交互作用效應的圖表：剖面圖及條形圖。這兩個圖表分別呈現在圖 9.12 及圖 9.13。

剖面圖

　　圖 9.12 中的**剖面圖**（第 163 頁）呈現了我們研究中四個細格的平均數。在這個剖面圖中，X 軸包含物理治療的兩個水準（延展活動在左邊，肌力增強活動在右邊）。剖面圖中的兩個線段則分別代表 **relax** 的兩個水準，上面那一個線段代表引導意象，底下那一個則代表肌肉放鬆。在剖面圖的左邊，上下兩點的距離代表在延展活動情況下，使用肌肉放鬆活動者與使用引導意象者所感受疼痛程度的差距（之前我們提及這差距為 16.666 分）。而右邊兩點的距離則代表在肌力增強情況下，使用肌肉放鬆活動者與使用引導意象者所感受疼痛程度的差距（差距為 2.50 分）。記得，交互作用表示這兩個差距（16.666 和 2.50）彼此間顯著不同。當這些平均數被標示於剖面圖中時，這些差距會以（顯著地）非平行的直線形式呈現，這也是另一種描述交互作用的方式。

圖形──條形圖

　　相對於**剖面圖**，**條形圖**（第 164 頁圖 9.13）為另一種以圖形表徵顯著交互作用效應的方式。剖面圖與條形圖均顯示相同的資訊（研究中四種情況細格的平均數），它們只是以不同方式來表徵資訊。在圖 9.13 中的條形圖中，**phyther** 變數位於水平（X）軸，而 **relax** 的水準則被繪製為不同顏色的長條。四種情況（細格）的平均數在這裡則相當於這些長條於縱軸（Y 軸）

的高。左邊的兩個長條顯示在延展活動情況下，相對於引導意象，肌肉放鬆會導致較低的疼痛感覺（差距為 16.666 分）。右邊兩個長條則是處於肌力增強活動的情況下。請注意到這兩個長條的高度相當接近，肌肉放鬆稍微低於引導意象，顯示兩情況疼痛程度的差距相當小（2.50）。從條形圖的角度來看，顯著的交互作用顯示 X 軸變數（物理治療）延展活動水準內相鄰長條高度之差，與肌力增強活動水準中兩相鄰長條高度之差不相等（此為從另一方式來表示 16.666 顯著不同於 2.50）。

當交互作用達顯著時如何解讀主要效應

　　當交互作用效應達顯著時，我們在解讀主要效應時就必須小心，避免錯誤解讀（需視結果的本質而定）。這一點呈現於第 168 頁圖 9.14 中。圖 9.14 最右邊一欄的上面兩個平均數分別為 **relax** 活動兩個水準（肌肉放鬆及引導意象）的邊緣平均數。**relax** 的顯著**主要效應**顯示肌肉放鬆及引導意象這兩個水準的平均數有著顯著不同，肌肉放鬆的疼痛程度較引導意象低 9.583 分（35.000 對 44.583）。此一差異來自主要效應對於 **relax** 實驗處理的預測，我們也可從計算延展活動及肌力增強活動的兩個平均數差異之平均獲得此一差異值〔(16.666 + 2.500)/2 = 9.583〕。然而，顯著的交互作用暗示著放鬆活動兩水準間差距須**視**它們接受哪一種物理治療而定：以延展活動來說，這兩水準的差距就大於主要效應所預測的值（16.666 對預測值的 9.583），而對於肌力增強活動來說，這兩水準的差距又較預測值小（2.500 對預測值的 9.583）。因此單獨使用主要效應來描述放鬆活動兩水準間的差異，會有以下兩項錯誤：低估了兩水準於延展活動情況下的差異，及高估了在肌力增強情況下的差異。[3] 然而，如果交互作用未達顯著，使用主要效應來描述兩組間的差異倒是滿適宜的。

單純效應

　　當交互作用達顯著時，更進一步檢定效應的方式為使用單純效應分析。單純效應分析為在**單一個水準**的情況下，比較另一個因子的效應（比如說，在引導意象的情況下，檢定延展活動與肌力增強的差異）。我們在 SPSS 中可以使用 LMATRIX 指令執行單純效應分析或是以獨立樣本 t 檢定對於我們感興趣的檢定進行分析。在這一章由於篇幅的限制，我們不對單純效應進行說明，但在第 11 章我們會有一個關於單純效應的例子。

效果量

　　在二因子獨立樣本變異數分析中我們常使用偏 eta 平方（partial η^2。**譯注：偏 eta 平方**或譯為**淨 eta 平方**，在 SPSS 中文版中譯為「**淨相關 Eta 平方**」）來計算效果量。在計算偏 eta 平方時，我們必須用到**受試者間效應項的檢定**表格中的平方和（SS）數據（在表格中以**型 III 平方和**欄位名稱出現）。偏 eta 平方的公式為

$$偏\,\eta^2 = \frac{SS_{效應}}{SS_{效應} + SS_{誤差}}$$

這裡 $SS_{效應}$ 相當於我們所感興趣效應之平方和，而 $SS_{誤差}$ 則為誤差的平方和。要計算特定檢定的偏 eta 平方，我們必須自圖 9.12 中選取適當的 SS 值代入上面公式中。例如，**phyther** 的平方和為 1276.04，而誤差的平方和（$SS_{誤差}$）為 619.83。代入這兩個值到公式中，可得偏 eta 平方值為

$$偏\,\eta^2 = \frac{1276.04}{1276.04 + 619.83} = .67$$

這一個值與圖 9.12 中 **phyther** 列偏 eta 平方欄的相同。偏 eta 平方的範圍從 0 到 1，偏 eta 平方的值愈大，表示這效應所能解釋的依變數之變異愈多。

以 APA 格式陳述結果

　　當報告二因子獨立樣本變異數分析時，我們會包含假設檢定的結論、自由度（df）、F 值、p 值，及效果量，並且也包括平均數及標準差（如果有必要的話，可以將平均數及標準差放在另外的表格）。在交互作用達顯著的情形下，一般說來我們也會在報告中提供剖面圖或是條形圖的資訊。下面是以 APA 格式撰寫的簡短範例。

撰寫結果

　　在研究中我們進行了一個 2×2 的獨立樣本變異數分析，其中以背部疼痛程度作為研究的

依變數，以物理療法（延展活動或是肌力增強）及放鬆活動（肌肉放鬆或是引導意象）作為自變數。分析結果顯示物理治療具有顯著的主要效應，$F(1, 20) = 41.17, p < .05,$ 偏 $\eta^2 = .67$ ，其中使用延展活動者（$M = 32.50, SD = 10.41$）較使用肌力增強活動者（$M = 47.08, SD = 5.04$）顯著感受較少疼痛。此外，放鬆活動也具有顯著的主要效應，$F(1, 20) = 17.78, p < .05,$ 偏 $\eta^2 = .47$ ，其中，使用肌肉放鬆者（$M = 35.00, SD = 12.31$）顯著較使用引導意象者（$M = 44.58, SD = 6.95$）感受較少疼痛。同時，物理治療與放鬆活動間也具顯著的交互作用效應，$F(1, 20) = 9.71, p < .05,$ 偏 $\eta^2 = .33$。以使用肌力增強的患者來看，使用肌肉放鬆者與使用引導意象者間，所感受到的疼痛程度之差距是很小的。但是對於使用延展活動的患者來說，使用肌肉放鬆與使用引導意象的患者之間，所感受到的疼痛程度就有很大差距，而且使用肌肉放鬆活動者明顯感受到較少疼痛（詳見圖 9.12 的剖面圖或是圖 9.13 的條形圖）。整體來說，結合使用延展活動與肌肉放鬆活動的患者較其他患者明顯感受到較少的疼痛。

二因子獨立樣本變異數分析的假定

1. **觀察體獨立。**

    如果在設計研究時，我們能注意到不要讓參與者之間彼此影響的話，應該就能滿足這項獨立性假定（如果我們讓參與者**同時**接受肌肉放鬆訓練與引導意象訓練，就會**違反**這項假定）。違反獨立性假定會嚴重地傷害變異數分析檢定的正確性。如果我們有理由相信已經違反獨立性假定，那麼獨立樣本變異數分析就不應被使用。

2. **在母群中每一細格的依變數應該為常態分配。**

    這項假定的意思為研究中每一細格的依變數在母群中應成常態分配。但是對於中等以上規模的樣本而言，雖然說，一些非常態分配的情形會影響變異數分析的統計檢定力，大部分型態的非常態分配對於變異數分析檢定之正確性的影響，可以說是相當小。

3. **在母群中每一個細格的變異數均相等。**

    這個假定指的是每一個細格母群（這個研究中的四種狀況）之變異數應該都相等。違反這項假定會傷害變異數分析檢定的正確性，特別是當每組樣本大小不相等時。解讀 SPSS 輸出中的 Levene 檢定結果有助於滿足這項假定。如果違反變異數同質性假定，而且每一細格的個數不等，那麼就不宜使用二因子變異數分析（不像之前在

第 8 章所提到的單因子變異數分析，SPSS 並無內建用來處理二因子變異數分析變異數不等情形的程序）。

在 SPSS 中執行二因子獨立樣本變異數分析步驟之摘要

I.　輸入及分析資料

1.　在 SPSS 中建立三個變數（一個為依變數，兩個為自變數）。

2.　為每一個自變數建立數值註解。在**數值註解**對話窗輸入適當的數值與標記。點擊**確定**。

3.　輸入資料。

4.　選取**分析＞一般線性模式＞單變量…**。

5.　移動依變數到**依變數**窗格，自變數到**固定因子**窗格。

6.　點擊**選項**。移動因子及交互作用項到**顯示平均數**窗格。選取**敘述統計、效果大小估計值**，和**同質性檢定**選項。點擊**繼續**。

7.　點擊**圖形**。移動含較多水準的因子到**水平軸**窗格（如果情形適當的話），其他因子到**個別線**窗格。點擊**新增**。點擊**繼續**。（除了剖面圖之外，也可以建立條形圖。）

8.　如果其中任何因子含三個以上水準，點擊 *Post Hoc* **檢定**。並移動該因子到 *Post Hoc* **檢定**窗格。選取 *Tukey* **法**（不是 *Tukey's-b*）。點擊**繼續**。

9.　點擊**確定**。

II.　解讀結果

1.　檢視檢定誤差變異數相等的 Levene 檢定之結果。

　　a.　如果 Levene 檢定結果顯示 $p > .05$，那麼就可以假定變異數同質。繼續解讀變異數分析檢定之結果。

　　　　• 解讀每一個因子的檢定結果，若達顯著之主要效應僅有兩個水準，直接說明其差異之性質。對於那些具三個以上水準之顯著主要效應，我們須進一步解讀其 Tukey 檢定之結果。

　　　　• 如果交互作用達顯著，描述兩變數間關係的性質。

第 9 章　二因子獨立樣本變異數分析　173

b. 如果 Levene 檢定的結果顯示 $p \leq .05$，那麼就不能假定母群變異數同質。因為 SPSS 並沒有提供處理二因子變異數不等的相關方法，所以如果你的樣本大小一樣或是接近一樣，那麼就直接使用傳統的變異數分析，在這種情形下，檢定結果的 p 值之正確性不至於有太大影響（正確性視樣本大小及變異數之差異情形而定）。如果樣本大小的差異達中等以上程度，可以選擇改執行兩個分開的單因子變異數分析（對於因子具三個以上水準者），或者執行 t 檢定（對於因子只有兩個水準者），並檢定各個因子的變異數同質性（如果我們分開檢定各個因子的效應，那麼交互作用檢定就不能執行）。對於因子只有兩個水準者，看**平均數相等的** t **檢定**表格最下面一列的結果（詳見第 6 章）。對因子具三個以上水準且水準間具變異數同質者，執行傳統的變異數分析，並以 Tukey 法做事後比較。對於具三個以上水準且變異數不等的因子，使用 Brown-Forsythe 或者 Welch 的方法進行檢定，並且選用不需假定變異數同質的事後比較方法進行事後比較（詳見第 8 章）。

- 對於那些已達顯著且僅具兩水準的因子（也就是使用 t 檢定者），透過檢視**組別統計量**表格裡各水準的平均數來描述水準間存在差異的性質。對於已達顯著且具三個以上水準的因子，透過解讀事後比較檢定之結果來描述水準間所存有之差異的性質。

- 對於未達顯著的因子，就沒有必要描述任何組間平均數的差異。只要寫下結果註明這個因子的各組之間沒有顯著差異。

練習

1. 一位研究者想調查性別及行車間使用行動電話對於行車表現的影響。二十四位參與者（12 位男性、12 位女性）同意在一封閉式的跑道接受行車精確性的測試（行車精確性的值介於 0 到 50 之間，分數愈高表示較優良的行車表現）。在封閉跑道進行行車測試時，半數的參與者（6 位男性、6 位女性）邊開車邊講電話，其餘參與者則沒有類似動作。第 174 頁圖 9.15 為測試之結果。

性別	行動電話	行車分數	性別	行動電話	行車分數
1	1	34	2	1	35
1	1	29	2	1	32
1	1	38	2	1	27
1	1	34	2	1	26
1	1	33	2	1	37
1	1	30	2	1	24
1	2	45	2	2	48
1	2	44	2	2	47
1	2	46	2	2	40
1	2	42	2	2	46
1	2	47	2	2	50
1	2	40	2	2	39

圖 9.15　給練習 1 使用的資料。性別變數：1=「男性」，2=「女性」。行動電話變數：1=「行車間使用行動電話」，2=「行車間沒有使用行動電話」。

　　　　輸入資料到 SPSS 中，並進行適當的統計分析以回答下列問題。請分別將變數命名為 **gender**、**cellphone**，和 **drivingscore**。

a.　對於每一個我們計畫執行的檢定，寫出虛無假設及對立假設。

b.　對於我們計畫執行的檢定，寫出研究問題。

c.　檢定變異數同質性假定。這些資料是否顯示狀況（細格或組）間變異數同質？請以 $\alpha = .05$ 進行檢定。

d.　檢定性別及行動電話使用等因子及兩者間交互作用的主要效應（使用 $\alpha = .05$ 來檢驗每一個檢定）。如果有檢定達顯著的話，指出這些檢定。並指出哪些檢定未達顯著。

e.　報告每一個檢定的效果量，並說出哪一個檢定具有最大的效果量。

f.　以適當的 APA 格式撰寫結果。

2.　一位心理學家想要知道不同的教學方法（方法 A 及 B）及大學科系（大略區分為自然科學及社會科學兩個領域）對於數學焦慮的影響。四十位大學生（每一個領域 20 位）參與這項研究，半數的學生（每個領域 10 位）接受方法 A 的教學，剩下半數接受方法 B 的教學。在經過六週的教學之後，所有學生接受一項數學焦慮測驗。這項

測驗的成績之範圍介於 20 到 80 分之間，分數愈高表示數學焦慮程度愈高。資料存放在 Chapter 9 資料夾下，名為 *Chapter 9_Exercise 2.sav*，讀者可從 www.pearsonhighered. com/yockey 下載。在資料中，變數分別被命名為 **method**（1=「方法 A」，2=「方法 B」）、**major**（1=「自然科學」，2=「社會科學」）、**mathanxiety**。在 SPSS 中開啟資料檔，並進行適當的分析以回答下列問題。

a. 對於每一個我們計畫執行的檢定，寫出虛無假設及對立假設。

b. 對於我們計畫執行的檢定，寫出研究問題。

c. 檢定變異數同質性假定。這些資料是否顯示狀況（細格或組）間變異數同質？請以 $\alpha = .05$ 進行檢定。

d. 檢定 **method** 及 **major** 等實驗處理及兩者間交互作用的主要效應（使用 $\alpha = .05$ 來檢驗每一個檢定）。如果有檢定達顯著的話，指出這些檢定。並指出哪些檢定未達顯著。

e. 報告每一個檢定的效果量，並說出哪一個檢定具有最大的效果量。

f. 以適當的 APA 格式撰寫結果。

3. 第 176 頁圖 9.16 為一顯著交互作用研究的剖面圖，此研究檢驗不同減肥餐（全穀、非全穀）及初始超重體重（11-30 磅、31-50 磅）對於減肥成效的影響。對於減肥餐（diet）而言，兩種減肥餐成分大抵相同，只是其中一種使用全穀（whole grain）製成（如全麥義大利麵），而另一種則不是（non-whole grain，如白義大利麵）。此研究中的依變數為參與者研究期間減輕的體重，正的數值表示體重減輕量（圖 9.16 中的剖面圖呈現四種狀況的平均數）。

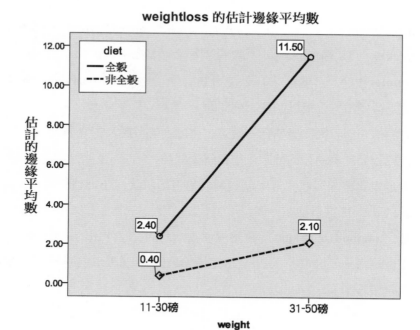

圖 9.16 體重與減肥餐交互作用剖面圖。

請使用以上剖面圖中的資訊回答下列問題。

a. 圖中四種情況,哪一種減少最多體重?哪一種最少?

b. 請對此呈顯著交互作用的剖面圖作出描述。請確定你的說明清楚描述圖中的交互作用(舉例來說,請不要只說出體重超重者較體重較輕者減輕較多體重之類的話,因為這類的說法應該是用在於主要效應的說明)。

第 10 章

單因子相依樣本變異數分析

單因子相依樣本（受試者內）變異數分析（ANOVA）使用於當我們想要比較一個自變數（在一個連續量依變數上）不同水準的平均數時。在相依樣本變異數分析裡，自變數為一個受試者內因子，並且具有兩個以上水準，**每一位參與者需接受自變數所有水準之處理**。[1] 接下來是單因子相依樣本變異數分析的範例。

範例

一位學校心理學家想要評估一項新的社交技巧課程的成效，這個課程的目的在於教導學生如何培養良好的人際關係。二十五位對於如何與同儕相處感到困擾的四年級學生參加了這門為期 16 週的社交技巧課程。在課程開始、期中（第 8 週）及結束（第 16 週）等三個時間點，這 25 位學生的教師們都會使用一份含 10 個項目的量表評估這些學生的社交技巧。量表的分數介於 6 到 60 分之間，分數愈高表示愈能表現適宜社會行為。這個研究裡，自變數為時間點（課程之前、第 8 週課程，及課程之後），而依變數則為社交技巧分數。

單因子相依樣本變異數分析的目的及資料要求

單因子相依樣本變異數分析

目的	資料要求	範例
檢定兩個或是兩個以上相關的群組（在一依變數上）的平均數是否顯著不同。	自變數 ・具兩個以上水準的受試者內因子 依變數 ・連續的	自變數 ・時間點（課程之前、第 8 週課程，及課程之後） 依變數 ・社交技巧分數

虛無及對立假設

虛無假設假定三個時間點的母群平均社交技能分數應該一樣：

$$H_0 : \mu_{課程之前} = \mu_{8週} = \mu_{課程之後}$$

要使虛無假設為假並不需要所有三個平均數與其他平均數均不同（雖然這也是一種可能）；只需虛無假設部分為假就可以（換言之，只要**有些**組彼此間不相同）。因此，與其寫下所有虛無假設可能為假的情形（當組數增加時，這樣的敘述會變得極為困擾），我們只需做出較普遍的敘述指明某些平均數彼此間不同。

$$H_1 : 至少有一個平均數與其他平均數不同$$

評定虛無假設

單因子相依樣本變異數分析協助我們檢定假定三個時間點的母群平均數均相等之虛無假設。在虛無假設為真的情形下，假使檢定顯示獲得此結果的可能性很小（發生的次數小於 5%），就應拒絕虛無假設。反之，在虛無假設為真的情形下，顯示獲得此檢定結果的可能性很大（發生的次數大於 5%），就不能拒絕虛無假設。

研究問題

進行研究時，可以將我們所感興趣的基本問題以研究問題方式呈現，如：

「學生於社交技能課程三個時間點（16 週的社交技巧課程之前、中間，及之後）的社交技能分數是否不同？」

資料

圖 10.1 中為 25 位參與者的資料。三個時間點（before、week8，及 after）對應三個社交技能成績（課程開始前、課程進行一半時，及課程末）。

參與者	Before	Week8	After	參與者	Before	Week8	After
1	20	24	26	14	32	30	31
2	25	26	25	15	34	32	36
3	28	31	30	16	22	25	29
4	18	16	17	17	16	19	22
5	24	25	30	18	31	28	31
6	30	28	31	19	14	14	18
7	18	22	25	20	13	10	14
8	14	17	21	21	15	14	16
9	12	15	16	22	31	32	32
10	9	11	10	23	35	32	36
11	15	15	19	24	28	29	31
12	17	16	20	25	26	25	25
13	35	32	31				

圖 10.1　單因子相依樣本變異數分析範例資料。（**注：**包含參與者變數是為了說明之用，不需要輸入到 SPSS 中。）

在 SPSS 中輸入及分析資料

步驟 1 及步驟 2 說明如何在 SPSS 中輸入資料。這份資料也存放在 Chapter 10 資料夾下，名為 *social skills.sav*，讀者可從 www.pearsonhighered.com/yockey 下載。如果你比較想從電腦中開啟該資料檔案，則請直接閱讀步驟 3。

步驟 1：建立變數

1.　開啟 SPSS。
2.　點擊**變數檢視**標籤。

我們將於 SPSS 中建立三個變數，每一個變數代表一個時間點的社交技能成績。這些變數分別命名為 **before**、**week8**，及 **after**。

3.　在**變數檢視**視窗的前三列分別輸入變數名稱：**before**、**week8**，及 **after**（見第 180 頁圖 10.2）。

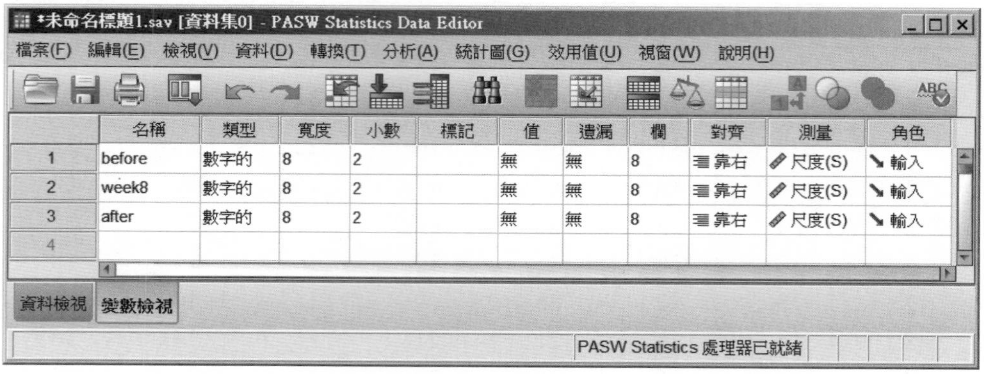

圖 10.2　在**變數檢視**視窗中已輸入變數名稱 before、week8，及 after。

步驟 2：輸入資料

1.　點擊**資料檢視**標籤。這時可以見到 **before**、**week8**，及 **after** 等三個變數出現於**資料檢視**視窗的前三欄。

2.　對照圖 10.1 的資料，為每一位參與者輸入三個變數的資料。比如說，以第一個參與者為例，我們分別為他的三個變數（**before**、**week8**、**after**）輸入 *20*、*24*，及 *26* 等三個分數。請以這種模式繼續輸入所有 25 位參與者的資料。圖 10.3 為資料輸入完成後的**資料檢視**視窗。

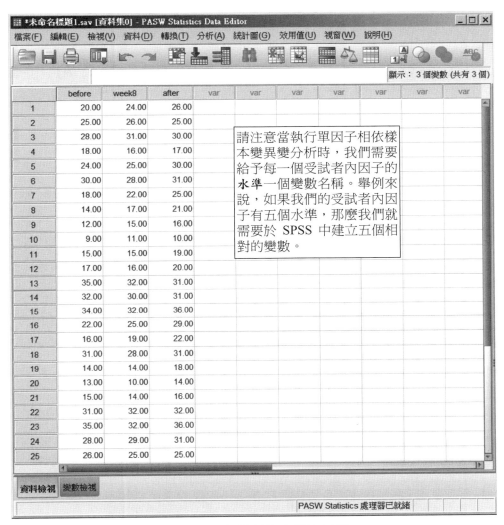

請注意當執行單因子相依樣本變異變分析時，我們需要給予每一個受試者內因子的**水準**一個變數名稱。舉例來說，如果我們的受試者內因子有五個水準，那麼我們就需要於 SPSS 中建立五個相對的變數。

圖 10.3　單因子相依樣本變異數分析範例的完整資料檔。

步驟 3：分析資料

1.　從選單列選擇**分析**＞**一般線性模式**＞**重複量數...**（見第 182 頁圖 10.4）。

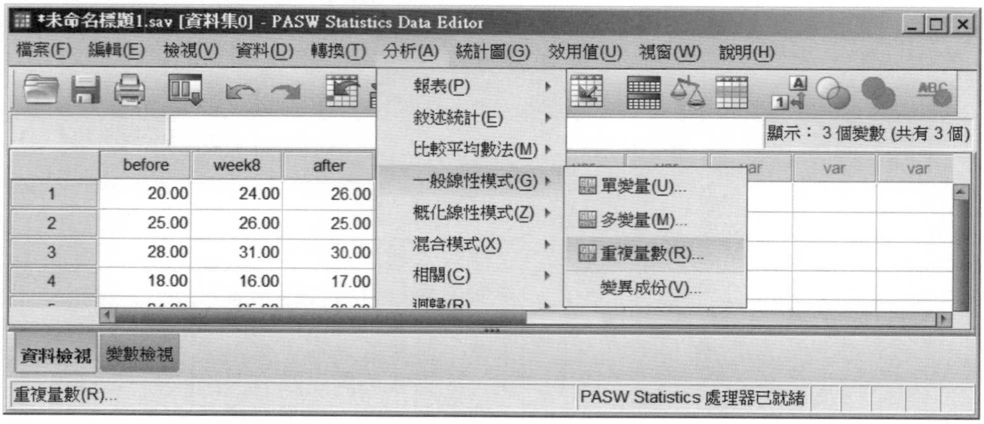

圖 10.4　單因子相依樣本變異數分析程序的選單指令。

這時會出現**重複量數定義因子**對話窗（見圖 10.5）。我們使用這個對話窗來輸入受試者內因子的名稱，並告訴 SPSS 這因子有多少個水準。

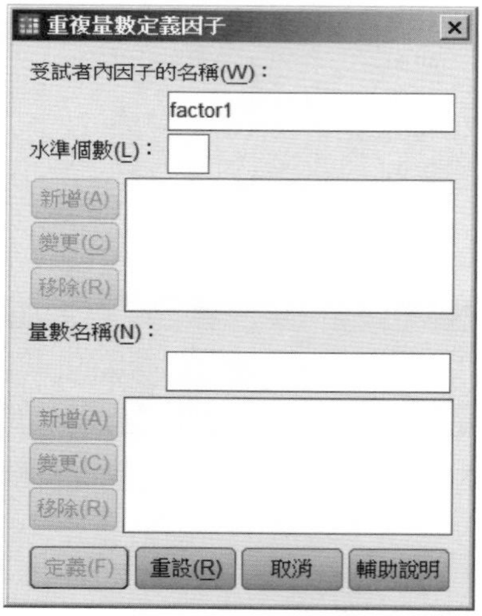

圖 10.5　重複量數定義因子對
話窗。

2. 雙擊**受試者內因子的名稱**窗格中的 "factor1" 名稱（*factor1* 為 SPSS 中受試者內因子的名稱之原始設定值），接著輸入名稱 **time**。

3. 在**水準個數**窗格輸入 "3"。這個數字代表這個受試者內因子的三個水準（**before**、**week8**、**after**）。詳見圖 10.6。

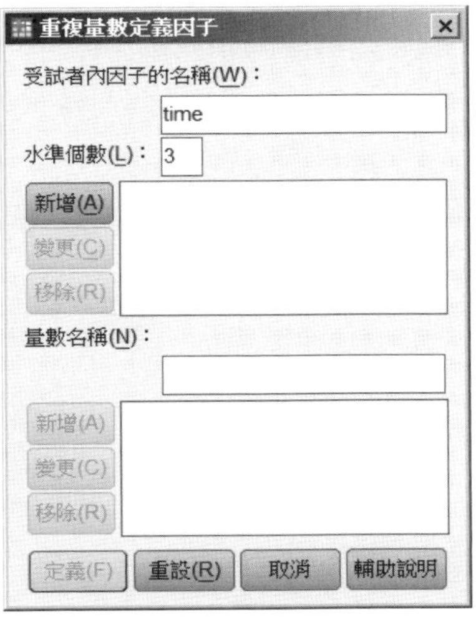

圖 10.6　**重複量數定義因子**對
話窗（續）。

4.　點擊**新增**。

5.　點擊**定義**。

這時**重複量數**的對話窗會出現，在對話窗的左邊窗格可以看到三個時間點的名稱：
before、**week8**，和 **after**（見圖 10.7）。

圖 10.7　**重複量數**對話窗。

6.　按住 *Ctrl* 鍵，然後同時選取三個時間點變數：**before**、**week8**、**after**。接著點擊上方
　　的向右箭頭按鈕（）將這三個變數移動到右邊的**受試者內變數**窗格（見圖 10.8）。[2]

圖 10.8　**重複量數**對話窗（續）。

7.　**點擊選項**。在**因子與因子交互作用**窗格選取 **time**，然後點擊向右箭頭按鈕（　）將
　　它移動到**顯示平均數**窗格。在**顯示**窗格選取**敘述統計**及**效果大小估計值**（見圖 10.9）。
　　（**譯注**：effect 在本章中交叉使用**效果**與**效應**，SPSS 中文版也交互出現，兩者是相同
　　意義。）

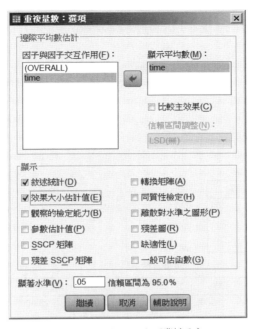

圖 10.9　**重複量數：選項**對話窗。

8.　點擊**繼續**。
9.　點擊**確定**。

這時 SPSS 執行單因子相依樣本變異數分析的程序及結果會出現在**瀏覽器**視窗中。

步驟 4：解讀結果

第 186 頁圖 10.10 為單因子相依樣本變異數分析之結果。

受試者內因子

第一個表格為**受試者內因子**表格，這個表格列出三個參與者接受測驗的時間點，這些時間點包括：課程開始前（**before**）、課程進行的第八週（**week8**），及課程的最後（**after**）。

一般線性模式

受試者內因子

測量：MEASURE_1

time	依變數
1	before
2	week8
3	after

敘述統計

	平均數	標準差	個數
before	22.4800	8.10411	25
week8	22.7200	7.35142	25
after	24.8800	7.20139	25

多變量檢定[b]

效果		數值	F	假設自由度	誤差自由度	顯著性	淨 Eta 平方
time	Pillai's Trace	.569	15.155[a]	2.000	23.000	.000	.569
	Wilks' Lambda 變數選擇法	.431	15.155[a]	2.000	23.000	.000	.569
	多變量顯著性檢定	1.318	15.155[a]	2.000	23.000	.000	.569
	Roy 的最大平方根	1.318	15.155[a]	2.000	23.000	.000	.569

a. 精確的統計量

b. Design：截距
　　受試者內設計：time

Mauchly 球形檢定[b]

測量：MEASURE_1

受試者內效應項					Epsilon[a]		
	Mauchly's W	近似卡方分配	df	顯著性	Greenhouse-Geisser	Huynh-Feldt	下限
time	.779	5.751	2	.056	.819	.871	.500

檢定正交化變數轉換之依變數的誤差共變量矩陣的虛無假設，是識別矩陣的一部分。

a. 可用來調整顯著性平均檢定的自由度。改過的檢定會顯示在受試者內效應項的檢定表格中。

b. Design：截距
　　受試者內設計：time

圖 10.10　單因子相依樣本變異數分析之結果。

受試者內效應項的檢定

測量：MEASURE_1

來源		型 III 平方和	df	平均平方和	F	顯著性	淨 Eta 平方
time	假設為球形	87.360	2	43.680	14.298	.000	.373
	Greenhouse-Geisser	87.360	1.638	53.343	14.298	.000	.373
	Huynh-Feldt	87.360	1.741	50.166	14.298	.000	.373
	下限	87.360	1.000	87.360	14.298	.001	.373
誤差 (time)	假設為球形	146.640	48	3.055			
	Greenhouse-Geisser	146.640	39.305	3.731			
	Huynh-Feldt	146.640	41.794	3.509			
	下限	146.640	24.000	6.110			

> p 值檢定三個時間點的社交技能分數是否均相等。這裡可以使用 *Greenhouse-Geisser* 列或**假設為球形**列檢定的結果（由於 p 值均小於 .05，兩種檢定均達顯著）。

受試者內對比的檢定

測量：MEASURE_1

來源	time	型 III 平方和	df	平均平方和	F	顯著性	淨 Eta 平方
time	線性	72.000	1	72.000	16.457	.000	.407
	二次方	15.360	1	15.360	8.853	.007	.269
誤差 (time)	線性	105.000	24	4.375			
	二次方	41.640	24	1.735			

受試者間效應項的檢定

測量：MEASURE_1
轉換的變數：均數

來源	型 III 平方和	df	平均平方和	F	顯著性	淨 Eta 平方
截距	40926.720	1	40926.720	247.336	.000	.912
誤差	3971.280	24	165.470			

估計的邊緣平均數

time

測量：MEASURE_1

time	平均數	標準誤差	95% 信賴區間 下界	上界
1	22.480	1.621	19.135	25.825
2	22.720	1.470	19.685	25.755
3	24.880	1.440	21.907	27.853

圖 10.10　單因子相依樣本變異數分析之結果。（續）

敘述統計

　　敘述統計表格描述三個時間點的平均數及標準差。請注意，**before**（平均數 = 22.48）的社交技能分數最低，其次為 **week8**（平均數 = 22.72）及 **after**（平均數 = 24.88）。我們接下來會進一步探討這些平均數間的差異是否大得足夠為統計上的顯著。

多變量檢定

　　我們可以使用單變量檢定〔變異數分析（ANOVA）〕或者多變量檢定〔多變量變異數分析（MANOVA）〕來檢定我們的虛無假設（假定在母群中三個時間點平均數均相等）。這裡**多變量檢定**表格提供我們四種不同的多變量檢定結果。儘管 SPSS 會自動輸出多變量檢定的結果，不過這方面的內容不屬於本書的範圍，因此在此我們不對此進行討論。有興趣的讀者可以參考 Maxwell 和 Delaney（2004）或 Stevens（2002）的著作。

Mauchly 球形檢定

　　下一個表格為 *Mauchly 球形檢定*表格，這個表格的資料協助我們檢定球形性假定（此為當受試者內因子具三個以上水準時，相依樣本變異數分析之基本假定）。[3] 不過儘管 *Mauchly 球形檢定*表格在這裡對於球形性假定做出檢定（這個檢定結果的 p 值為 .056），由於這個檢定可能不是很精確（詳見 Howell, 2007 或 Maxwell & Delaney, 2004），因此我們不考慮這種方法（我們將另外提供檢定球形性假定的變通方法）。[4]

　　如果球形性假定的條件未能被滿足，那麼標準變異數分析之 F 檢定（也就是**受試者內效應項的檢定**表格中假設為球形列之結果）會不準確，因為這會增加錯誤拒絕虛無假設的機會。由於當球形性假定被違反時，F 檢定會失去其正確性，我們在這裡提供幾種變通的 F 檢定方法來調整因球形性不足所帶來的影響。在**受試者內效應項的檢定**表格中可以看到其中三種這樣的「調整作法」：*Greenhouse-Geisser* 法、 *Huynh-Feldt* 法，及**下限**法。這些方法都是用來調整標準變異數分析之 F 檢定因違反球形性假定而導致的誤差。由於 *Mauchly 球形檢定*可能不是很準確，我們將跳過這個檢定，而以較保守的作法採用 SPSS 所提供的變通方法之一來代替（換言之，我們將假設球形性假定已被違反，而據此假設選擇適當方法繼續進行我們的分析）。在前述三種方法中，**下限**法過於小心，因此不容易拒絕虛無假設（這種方法以保守著稱），因此我們不建議使用這一個方法。如此一來，我們就只剩下 *Greenhouse-Geisser* 法與 *Huynh-Feldt* 法兩種方法可以選擇。這兩種方法都能協助我們準確地調整因球形性假定被違反所導致的誤

差，*Greenhouse-Geisser* 法算是稍微保守的作法（換言之，它較不容易達顯著），而 *Huynh-Feldt* 法則是較寬鬆（換言之，較容易拒絕虛無假設）。在這裡我們採用較保守的 *Greenhouse-Geisser* 法（雖然使用這種方法會稍微犧牲一些統計檢定力）。在球形性假定被違反的情形下，*Greenhouse-Geisser* 的方法能較標準的 *F* 檢定（當球形性假定成立時所使用的方法）提供較正確結果，但它的計算過程卻是相當繁雜，因此通常只有在電腦的協助下，我們才會使用這種方法。

受試者內效應項的檢定

　　下一個表格為**受試者內效應項的檢定**表格，這個表格提供了我們研究問題的答案，也就是檢定這三個時間點的社交技能分數是否不同。變異數分析會產生一個 *F* 值，這個 *F* 值為兩個變異數的比值，在 SPSS 的輸出表格中，這兩個變異數是以**平均平方和**（*MS*）的名稱出現：

$$F = \frac{MS\ Time}{MS誤差（time）}$$

　　從**受試者內效應項的檢定**表格的 *Greenhouse-Geisser* 列選取 **time** 及誤差平均平方和的值代入上面公式可得 *F* 值為：

$$F = \frac{53.343}{3.731} = 14.298$$

這個值等於變異數分析表格中 *Greenhouse-Geisser* 列的 *F* 值。這裡**假設為球形**列的 *F* 值也等於 14.298（43.680/3.055）。[5] 其實在這個例子裡，**受試者內效應項的檢定**表格內四種方法（程序）都有著一樣的 *F* 值，它們只在自由度（*df*）及 *p* 值（**顯著性**）不同。在這裡提醒讀者，如果你有意藉著使用 SPSS 輸出的結果來驗證自己紙筆計算之答案，你會想要使用**假設為球形**（也就是一般的變異數分析）列的資料來對照。

　　變異數分析檢定為 **time** 變數產生兩種自由度（*df*）〔第一個自由度為**水準數－1**，第二個自由度為誤差自由度 ＝（全部樣本個數－1）＊（水準數－1）〕在這個例子裡，在假設球形的情況下，這兩個自由度分別等於 2 跟 48。至於 *Greenhouse-Geisser* 列裡的自由度則是經由對假設為球形狀況下的自由度作修正得來（彌補因資料球形性假定不成立而產生的誤差）。事實

上，如果讀者檢視之前提到的 *Mauchly 球形檢定* 表格，你會看到 *Greenhouse-Geisser* 之 *epsilon* 統計量的值（.819）。拿這個值乘以原本假設為球形檢定的自由度（2, 48），四捨五入後，可以得到 *Greenhouse-Geisser* 方法之自由度（1.638, 39.305）。

　　Greenhouse-Geisser 檢定之 *p* 值位於「**顯著性**」那一欄，在這裡它的值等於 .000（讀作「小於 .001」）。因為 *p* 值小於 .05，我們必須拒絕假定三個時間點社交技能平均數均相等的虛無假設（從表格中我們也可以看出即使使用假設球形的方法，我們仍然需拒絕虛無假設，因為它的 *p* 值小於 .001）。在討論完剩下的三個表格之後，我們會再做一個額外的檢定來確定差異（三個時間點社交技能分數間的差異）的性質。

受試者內對比的檢定和受試者間效應項的檢定

　　接下來兩個表格（**受試者內對比的檢定和受試者間效應項的檢定**）在我們的單因子相依樣本變異數分析裡用不到。儘管**受試者內對比的檢定**可以被用來進行某一些 **time** 因子的事後檢定工作，在這個例子裡，由於考慮到相依樣本不需符合球形性假定，我們使用相依樣本 *t* 檢定來做事後比較的工作（每次比較受試者內因子的兩個水準）。

　　受試者間效應項的檢定表格呈現受試者間因子的檢定結果。因為在這個範例裡，我們並沒有使用到任何的受試者間因子，這個表格在這裡是多餘的（我們在第 11 章會討論這類表格）。

估計的邊緣平均數

　　估計的邊緣平均數表格提供了各個時間點的平均數、標準誤，及 95%信賴區間等資訊。之前我們討論過的**敘述統計**表格也提供各個時間點平均數資料，這兩個表格不同的地方在於**估計的邊緣平均數**表格提供每一個組的標準誤及 95%信賴區間等資訊，而**敘述統計**表格則提供標準差及樣本數之資訊。

整體變異數分析結果達顯著之後的後續檢定

　　因為 **time** 因子之檢定達顯著（請回顧**受試者內效應項的檢定**），假定三個時間點社交技能分數相等的虛無假設必須被拒絕。然而，因為對立假設並沒有明確地指出哪些比較明顯不同（只指出某些平均數間會有不同），我們需要後續檢定來確認**哪些**時間點的分數與其他時間點顯著不同。我們所要採取的後續檢定之作法類似我們於第 8 章所介紹之單因子獨立樣本變異數分析所使用的。在單因子獨立樣本變異數分析中，當整體檢定達顯著，我們使用 Tukey 的方法來檢定所有的成對比較。在相依樣本變異數分析中，我們將使用相依樣本 *t* 檢定來檢定所

有的成對比較，對於相依樣本變異數分析來說，相依樣本 *t* 檢定是相當適宜的方法。這裡會產生三個成對比較：**before** 對 **week8**、**before** 對 **after**，及 **week8** 對 **after**。接下來我們會摘要在 SPSS 中執行相依樣本 *t* 檢定時的指令。（請參考第 7 章以獲得更多關於如何執行相依樣本 *t* 檢定的資訊。）

在 SPSS 中執行三個相依樣本 *t* 檢定

1.　從選單列選擇**分析＞比較平均數法＞成對樣本 T 檢定…**。

2.　這時**成對樣本 *T* 檢定**對話視窗會開啟。按住 *Ctrl* 鍵不放，選取 **before** 和 **week8** 變數，然後點擊向右箭頭按鈕（ ⬅ ）移動它們到**配對變數**窗格。

3.　重複上述動作移動 **before** 和 **after**，以及 **week8** 和 **after** 變數。現在所有三個配對都位於**配對變數**窗格（見圖 10.11）。

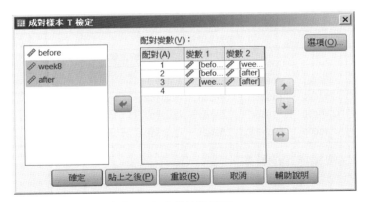

圖 10.11　**成對樣本 *T* 檢定對話視窗**。

4.　點擊**確定**。

　　SPSS 執行相依樣本 *t* 檢定的程序及結果都會出現於**瀏覽器**視窗。第 192 頁圖 10.12 為相依樣本 *t* 檢定之輸出結果。

T 檢定

成對樣本統計量

		平均數	個數	標準差	平均數的標準誤
成對 1	before	22.4800	25	8.10411	1.62082
	week8	22.7200	25	7.35142	1.47028
成對 2	before	22.4800	25	8.10411	1.62082
	after	24.8800	25	7.20139	1.44028
成對 3	week8	22.7200	25	7.35142	1.47028
	after	24.8800	25	7.20139	1.44028

成對樣本相關

		個數	相關	顯著性
成對 1	before 和 week8	25	.956	.000
成對 2	before 和 after	25	.932	.000
成對 3	week8 和 after	25	.964	.000

> 成對比較 **before** 對 **after** 及 **week8** 對 **after** 之檢定結果達顯著，因為它們的 p 值都小於 .016（**before** 對 **week8** 未達顯著，因為它的 p 值大於 .016）。

成對樣本檢定

		成對變數差異							
					差異的 95% 信賴區間				
		平均數	標準差	平均數的標準誤	下界	上界	t	自由度	顯著性 (雙尾)
成對 1	before - week8	-.24000	2.40278	.48056	-1.23182	.75182	-.499	24	.622
成對 2	before - after	-2.40000	2.95804	.59161	-3.62102	-1.17898	-4.057	24	.000
成對 3	week8 - after	-2.16000	1.95107	.39021	-2.96536	-1.35464	-5.535	24	.000

圖 10.12　相依樣本 t 後續檢定的結果。

t 檢定——三個時間點分數之成對比較

當進行所有可能配對的 t 檢定時，我們會檢定以下虛無假設：

$$H_0 : \mu_{before} = \mu_{week8}$$

$$H_0 : \mu_{before} = \mu_{after}$$

$$H_0 : \mu_{week8} = \mu_{after}$$

　　當執行後續比較時，我們常會調整各個檢定的顯著水準，目的在使得全部後續比較的顯著水準不超過 .05。要想知道個別檢定的顯著水準，我們只需拿整體事後比較的顯著水準（.05）除以全部事後比較的個數。以三個事後比較及整體顯著水準等於 .05 的情況來說，個別事後比較的顯著水準等於 .05/3 ＝ .016（捨去適當小數位數使得三個檢定顯著水準總和不超過 .05）。這時，個別事後比較所使用的顯著水準不再是 .05，而是經調整後的 .016。如果檢定結果的 p 值小於或是等於 .016，那麼這個比較的虛無假設必須被拒絕。反之，如果 p 值大於 .016，那麼就不能拒絕虛無假設。這樣的作法能防止全部事後比較結果導致第一類型錯誤（當虛無假設為真而我們卻拒絕它）的機率大於 .05。（如果我們沒有做這樣的調整而讓每一個事後比較以 .05 的顯著水準進行檢定，那麼整體比較的顯著水準會為三個個別事後比較顯著水準的總和，在這個例子裡會等於 .15。）

　　成對樣本檢定表格中的資料為三個成對比較的結果。這裡的結果顯示第一個檢定（**before** 對 **week8**）未達顯著，因為它的 p 值（.622）大於 .016。剩下的兩個檢定（**before** 對 **after** 及 **week8** 對 **after**）都達顯著，因為它們的 p 值為 .000（$p < .001$）。由於後面兩個檢定達顯著，我們須進一步檢視**成對樣本統計量**表格中的資料，以確定哪一個時間點有著較高的社交技能分數。**成對樣本統計量**表格中的資料顯示課程末（**after**）的社交技能分數（24.88）比課程開始前（**before**）（22.48）及第八週（**week8**）（22.72）高。

　　成對比較結果摘要於圖 10.13。

檢定	這些組是否顯著不同（p 值是否小於或等於.016）？	結果
之前（**before**）對 8 週（**week8**）	否	課程開始前與第 8 週的社交技能成績沒有顯著不同
之前（**before**）對之後（**after**）	是	顯著；兒童在課程結束後較課程開始前有著較高的社交技能分數
8 週（**week8**）對之後（**after**）	是	顯著；兒童在課程結束後較課程開始後 8 週有著較高的社交技能分數

圖 10.13　三個成對比較結果摘要。

效果量

偏 eta 平方（partial eta-square, η^2。譯注：**偏 eta 平方**或譯為**淨 eta 平方**，在 SPSS 中文版中譯為「**淨相關 Eta 平方**」）為在單因子相依樣本變異數分析中較常使用到的效果量。要計算偏 eta 平方，我們必須用到**受試者內效應項的檢定**表格中平方和（sum of squares, *SS*）的資料（在該表格中，它是以**型 *III* 平方和**的名稱出現）。偏 eta 平方的公式為

$$偏\,\eta^2 = \frac{SS_{效應}}{SS_{效應} + SS_{誤差}}$$

對於 **time** 這個實驗處理來說，我們可以在**受試者內效應項的檢定**表格找到它 $SS_{效應}$ 及 $SS_{誤差}$ 的資料，在這表格中，它們分別以**型 *III* 平方和**（time）及**型 *III* 平方和**（誤差）的名稱出現。自圖 10.10 中取得適當數值代入上面公式得偏 eta 平方為

$$偏\,\eta^2 = \frac{87.360}{87.360 + 146.640} = .373$$

這值與**受試者內效應項的檢定**表格中偏 eta 平方之值相同。

我們這裡並沒有關於偏 eta 平方值與小、中、大三種效果量的對應資料，但是可以確定的是，當偏 eta 平方值愈大，代表這實驗效應能解釋更多的依變數之變異。

以 APA 格式陳述結果

單因子相依樣本變異數分析結果報告之內容應包括：假設檢定的結論、自由度、*F* 值、*p* 值、效果量，及成對比較的結果（如整體變異數分析的結果達顯著的話），另外也要寫出每一個時間點社交技能分數的平均數及標準差（如果有需要時，組平均數及標準差可以另外表格呈現）。下面是以 APA 格式撰寫的簡短範例。

撰寫結果

　　三個時間點兒童社交技能的分數有著顯著差異，Greenhouse-Geisser 調整後 $F(1.64, 39.31) =$ 14.30, $p < .05$，偏 $\eta^2 = .37$。我們使用了相依樣本 t 檢定來評估哪些時間點的社交技能分數與其他分數不同，並使用 $\alpha = .016$ 作為事後比較之顯著水準。評估結果顯示課程末兒童的社交技能分數（$M=24.88, SD=7.20$）顯著高於第八週時的分數（$M = 22.72, SD = 7.35$），$t(24) = -5.54, p < .016$，課程末的分數也顯著高於課程剛開始時的分數（$M = 22.48, SD = 8.10$），$t(24) = -4.06, p < .016$。至於課程剛開始時的分數則與第八週時的分數沒有顯著不同，$t(24) = -.50, p > .016$。

　　〔注：如果你偏好使用假設為球形時的結果，你只需將上例中 Greenhouse-Geisser 的自由度（1.64, 39.31）改為假設為球形的自由度（2, 48），並且將「Greenhouse- Geisser 調整後」文字自報告中刪除，其他部分則可以保留不變。〕

單因子相依樣本變異數分析的假定

1. **觀察值獨立。**

   違反這項假定（如教師們一起決定兒童的社交技能分數便為違反此項假定的一個例子）會嚴重地傷害相依樣本變異數分析的正確性。如果有理由相信違反了這項假定，那麼我們就不應使用相依樣本變異數分析。

2. **自變數各水準的母群依變數應為常態分配。**

   這項假定的意思為，在母群中，自變數各水準的社交技能分數都應成常態分配（也就是說，**before**、**week8**，及 **after** 三個時間點的社交技能分數應成常態分配）。雖然有些非常態分配的情形會降低變異數分析檢定的統計檢定力，對於中等以上規模的樣本來說，大部分非常態分配對於變異數分析檢定正確性的影響是有限的。

3. **球形性。**

   球形性假定要求在母群中受試者內因子各配對水準差異分數的變異數需相等。舉例來說，在這個例子裡，我們先計算每一個參與者在受試者內因子前兩個水準的差異分數（**before－week8**），接著計算這些分數的變異數（變異數為標準差的平方），並對其他水準之組合重複上述步驟（**before－after** 及 **week8－after**），我們會得到三個差異分數的變異數，球形性假定要求這三個變異數需相等，

$$\sigma^2_{\text{before}-\text{week8}} = \sigma^2_{\text{before}-\text{after}} = \sigma^2_{\text{week8}-\text{after}}$$

違反球形性假定的結果會傷害變異數分析的正確性，使得虛無假設更容易被錯誤地拒絕。使用一些變通的方法進行調整（如 Greenhouse-Geisser）有助於我們修正因違反這項假定所造成的誤差。此外，由於多變量變異數分析並不需符合這項假定，因此多變量分析的方法也是不錯的選擇，只是關於這項方法的討論不屬於本書之範圍，有興趣的讀者可以參考 Maxwell 和 Delaney（2004）或 Stevens（2002）的著作。

在 SPSS 中執行單因子相依樣本變異數分析步驟之摘要

I. 輸入及分析資料

1. 為受試者內因子中的每一水準建立一個相對應的變數。
2. 輸入資料。
3. 選擇**分析＞一般線性模式＞重複量數…**。
4. 於**受試者內因子的名稱**窗格中輸入受試者因子的名稱，並於**水準個數**窗格輸入水準的個數。點擊**新增**。點擊**定義**。
5. 移動變數（這裡指的是受試者內因子中各水準的名稱）到**受試者內變數**窗格。
6. 點擊**選項**。移動受試者內因子到**顯示平均數**窗格。在**顯示**窗格中，點選**敘述統計**及**效果大小估計值**。點擊**繼續**。
7. 點擊**確定**。

II. 解讀結果

1. 透過檢視 *Greenhouse-Geisser* 列或是**假設為球形**列（你可以使用**假設為球形**列的資料比對你紙筆運算的結果）資料中的 *p* 值（**顯著性**）來解讀整體變異數分析的結果。
   a. 如果變異數分析結果達顯著（也就是 $p \leq .05$），對於所可能的配對比較進行相依樣本 *t* 檢定）。將原本 alpha 值除以配對比較之組數，並以此新的 alpha 值評估每一個 *t* 檢定。包括整體變異數分析結果及所有 *t* 檢定的結果於你的報告中。

b. 如果整體變異數分析的結果未達顯著（換言之 $p > .05$），停止分析（不必進行 t 檢定）。做出報告，指出組間（水準間）並無顯著差異。

練習

1. 一位學校社工師打算檢視一所地區學校進行一項防治學生逃學活動的成效。十五名 兒童參與這項活動，這位社工師追蹤了這些兒童九個月的逃學情況，並以三個月為 單位，記錄這些學生逃學的次數。圖 10.14 為這位社工師所記錄的資料。

0 到 3 個月	4 到 6 個月	7 到 9 個月
30	28	20
36	30	24
39	37	34
45	40	35
21	24	17
36	44	20
30	28	17
36	34	28
33	36	27
42	37	26
36	39	38
30	35	36
21	20	10
24	18	20
36	30	30

圖 10.14　參與這項活動兒童之逃學次數（以三 個月為單位）。

　　輸入資料到 SPSS 中，並進行適當的統計分析以回答下列問題。請分別將變數命 名為 **month3**、**month6**，及 **month9**。

a. 寫出虛無假設及對立假設。

b. 為這些資料寫出研究問題。

    c.　請說出這三個時間區間的逃學次數是否顯著不同。請以 $\alpha = .05$ 進行檢定。

    d.　請說出這個變異數分析的效果量。

    e.　若變異數分析結果達顯著，請進行適當之事後比較。並調整各個單獨檢定的 alpha 使得全部檢定的總和不超過 .05。

    f.　以適當的 APA 格式撰寫結果。

2.　一位臨床心理學家打算調查精神分析治療在不同時間點的治療效果。一所醫療機構的 15 位患者自願參加了這項研究，並接受為期 8 週的精神分析治療。為了了解這項療法的成效，這位心理學家對於參與者進行了一項心理健康程度的測驗，並分別記錄這些參與者於治療開始前、治療進行的 4 週，及 8 週後的測量數據。這項心理健康程度測驗之分數介於 10 到 50 分之間，分數愈高表示心理健康程度愈高。資料存放在 Chapter 10 資料夾下，名為 *Chapter 10_Exercise 2.sav*（變數名稱為 **beforetherapy**、**fourweeks**，及 **eightweeks**），讀者可從 www.pearsonhighered.com/yockey 下載。在 SPSS 中開啟資料檔，並進行適當的分析以回答下列問題。

    a.　寫出虛無假設及對立假設。

    b.　為這些資料寫出研究問題。

    c.　請說出參與者這幾個時間點心理健康程度是否顯著不同。請以 $\alpha = .05$ 進行檢定。

    d.　請說出這個變異數分析的效果量。

    e.　若變異數分析結果達顯著，請進行適當之事後比較。並調整各個單獨檢定的 alpha 使得全部檢定的總和不超過 .05。

    f.　以適當的 APA 格式撰寫結果。

3.　一位市場研究者企圖調查不同形式的 wifi 網路服務是否會影響顧客到速食餐廳用餐的意願。他分別調查了顧客到三種餐廳（免費 wifi 上網、收費 wifi 上網，及不提供 wifi 上網服務）用餐的可能性。這位研究者利用一份十等分量表（1 = 非常可能，10 = 非常不可能）詢問了 10 個顧客（一個月至少到速食餐廳用餐一次）在這三種餐廳用餐的意願。資料存放在 Chapter 10 資料夾下，名為 *Chapter 10_Exercise 3.sav*（變數名稱為 **freewifi**、**payforwifi**，及 **nowifi**），讀者可從 www.pearsonhighered.com/yockey 下載。在 SPSS 中開啟資料檔，並進行適當的分析以回答下列問題。

    a.　寫出虛無假設及對立假設。

    b.　為這些資料寫出研究問題。

c.　請說出參與者到這三種餐廳用餐的可能性是否顯著不同。請以 $\alpha = .05$ 進行檢定。

d.　請說出這個變異數分析的效果量。

e.　若變異數分析結果達顯著，請進行適當之事後比較。並調整各個單獨檢定的 alpha 使得全部檢定的總和不超過 .05。

f.　以適當的 APA 格式撰寫結果。

第 11 章

二因子混合設計變異數分析

二因子混合設計（受試者間－受試者內）變異數分析使用於當我們需評估兩個自變數於一依變數上的效應時。在二因子混合設計變異數分析中，其中一個自變數為受試者間因子，另一個則為受試者內因子。其中受試者間因子會包含兩個以上水準，每一位參與者則接受其中唯一的一個水準之實驗處理。而受試者內因子也包含兩個以上水準，只是每一位受試者需接受所有水準的實驗處理。[1] 接下來是二因子混合設計變異數分析的範例。

範例

一位研究者企圖調查一項為新進高中教師設計的導師活動在減輕壓力上之成效。二十位新進教師參與這項研究，其中 10 位教師參與這項導師活動，剩下 10 位則作為對照組（沒有接受任何導師的協助）。導師組的每一位新進教師會有一位導師，新進教師每週須與他的導師會面討論那些對於他們特別具挑戰性的工作（如班級經營方面的事務）。在同意參與這項研究之後，每一位教師分別在教學開始前一週（before）、學年開始後四週（week4），及學年開始後八週（week8）填寫一份關於教學壓力的問卷。教學壓力分數的範圍自 20 分到 80 分之間，分數愈高表示教學相關壓力愈高。在這個研究中，協助（2 個水準——導師組或者無導師組）為受試者間因子，而時間（含 3 個水準——before、week4，及 week8）則為受試者內因子，依變數則為參與研究之新進教師所感受之教學相關壓力程度。

二因子混合設計變異數分析的目的及資料要求

混合樣本變異數分析

目的	資料要求	範例
檢定主要效應 • 導師組教師與無導師組教師所感受之壓力程度是否不同？ • 教師於活動前、第四週，及第八週所感受的壓力程度是否不同？	自變數 • 一個受試者間因子（具兩個以上水準） • 一個受試者內因子（具兩個以上水準）	自變數 • 協助（導師、無導師） • 時間（活動前、第四週、第八週）
檢定交互作用效應 • 協助（導師、無導師）對於新進教師的影響是否因時間（活動前、第四週、第八週）而有不同？	依變數 • 連續的	依變數 • 教學壓力分數

虛無及對立假設

　　二因子混合設計變異數分析有著三個不同的虛無假設。每個自變數各有一個虛無假設檢定（稱為主要效應檢定），另外一個虛無假設的目的則在檢定兩個自變數的混合效應（稱為交互作用效應檢定）（**譯注**：effect 在本章中交叉使用**效果**與**效應**，SPSS 中文版也交互出現，兩者是相同意義）。以上虛無假設分別描述於下。

假設 1. 協助（support）效應的檢定：導師對無導師

　　Support 效應的虛無假設，假定兩個水準（導師及無導師）之母群平均壓力水準相同：

$$H_0 : \mu_{導師} = \mu_{無導師}$$

　　對立假設假定兩個水準（導師及無導師）母群之平均壓力水準不同：

$$H_1 : \mu_{導師} \neq \mu_{無導師}$$

假設 2. 時間（time）效應的檢定：活動前、第四週，及第八週

Time 效應的虛無假設假定三個時間點（**before**、**week4**、**week8**）的母群平均壓力水準並無不同：

$$H_0 : \mu_{\text{before}} = \mu_{\text{week 4}} = \mu_{\text{week 8}}$$

當我們的因子有著三個以上水準時，對立假設假定這因子許多水準中，至少存有一個水準與其他水準不同：

$$H_1 : 至少一個母群平均數與其他母群平均數不同 ^{[2]}$$

假設 3. support 及 time 兩因子間交互作用效應之檢定

虛無假設在這裡假定 support 因子及 time 因子間沒有交互作用效應：

$$H_0 : \text{suppor} \times \text{time} \ 間沒有交互作用$$

對立假設在這裡則假定 support 因子與 time 因子間有交互作用效應存在：

$$H_1 : \text{support} \times \text{time} \ 間有交互作用$$

評定虛無假設

二因子混合設計變異數分析協助我們檢定以上三個虛無假設。在虛無假設為真的情形下，假使檢定顯示獲得此結果的可能性很小（發生的次數小於 5%），就應拒絕虛無假設。反之，在虛無假設為真的情形下，顯示獲得此檢定結果的可能性很大（發生的次數大於 5%），就不能拒絕虛無假設。

研究問題

二因子混合設計變異數分析中，可以將我們所感興趣的基本問題以研究問題方式呈現，如：

Support 變數

「接受導師協助的新進教師所感受之壓力是否不同於無導師協助的新進教師？」

Time 變數

「新進教師所感受到的壓力是否因時間（**before**、**week4**、**week8**）而有不同？」

Time 變數及 support 變數間的交互作用

「新進教師在不同時間點所感受的壓力是否會因其有無導師協助而有差異？」

資料

　　圖 11.1 中為 20 位參與者之資料。接受導師協助的參與者 support 變數值為"1"，未接受導師協助者值為"2"。Time 變數的三個水準（**before**、**week4**、**week8**）則各自有著屬於它們自己的欄位，並各自對應著參與者於該時間點所感受的教學壓力分數。

參與者	Support	Before	Week4	Week8	參與者	Support	Before	Week4	Week8
1	1	40	39	35	11	2	38	44	42
2	1	45	44	42	12	2	47	45	42
3	1	42	44	44	13	2	41	48	45
4	1	38	36	30	14	2	39	41	43
5	1	46	44	38	15	2	44	44	41
6	1	40	37	25	16	2	42	39	35
7	1	42	38	35	17	2	42	48	46
8	1	39	37	29	18	2	40	46	42
9	1	35	33	31	19	2	38	45	43
10	1	43	44	38	20	2	41	40	35

圖 11.1　二因子混合設計變異數分析範例資料。（**注**：包含參與者變數是為了說明之用，不需要輸入到 SPSS 中。）

在 SPSS 中輸入及分析資料

步驟 1 及步驟 2 說明如何在 SPSS 中輸入資料。這份資料也存放在 Chapter 11 資料夾下，名為 *teaching stress.sav*，讀者可從 www.pearsonhighered.com/yockey 下載。如果你比較想從電腦中開啟該資料檔案，則請直接閱讀步驟 3。

步驟 1：建立變數

1.　開啟 SPSS。
2.　點擊**變數檢視**標籤。

我們將在 SPSS 中建立四個變數，一個變數為 support 變數（導師或無導師），另外對於 time 變數的三個水準各給予一個變數名稱，並分別命名這些變數為 **support**、**before**、**week4**，及 **week8**。

3.　在**變數檢視**視窗的前四列，分別輸入 **support**、**before**、**week4**，及 **week8** 等四個變數名稱（見圖 11.2）。

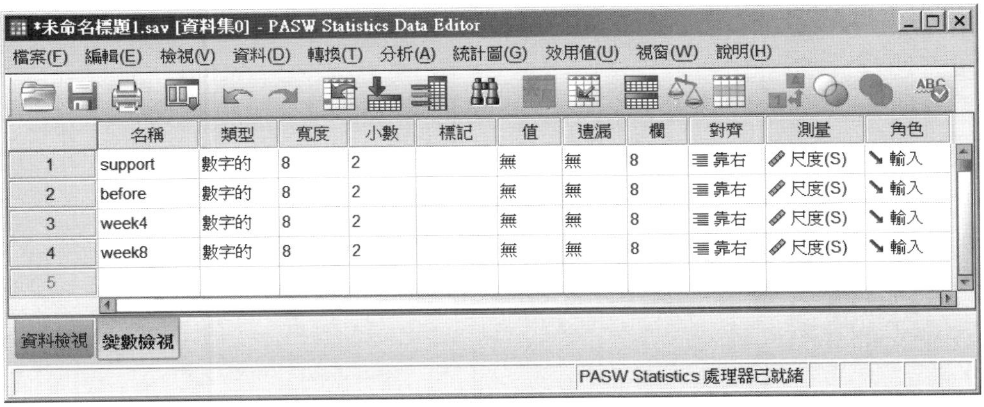

圖 11.2　在**變數檢視**視窗中已輸入變數名稱 **support**、**before**、**week4**，及 **week8**。

4.　按照第 1 章所介紹的步驟，為 **suport** 變數建立數值註解（1=「導師」、2=「無導師」）。

步驟 2：輸入資料

1. 點擊**資料檢視**標籤。**Support**、**before**、**week4**，及 **week8** 等四個變數名稱會出現在**資料檢視**視窗的前面四個欄位。

2. 對照圖 11.1，為每位參與者輸入四個變數的值。如第一位參與者的四個變數值（**support**、**before**、**week4**，及 **week8**）依序為：*1*、*40*、*39*，及 *35*。使用相同的作法逐次輸入所有 20 位參與者的資料。圖 11.3 為輸入完成後的資料畫面。

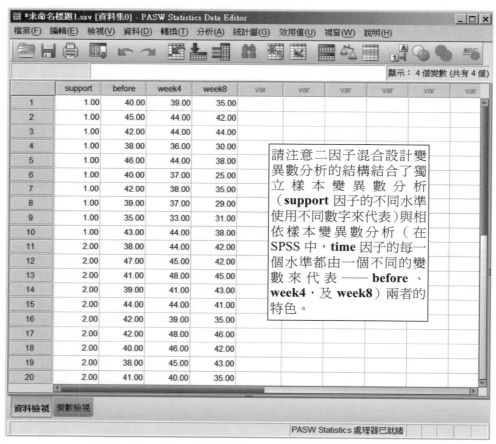

圖 11.3　二因子混合設計變異數分析的完整資料檔。

步驟 3：分析資料

1. 從選單列選擇**分析**＞**一般線性模式**＞**重複量數...**（見圖 11.4）。

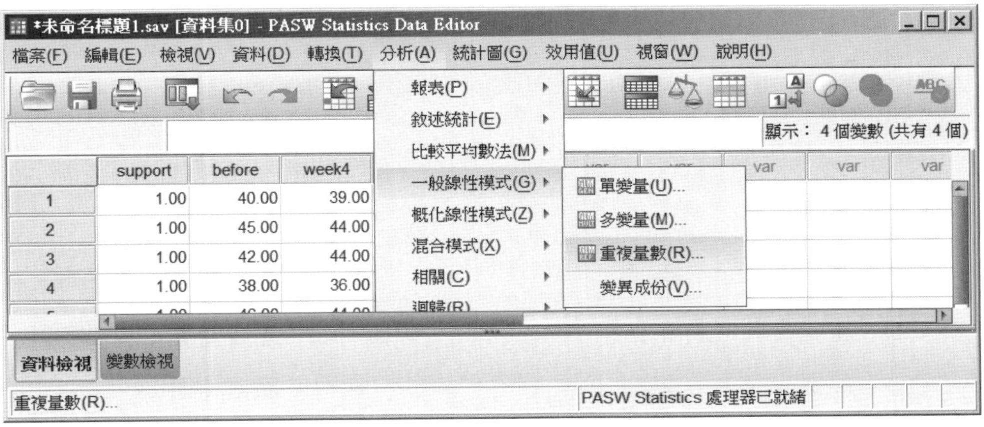

圖 11.4 二因子混合設計變異數分析程序的選單指令。

這時會出現**重複量數定義因子**對話窗（見第 208 頁圖 11.5）。藉由這個視窗我們可以輸入受試者內因子的名稱，以及這個因子所擁有水準個數。[3]

2. 連擊**受試者內因子的名稱**窗格中之 "*factor1*" 文字（SPSS 中受試者內因子之原始設定為 *factor1*）。輸入變數名稱 **time**。
3. 在**水準個數**窗格輸入數字 "*3*"。這裡的 "3" 指的是 **time** 變數的水準個數（**before**、**week4**，及 **week8**）。詳見第 208 頁圖 11.6。
4. 點擊**新增**。
5. 點擊**定義**。

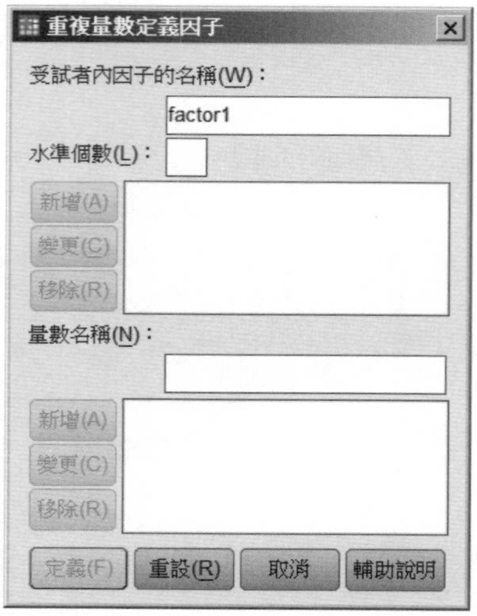

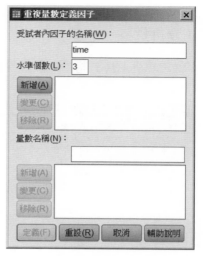

圖 11.5　**重複量數定義因子對**
　　　　　話窗。

圖 11.6　**重複量數定義因子對**
　　　　　話窗（續）。

　　這時**重複量數**的對話窗會開啟，在對話窗中我們可以看到 **support**、**before**、**week4**，及 **week8** 的變數名稱出現在左方的窗格（見圖 11.7）。

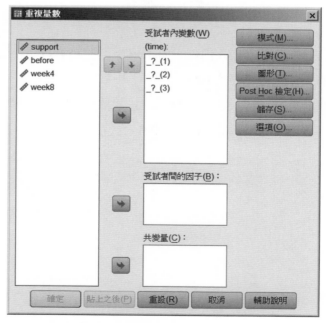

圖 11.7　**重複量數**對話窗。

6. 選取受試者間變數（**support**），然後點擊視窗中間的向右箭頭按鈕（）把這個變數移至**受試者間的因子**窗格。

7. 按住 *Ctrl* 鍵不放，同時選取變數 **before**、**week4**，及 **week8**，點擊上面的向右箭頭（）將上述變數移至**受試者內變數**窗格（見圖 11.8）。

圖 11.8　**重複量數**對話窗（續）。

8. 點擊**選項**。這時**重複量數：選項**對話窗會出現。在**因子與因子交互作用**窗格選取 **support**、**time**，及 **support*time**，並點擊向右箭頭按鈕（）將它們移至**顯示平均數**窗格。在**顯示**窗格點選**敘述統計**及**效果大小估計值**（見第 210 頁圖 11.9）。

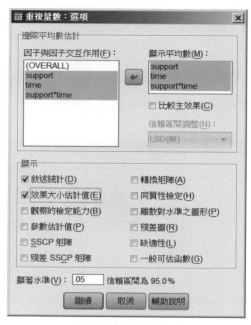

圖 11.9　重複量數：選項對話窗。

9.　點擊繼續。

10.　點擊圖形。這時重複量數：剖面圖對話窗會出現。選取因子 time，然後點擊上面的
向右箭頭按鈕（ ），將因子 time 移到水平軸窗格。選取因子 support，然後點擊中
間的向右箭頭按鈕（ ）移動因子 support 到個別線窗格。詳見圖 11.10。

圖 11.10　重複量數：剖面圖對話窗。

11.　點擊**新增**。這時交互作用項（**time*support**）將會出現在**圖形**窗格（見圖 11.11）。

圖 11.11　**重複量數：剖面圖**對話窗
（續）。

12.　點擊**繼續**。

13.　點擊**確定**。

這時 SPSS 執行二因子混合設計變異數分析的過程及結果會一併出現於**瀏覽器**視窗。

步驟 4：解讀結果

第 212 頁圖 11.12 為二因子混合設計變異數分析之執行結果。

一般線性模式

受試者內因子

測量：MEASURE_1

time	依變數
1	before
2	week4
3	week8

受試者間因子

		數值註解	個數
support	1.00	導師	10
	2.00	無導師	10

敘述統計

	support	平均數	標準差	個數
before	導師	41.0000	3.29983	10
	無導師	41.2000	2.78089	10
	總數	41.1000	2.97180	20
week4	導師	39.6000	4.08792	10
	無導師	44.0000	3.12694	10
	總數	41.8000	4.20025	20
week8	導師	34.7000	6.00093	10
	無導師	41.4000	3.68782	10
	總數	38.0500	5.94249	20

多變量檢定[b]

效果		數值	F	假設自由度	誤差自由度	顯著性	淨 Eta 平方
time	Pillai's Trace	.704	20.183[a]	2.000	17.000	.000	.704
	Wilks' Lambda 變數選擇法	.296	20.183[a]	2.000	17.000	.000	.704
	多變量顯著性檢定	2.375	20.183[a]	2.000	17.000	.000	.704
	Roy 的最大平方根	2.375	20.183[a]	2.000	17.000	.000	.704
time * support	Pillai's Trace	.365	4.878[a]	2.000	17.000	.021	.365
	Wilks' Lambda 變數選擇法	.635	4.878[a]	2.000	17.000	.021	.365
	多變量顯著性檢定	.574	4.878[a]	2.000	17.000	.021	.365
	Roy 的最大平方根	.574	4.878[a]	2.000	17.000	.021	.365

a. 精確的統計量

b. Design：截距 + support
受試者內設計：time

圖 11.12　二因子混合設計變異數分析的輸出結果。

Mauchly 球形檢定[b]

測量：MEASURE_1

受試者內效應項					Epsilon[a]		
	Mauchly's W	近似卡方分配	df	顯著性	Greenhouse-Geisser	Huynh-Feldt	下限
time	.545	10.310	2	.006	.687	.767	.500

檢定正交化變數轉換之依變數的誤差共變量矩陣的虛無假設，是識別矩陣的一部分。

a. 可用來調整顯著性平均檢定的自由度。改過的檢定會顯示在受試者內效應項的檢定表格中。

b. Design：截距 + support
　　受試者內設計：time

受試者內效應項的檢定

測量：MEASURE_1

來源		型 III 平方和	df	平均平方和	F	顯著性	淨 Eta 平方
time	假設為球形	159.033	2	79.517	12.078	.000	.402
	Greenhouse-Geisser	159.033	1.375	115.676	12.078	.001	.402
	Huynh-Feldt	159.033	1.534	103.699	12.078	.000	.402
	下限	159.033	1.000	159.033	12.078	.003	.402
time * support	假設為球形	108.633	2	54.317	8.251	.001	.314
	Greenhouse-Geisser	108.633	1.375	79.016	8.251	.004	.314
	Huynh-Feldt	108.633	1.534	70.836	8.251	.003	.314
	下限	108.633	1.000	108.633	8.251	.010	.314
誤差 (time)	假設為球形	237.000	36	6.583			
	Greenhouse-Geisser	237.000	24.747	9.577			
	Huynh-Feldt	237.000	27.605	8.585			
	下限	237.000	18.000	13.167			

這裡顯示了 **time** 因子及 **tim*support** 交互作用檢定結果的 p 值，在這裡我們可以選用**假設為球形**列的資料或 *Greenhouse-Geisser* 列的資料（在這個例子裡，不管是用假設為球形或是 Greenhouse-Geisser 的方法，檢定結果都達顯著，因為這兩種方法所得的 p 值都小於 .05）。

受試者內對比的檢定

測量：MEASURE_1

來源	time	型 III 平方和	df	平均平方和	F	顯著性	淨 Eta 平方
time	線性	93.025	1	93.025	8.463	.009	.320
	二次方	66.008	1	66.008	30.349	.000	.628
time * support	線性	105.625	1	105.625	9.610	.006	.348
	二次方	3.008	1	3.008	1.383	.255	.071
誤差 (time)	線性	197.850	18	10.992			
	二次方	39.150	18	2.175			

圖 11.12　二因子混合設計變異數分析的輸出結果。（續）

受試者間效應項的檢定

測量：MEASURE_1
轉換的變數：均數

來源	型 III 平方和	df	平均平方和	F	顯著性	淨 Eta 平方
截距	97526.017	1	97526.017	2852.101	.000	.994
support	212.817	1	212.817	6.224	.023	.257
誤差	615.500	18	34.194			

由於 $p < .05$，**support** 達顯著。

估計的邊緣平均數

1. support

測量：MEASURE_1

support	平均數	標準誤差	95% 信賴區間	
			下界	上界
導師	38.433	1.068	36.190	40.676
無導師	42.200	1.068	39.957	44.443

2. time

測量：MEASURE_1

time	平均數	標準誤差	95% 信賴區間	
			下界	上界
1	41.100	.682	39.667	42.533
2	41.800	.814	40.090	43.510
3	38.050	1.114	35.710	40.390

3. support * time

測量：MEASURE_1

support	time	平均數	標準誤差	95% 信賴區間	
				下界	上界
導師	1	41.000	.965	38.973	43.027
	2	39.600	1.151	37.182	42.018
	3	34.700	1.575	31.391	38.009
無導師	1	41.200	.965	39.173	43.227
	2	44.000	1.151	41.582	46.418
	3	41.400	1.575	38.091	44.709

圖 11.12　二因子混合設計變異數分析的輸出結果。(續)

剖面圖

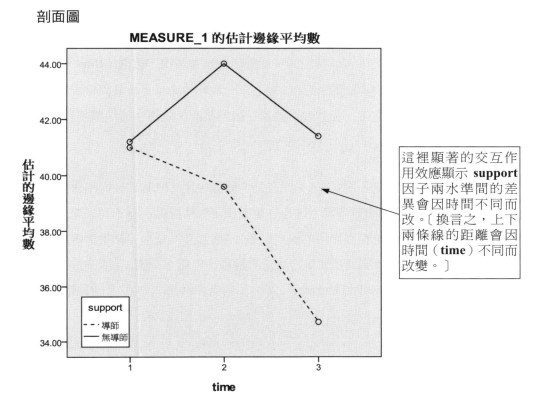

MEASURE_1 的估計邊緣平均數

這裡顯著的交互作用效應顯示 **support** 因子兩水準間的差異會因時間不同而改。〔換言之，上下兩條線的距離會因時間（**time**）不同而改變。〕

圖 11.12　二因子混合設計變異數分析的輸出結果。（續）

受試者內因子

　　第一個表格為**受試者內因子**表格，這個表格呈現參與者接受測量的三個時間點，這些時間點包括活動開始前（**before**）、活動開始第四週（**week4**）及第八週活動的結尾（**week8**）。

受試者間因子

　　受試者間因子表格呈現受試者間因子 **support**、**support** 因子各個水準的數值註解，及各組的樣本個數。

敘述統計

敘述統計表格呈現本研究中各個情況的平均數、標準差及樣本個數（**time** 因子之各個水準的資料呈現於**總數**列）。儘管我們將聚焦於接下來的**估計的邊緣平均數**表格資料以解讀平均數間的差異，在撰寫結果報告時，仍然會用到這（敘述統計）表格中的標準差資料。

多變量檢定

我們可以使用單變量檢定（ANOVA）或者是多變量檢定（MANOVA）來檢定 **time** 因子及 **time*support** 交互作用的虛無假設。這裡**多變量檢定**表格提供四種不同多變量檢定方法對於 **time** 因子及 **time*support** 交互作用的檢定結果。[4] 儘管多變量檢定結果會自動出現於二因子變異數分析的輸出中，由於關於多變量方法之討論超出本書之範圍，因此在這裡不做介紹，有興趣的讀者可以參考 Maxwell 和 Delaney（2004）或者 Stevens（2002）的書籍。

Mauchly 球形檢定

下一個表格為 *Mauchly 球形檢定*表格，這個表格的目的在於檢定球形性假定（此為當受試者內因子之水準數大於或等於三時二因子混合設計變異數分析的假定）。[5] 儘管 SPSS 的 *Mauchly 球形檢定*表格會提供我們這項假定檢定之結果（在這裡這項檢定結果的 *p* 值為 .006），由於這個檢定有可能不準確（詳細說明請參考 Howell, 2007 或是 Maxwell & Delaney, 2004），因此不被考慮（我們會提供一種變通的方法來檢定球形性假定）。

就如同我們於第 10 章所討論的，如果球形性假定沒有被滿足的話，變異數分析的 *F* 檢定（也就是**受試者內效應項的檢定**表格中**假設為球形**列的檢定值）會失去正確性，進而提升錯誤拒絕虛無假設的機率。為了解決 *F* 檢定因違反球形性假定所導致的誤差，因此產生一些替代的 *F* 檢定方法來矯正球形不足所產生的問題。在**受試者內效應項的檢定**表格中我們可以見到三種這類的「矯正方法」：*Greenhouse-Geisser*、*Huynh-Feldt*，及**下限**法。與我們於第 10 章時所持理由相同，在這裡我們將採用 *Greenhouse-Geisser F* 檢定的結果。儘管 *Greenhouse-Geisser* 矯正這種方法能補救因球形性假定被違反所導致的誤差，這種方法卻是極難以紙筆方式來進行計算，因此我們只有在有電腦協助的情形下才會考慮使用這種方法。如果想藉助 SPSS 的執行結果來驗證自己紙筆計算的結果，我們會建議你使用**假設為球形**列的值。

受試者內效應項的檢定

　　下一個為**受試者內效應項的檢定**表格，這個表格提供研究問題其中兩個（三個時間點的壓力分數是否不同及 **time** 與 **support** 間是否存有交互作用）之解答。

　　如同我們在第 8 章單因子變異數分析討論到的例子一般，這個 F 檢定為兩個變異數的比值，其中每一個變異數在表格裡都是以平均平方和（MS）的名稱出現

$$F = \frac{MS \text{ 效應}}{MS \text{ 誤差}}$$

　　在二因子混合設計變異數分析中，包含受試者內因子（也就是 **time** 跟 **time*support**）的檢定含有一個誤差項，這個誤差項與受試者間因子（這裡指的是 **support**）檢定中的誤差項不同。於**受試者內效應項的檢定**表格中，**time** 和 **time*support** 共用一個誤差項〔誤差（**time**）平均平方和〕。以 **time** 來說，它的 F 值為

$$F = \frac{MS \text{ } Time}{MS \text{ 誤差（} time \text{）}}$$

　　自圖 11.12 *Greenhouse- Geisser* 列的資料中代入適當值到上述公式可以得到 **time** 的 F 值等於

$$F = \frac{115.676}{9.577} = 12.078$$

這裡的 F 值與**受試者內效應項的檢定**表格中 *Greenhouse- Geisser* 列的 F 值一致。〔這裡**假設為球形**的 F 值也等於 12.078（79.517/6.583），然而儘管表格中四種不同檢定方法有著相同的 F 值，請注意，它們的**自由度**與 p 值均不相同。〕

　　在**假設為球形**的情況下，**time** 因子的檢定含有兩個自由度（**time** 的自由度及誤差的自由度），分別為 2 及 36。（提醒讀者，如果你想驗證你紙筆計算的結果，驗算**假設為球形**的值會較容易計算。）*Greenhouse-Geisser* 對於自由度做了一些調整來彌補資料因球形性假定不足所造成的誤差。如果你檢視之前提到的 *Mauchly 球形檢定*表格，你可以看到一個名為 epsilon 的

統計數，其中 *Greenhouse-Geisser* 部分的值等於 .687。拿這個值與**假設為球形**列的自由度（2, 36）相乘可得（於四捨五入誤差範圍內）**受試者內效應項的檢定**表格 *Greenhouse-Geisser* 列的自由度（1.375 和 24.747）。

受試者內效應項的檢定表格 *Greenhouse-Geisser* 列中 **time** 因子的 *p* 值（**顯著性**）為 .001。因為這個 *p* 值小於 .05，我們必須拒絕三個時間點壓力分數平均數均相等的虛無假設，並做出至少有一個時間點分數與其他時間點不同的結論。

接下來看 **time*support** 交互作用檢定，這裡 *Greenhouse-Geisser* 列中的 *F* 值為 8.251（79.016/9.577），而 *p* 值為 .004。因為這裡的 *p* 值小於 .05，我們必須拒絕虛無假設，並做出 **time*support** 交互作用存在的結論（我們將於本章結尾呈現這方面結果）。

受試者內對比的檢定

接下來的表格為**受試者內對比的檢定**表格，這個表格可以用來執行一些受試者內主要效應及交互作用的事後檢定。在二因子混合設計變異數分析中，我們不對這個表格進行討論，因為我們將採用變通的方法來進行事後檢定，我們很快會討論到這部分。

受試者間效應項的檢定

受試者間效應項的檢定表格呈現受試者間因子（**support**）的檢定結果。**Support** 的 *F* 值為 6.224（*support* 平均平方和／誤差平均平方和 ＝212.817/34.194），而相對應的 *p* 值為 .023。[6] 因為這裡的 *p* 值小於 .05，假定導師組之教師的平均壓力水準與無導師組教師的平均壓力水準相等的虛無假設必須被拒絕（我們將於本章末尾呈現這部分檢定結果之報告）。

估計的邊緣平均數

估計的邊緣平均數表格呈現每一因子水準的平均數及交互作用的平均數。其中第一個表格（*support*）提供了 **support** 因子中導師組及無導師組的平均數。因為 **support** 因子達顯著，我們需進一步檢視這表格中的平均數以決定哪一組有著較低的壓力分數。**Support** 的估計邊緣平均數顯示導師組教師（平均數 ＝ 38.43）較無導師組教師（平均數 ＝ 42.20）有著較低的壓力水準。

下一個表格（*time*）顯示 **time** 各水準的平均數。由於 **time** 有三個水準，因此我們無法在進行進一步檢定前，做出哪些水準壓力分數顯著不同於其他水準的最後結論（請回顧之前提過的，當擁有三個以上水準時，對立假設不特定性的性質）。（由於篇幅的限制，在這裡我們

不進行事後比較；但是我們會於本章練習之前的摘要頁，提供如何執行受試者內因子事後比較的說明。）

　　最後一個表格（*support*time*）提供本研究六種狀況（3 **time**×2 **support**）的平均數。為了解讀顯著的交互作用效應之性質，我們必須聚焦於**剖面圖**表格，這一個表格將會以圖形的方式呈現六種情況的平均數。

剖面圖

　　剖面圖以圖形方式呈現本研究中六種情況的平均數。如我們之前於 SPSS 中所設定的，圖中 **time** 因子位於水平軸，而 **support** 的各個水準則是以不同線段表示（圖中，水平軸 1、2、3 三個數字分別對應 **time** 因子中 **before**、**week4**，及 **week8** 等三個水準）。從圖中可以看出在活動前，導師組及無導師組的平均壓力水準幾乎相同（41.00 對 41.20），但在第四週及第八週時，導師組教師呈現出較無導師組教師低的壓力水準（在第四週時為 39.60 對 44.00，第八週時則為 34.70 對 41.40）。由於圖中線段彼此間顯著地不平行，顯示顯著交互作用效應的存在，此結果確認了一個現象，那就是導師組與無導師組教師的差異會隨著時間而改變。

檢定交互作用效應：單純效應分析

　　儘管交互作用效應對應出線段間顯著地不平行的情況，它並沒有指出**哪些**點顯著地不同於其他點。[7]為了決定哪些點間顯著地不同於其他點，我們必須進一步進行單純效應檢定。單純效應檢定的目的在於固定其中一因子水準的情況下，對另一因子進行檢定。以目前這個例子來說，我們可以執行幾種不同的單純效應檢定，這些檢定包括在固定 time 其中一個水準的情況下（也就是進行**剖面圖**中線段間距離的檢定）對 support 因子進行檢定（導師組對無導師組），以及在固定 support 因子其中一個水準的情況下（也就是進行**剖面圖**中各線段內的檢定）對 time 因子（**before**、**week4**，及 **week8**）進行檢定。

　　我們將藉由檢定在活動開始前、第四週及第八週時（這裡分別對應剖面圖中水平座標的 1、2、3）等三個時間點（水準）導師組與無導師組教師所感受到的壓力分數是否顯著不同，來說明如何於二因子混合設計變異數分析中進行單純效應檢定。總共有三個不同的獨立樣本 *t* 檢定必須執行，在 time 因子中的每一個水準都進行一個獨立樣本 *t* 檢定。因為這些 *t* 檢定為事後檢定，它們必須在顯著水準（alpha）設為 .016（.05/3）的情況下進行，以確定全部三個檢定顯著水準的總和不超過 .05（請參考第 10 章以進一步了解如何於事後檢定中調整顯著水準）。

要於不同 time 因子水準下檢定導師組與無導師組教師間的差異，我們需檢定以下三個虛無假設：

$$H_0 : \mu_{導師\_前} = \mu_{無導師\_前}$$

$$H_0 : \mu_{導師\_4週} = \mu_{無導師\_4週}$$

$$H_0 : \mu_{導師\_8週} = \mu_{無導師\_8週}$$

以下為執行獨立樣本 t 檢定的指令（請參考第 7 章以進一步了解如何進行獨立樣本 t 檢定）。

1.　從選單列選擇**分析＞比較平均數＞獨立樣本 T 檢定…**。
2.　將 **support** 變數移至**分組變數**窗格。
3.　點擊**定義組別**按鈕。分別定義組別 1 的數值為 *1* 及組別 2 的數值為 *2*。
4.　按住 *Ctrl* 鍵不放，選取 **before**、**week4**，及 **week8** 三個變數，然後點擊向右箭頭按鈕（ ⏵ ）將這些變數移至**檢定變數**窗格（見圖 11.13）。
5.　點擊**確定**。

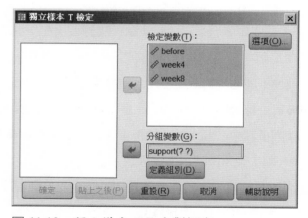

圖 11.13　獨立樣本 *T* 檢定對話窗。

單純效應分析的結果——就每個 time 之水準檢定 support

圖 11.14 為獨立樣本 *t* 檢定的結果。**獨立樣本 T 檢定**表格顯示除了在 **before** 這一個水準(*p*

= .885）沒達到顯著外，support 因子在 **week4**（p = .015）及 **week8**（p = .008）都達到顯著（注意，這裡每一個檢定都是在顯著水準等於 .016 的情況下進行）。進一步檢視**組別統計量**表格的平均數資料可以發現在 **week4** 及 **week8** 時，導師組所感受到壓力顯著小於無導師組。我們會將這些結果整合進本章結尾的整體結果報告中。

我們也可以執行其他單純效應的檢定，如針對每一個 support 的水準對 **time** 因子做檢定。舉例來說，我們可以使用單因子相依樣本變異數分析來檢定導師組教師於三個時間點所感受壓力是否不同。如果變異數分析的結果達顯著，那麼就如我們在第 10 章提到的，我們將繼續使用相依樣本 t 檢定來對於 **time** 因子的水準進行成對比較（也就是，1 對 2、1 對 3，及 2 對 3）。雖然在這裡我們因為篇幅限制的緣故，不對這些檢定進行說明，在本章結尾的練習題 3，我們提供一個檢定導師組教師於不同時間點所感受壓力是否有差異的練習（解答位於附錄 C）。

T 檢定

組別統計量

	support	個數	平均數	標準差	平均數的標準誤
before	導師	10	41.0000	3.29983	1.04350
	無導師	10	41.2000	2.78089	.87939
week4	導師	10	39.6000	4.08792	1.29271
	無導師	10	44.0000	3.12694	.98883
week8	導師	10	34.7000	6.00093	1.89766
	無導師	10	41.4000	3.68782	1.16619

獨立樣本檢定

		變異數相等的 Levene 檢定		平均數相等的 t 檢定					差異的 95% 信賴區間	
		F 檢定	顯著性	t	自由度	顯著性（雙尾）	平均差異	標準誤差異	下界	上界
before	假設變異數相等	.483	.496	-.147	18	.885	-.20000	1.36463	-3.0669	2.66699
	不假設變異數相等			-.147	17.498	.885	-.20000	1.36463	-3.0729	2.67290
week4	假設變異數相等	1.984	.176	-2.703	18	.015	-4.40000	1.62754	-7.8193	-.98066
	不假設變異數相等			-2.703	16.846	.015	-4.40000	1.62754	-7.8362	-.96379
week8	假設變異數相等	2.693	.118	-3.008	18	.008	-6.70000	2.22736	-11.379	-2.0205
	不假設變異數相等			-3.008	14.949	.009	-6.70000	2.22736	-11.448	-1.9511

> 在調整後顯著值為 .016 的情況下，**week4** 和 **week8** 均達顯著，p 值小於 .016，只有 **before** 沒達顯著，因為它的 p 值大於 .016。

圖 11.14　獨立樣本 t 檢定的輸出結果（在交互作用達顯著的情況下檢定單純效應）。

效果量

　　較常使用於二因子混合設計變異數分析的效果量為偏 eta 平方（ η^2。**譯注：偏 eta 平方或**譯為**淨 eta 平方**，在 SPSS 中文版中譯為「**淨相關 Eta 平方**」）。要想計算偏 eta 平方，我們必須從適當表格（**受試者內效應項的檢定**表格或者是**受試者間效應項的檢定**表格）中獲取平方和（*SS*）的資料。以下為偏 eta 平方的計算公式

$$偏\,\eta^2 = \frac{SS_{效應}}{SS_{效應} + SS_{誤差}}$$

　　這裡 *SS* 效應及 *SS* 誤差的值對應到圖 11.12 變異數分析表格中的**型 *III* 平方和**的值。（對於 **time** 及 **time*support** 來說，其 *SS* 誤差以 *SS* 誤差（**time**）形式呈現。）以 **time** 因子來說，將適當的值代入上述公式可得其偏 eta 平方值為

$$偏\,\eta^2 = \frac{159.033}{159.033 + 237.000} = .402$$

　　這個值與**受試者內效應項的檢定**表格中的淨 Eta 平方值相等。
　　偏 eta 平方值愈大，依變數的變異數能被這個效應解釋的部分就愈多。這裡我們並沒有偏 eta 平方值與小、中、大三種效果量對應的值。

以 APA 格式陳述結果

　　在撰寫這個二因子混合設計變異數分析的結果時，我們會報告每一個假設檢定的結論、自由度、*F* 值、*p* 值及效果量，以及各組的平均數和標準差（如果有需要的話，平均數及標準差可以另外表格方式呈現）。下面是以 APA 格式撰寫的簡短範例。

撰寫結果

　　這裡我們進行了一個 2×3 二因子混合設計變異數分析，其中受試者間因子為 support 實驗處理（導師組、無導師組），而受試者內因子為 time 實驗處理（活動前、第 4 週、第 8 週）。

結果顯示 support 實驗處理具顯著之主要效應，$F(1, 18) = 6.22, p < .05$, 偏 eta 平方 $= .26$，另外，time 實驗處理也具顯著之主要效應，*Greenhouse-Geisser* 調整後 $F(1.38, 24.75) = 12.08, p < .05$, 偏 eta 平方 $= .40$。在 support 實驗處理中，導師組教師所感受之壓力顯著小於無導師組教師。同時，support 實驗處理與 time 實驗處理間也存在著顯著的交互作用，*Greenhouse-Geisser* 調整後 $F(1.38, 24.75) = 8.25, p < .05$, 偏 eta 平方 $= .31$。此外，我們也就每一 time 因子的水準對 support 進行了單純效應分析，對於此單純效應分析中的每一檢定，我們以 .016 的顯著水準進行檢定。單純效應分析的結果顯示導師組教師在第四週〔$t(18) = -2.70, p < .016$〕及第八週〔$t(18) = -3.01, p < .016$〕，所感受到的壓力顯著低於無導師組教師。而導師組教師與無導師組教師在開始教學前〔$t(18) = -.15, p > .016$〕，所感受之壓力則無顯著不同。圖 11.15 為導師組及無導師組分別於開始教學前、第四週，及第八週時的壓力平均數及標準差。

	導師組		無導師組	
時間	M	SD	M	SD
開始教學前	41.00	3.30	41.20	2.78
第 4 週	39.60	4.09	44.00	3.13
第 8 週	34.70	6.00	41.40	3.69

圖 11.15　導師組及無導師組分別於開始教學前、第四週，及第八週時的平均數及標準差。

二因子混合設計變異數分析的假定

1. **觀察值獨立。**

   違反這項假定的結果會嚴重傷害二因子混合設計變異數分析的正確性。如果我們有理由相信我們違反了這項假定，那麼我們就不應使用二因子混合設計變異數分析作為我們的分析方法。

2. **常態性。**

   這裡的常態性指的是：(1)受試者內因子個別水準之母群的依變數須為常態分配；(2)受試者間因子的各水準的平均分數（每一參與者於受試者內因子所有水準的平均分數）應成常態分配。請參考第 8 章關於違反常態性假定可能導致之結果的說明。

3. **變異數同質性。**

   這個假定指的是在母群中受試者間因子每一水準的變異數應該相等（這裡的變異數的計算方式為，先計算每一參與者於受試者內因子所有水準分數的平均數，再就這些平均數計算其變異數），請參考第 8 章關於違反這項假定之可能結果的說明。

4. **球形性。**

   球形性假定指的是，在母群中受試者內因子所有水準配對所得的差異分數，須成常態分配。由於違反這項假定會影響變異數分析的正確性，因此我們建議使用如 Greenhouse-Geisser 法之類的變通方式來調整因球形性所導致的誤差。請參考第 10 章有關違反球形性假定之進一步說明。

5. **變異數—共變數矩陣的同質性。**

   這個假定的意思為，在母群中，受試者間因子不同水準變異數及相對應的共變數須相等（共變數為表示兩個變數間共同變異的量數）。以這個例子來說，受試者內因子有著三個水準，因此這個假定的意思為，兩組（導師組、無導師組）於各水準相對應的變異數（**變異數** before、**變異數** week4、**變異數** week8）及相對應之三個共變數（**共變數**(before, week4)、**共變數**(before, week8)、**共變數**(week4, week8)）需相等。對於相等或是近乎相等規模的樣本來說，若是違反變異數—共變數矩陣同質性假定的程度不是很嚴重（中等以下程度）的話，基本上這情形（違反此一假定）是可以被容忍的。反之，若是樣本大小差異很大，以及變異數—共變數矩陣的差異很大（達中等以上程度），那麼二因子混合設計變異數分析就不適合使用。

在 SPSS 中執行二因子混合設計變異數分析步驟之摘要

I.　輸入及分析資料

1. 為受試者間因子建立一個變數，再為受試者內因子中的每一個**水準**分別建立一個變數。

2. 為受試者間變數建立數值註解。在**數值註解**對話窗中輸入適當的數值及標記。點擊**確定**。

3. 輸入資料。

4. 選擇**分析＞一般線性模式＞重複量數**…。

5. 在**重複量數定義因子**對話窗中，為受試者內因子在**受試者內因子的名稱**窗格輸入一個名稱，以及在**水準個數**窗格中輸入它的水準個數。點擊**新增**，接著再點擊**定義**。

6. 在**重複量數**對話窗中，移動受試者間因子到**受試者間的因子**窗格。移動受試者內因子的所有水準到**受試者內變數**窗格。

7. 點擊**選項**。移動所有因子及交互作用項到**顯示平均數**窗格。在**顯示**窗格中，點選**敘述統計**及**效果大小估計值**。點擊**繼續**。

8. 點擊**確定**。

II. 解讀結果

1. 從**受試者內效應項的檢定**表格中 *Greenhouse-Geisser* 列或是**假設為球形**列之 *p* 值，來判讀受試者內因子檢定及交互作用檢定的結果（使用假設為球形的值來驗證紙筆運算之結果）。利用**受試者間效應項的檢定**表格中的 *p* 值來判讀受試者間因子檢定的結果。

   - 當受試者間因子達顯著時，如果該因子只有兩個水準，那麼我們直接檢視它們的估計平均數。如果該因子擁有三個以上水準，那麼我們就必須執行 Tukey 的檢定（點擊 *Post Hoc* 按鈕，並選擇 *Tukey* 方法），並且根據檢定結果進行解讀（請參考第 8 章以獲得 Tukey 檢定的進一步資訊）。當受試者內因子達顯著時，如果它只有兩個水準，那麼我們直接檢驗它們的邊緣平均數。如果它有三個以上水準時，我們視情況使用相依樣本 *t* 檢定做進一步檢定。如果交互作用達顯著，則對於交互作用的性質進行描述或者執行單純效應分析（如果有必要時），並以整體實驗顯著水準等於 .05 的方式進行檢定。

   - 如果這個二因子混合設計變異數分析的結果顯示沒有一個檢定達顯著，則停止分析。在結果中註明主要效應檢定及交互作用檢定均未達顯著。

練習

1. 一位臨床心理學家打算比較認知—行為療法與精神分析療法隨著時間推移的療效。二十位尋求治療的患者參與這項研究，其中 10 位接受認知—行為療法，另外 10 位接受精神分析療法。參與者在治療前、第 8 週，及第 16 週時接受一般性健康情況的測量。健康指數介於 10 到 50 之間，指數愈高表示健康情況愈好。第 226 頁圖 11.16 為本研究之資料。

療法	Before	Week8	Week16	療法	Before	Week8	Week16
1	19	18	22	2	23	23	17
1	18	18	21	2	19	19	20
1	21	22	24	2	16	17	15
1	22	23	28	2	18	19	19
1	24	24	26	2	23	25	24
1	18	21	27	2	24	25	23
1	19	23	25	2	19	20	18
1	19	20	23	2	22	24	22
1	17	18	16	2	20	20	19
1	23	24	28	2	22	22	23

圖 11.16　練習 1 的資料。在療法變數中，1 =「認知—行為療法」，2 =「精神分析療法」。

　　　　輸入資料到 SPSS 中，並進行適當的統計分析以回答下列問題。請分別將變數命名為 **therapy**、**before**、**week8**，和 **week16**。

a.　請為每一個檢定寫出虛無假設及對立假設。

b.　請為每一個檢定寫出研究問題。

c.　檢定主要效應及交互作用（每一個檢定的 $\alpha = .05$）。如果有的話，說出哪一個檢定達顯著？哪一個檢定未達顯著？

d.　寫出每一個檢定的效果量。哪一個檢定有著最大的效果量？

e.　以適當的 APA 格式撰寫結果。

2.　為練習 1 進行交互作用的單純效應檢定。檢定兩種療法在每一個測量時間點的療效是否不同（換言之，在 **before**、**week8**，及 **week16** 三個時間點分別檢定兩種療法的差異性）。使用適當的顯著水準來評估各檢定〔整體（全部三個檢定）的 alpha 不超過 .05〕。

3.　在本章所討論的範例中，我們藉由檢定每個時間點（time 因子之水準）導師組與無導師組間的差異來進行單純效應分析。另外一個我們可能做的分析為檢定導師組教師在三個時間點所感受到的壓力是否不同。請在 SPSS 中進行這個檢定，並回答下列問題。資料存放在 Chapter 11 資料夾下，名為 *teaching stress.sav*（變數名稱為 **therapy** 及 **snakefear**），讀者可從 www.pearsonhighered.com/yockey 下載。在 SPSS 中開啟資料檔，並進行適當的分析以回答下列問題（導師組教師 **support** 變數值為 "1"）。（**提**

示：要進行這項檢定，必須使用到**分割檔案**或是**選擇觀察值**兩種資料處理方法。請

參考附錄 A 以取得更多相關資訊。）

a.　請為每一個檢定寫出虛無假設及對立假設。

b.　請為每一個檢定寫出研究問題。

c.　導師組教師在三個時間點所感受到的壓力分數是否不同？請以 $\alpha = .05$ 進行檢

定。

d.　如果 time 實驗處理達顯著，請進行適當的事後比較。請選擇適當的 alpha 評估每

一檢定（使得全部事後檢定的 alpha 不超過 .05）。請說出哪一個檢定達顯著？哪

一個檢定未達顯著？

e.　以適當的 APA 格式撰寫結果。

第 12 章

皮爾遜 r 相關係數

皮爾遜 r 相關係數的目的在於測量兩個變數間線性相關的程度。相關程度我們以英文字母 r 來表示，r 值可以為正（在一個變數上得到高分也同時會在另一個變數上得到高分），也可以為負（在一個變數上得到高分但卻在另一個變數上得到低分），或者為零（兩個變數的分數彼此不相關）。相關係數的值介於 −1.0（完全負相關）到 1.0（完全正相關）之間。接下來是皮爾遜 r 相關係數的範例。

範例

在一個研究計畫裡，一名學生打算調查生命的意義與心理健康間的關係。他對 30 位同意參與本研究的學生同時進行了生命意義的調查與心理健康程度的測量。生命意義量表的分數介於 10 到 70 之間（較高的分數對應較高的生命意義），而心理健康量表的分數則介於 5 到 35 分之間（分數愈高表示心理健康程度愈高）。

皮爾遜 r 相關係數的目的及資料要求

皮爾遜 r 相關係數

目的	資料要求	範例
測量兩變數間的線性關係。	兩個連續變數[1]	變數 1：生命的意義 變數 2：心理健康程度

虛無及對立假設

在這裡虛無假設假定在母群裡兩變數間並不存有任何相關。母群相關係數以希臘字母 ρ（唸作 "rō"）來表示：

$$H_0 : \rho = 0$$

而對立假設則假定在母群中兩變數間具一定程度的相關：

$$H_1 : \rho \neq 0$$

評定虛無假設

藉由皮爾遜 r 相關係數，可以檢定假定生命意義分數與心理健康程度間不存有相關的虛無假設。在虛無假設為真的情形下，假使檢定顯示獲得此結果的可能性很小（發生的次數小於 5%），就應拒絕虛無假設。反之，在虛無假設為真的情形下，顯示獲得此檢定結果的可能性很大（發生的次數大於 5%），就不能拒絕虛無假設。

研究問題

進行研究時，可以將我們所感興趣的基本問題以研究問題方式呈現，如：

「生命的意義與心理健康之間是否存有相關？」

資料

圖 12.1 中為 30 位參與者的資料。

參與者	生命意義	健康程度	參與者	生命意義	健康程度
1	35	19	16	70	31
2	65	27	17	25	12
3	14	19	18	55	20
4	35	35	19	61	31
5	65	34	20	53	25
6	33	34	21	60	32
7	54	35	22	35	12
8	20	28	23	35	28
9	25	12	24	50	20
10	58	21	25	39	24
11	30	18	26	68	34
12	37	25	27	56	28
13	51	19	28	19	12
14	50	25	29	56	35
15	30	29	30	60	35

圖 12.1　相關係數範例資料。(**注**：包含參與者變數是為了說明之用，不需要輸入到 SPSS 中。)

在 SPSS 中輸入及分析資料

　　步驟 1 及步驟 2 說明如何在 SPSS 中輸入資料。這份資料也存放在 Chapter 12 資料夾下，名為 *meaning.sav*，讀者可從 www.pearsonhighered.com/yockey 下載。如果你比較想從電腦中開啟該資料檔案，則請直接閱讀步驟 3。

步驟 1：建立變數

1. 開啟 SPSS。
2. 點擊**變數檢視**標籤。

　　我們將在 SPSS 中建立兩個變數，一個變數為生命意義分數，一個變數為心理健康分數。將這兩個變數分別命名為 **meaning** 及 **wellbeing**。

3.　在**變數檢視**視窗的前兩列輸入變數名稱 **meaning** 及 **wellbeing**（詳見圖 12.2）。

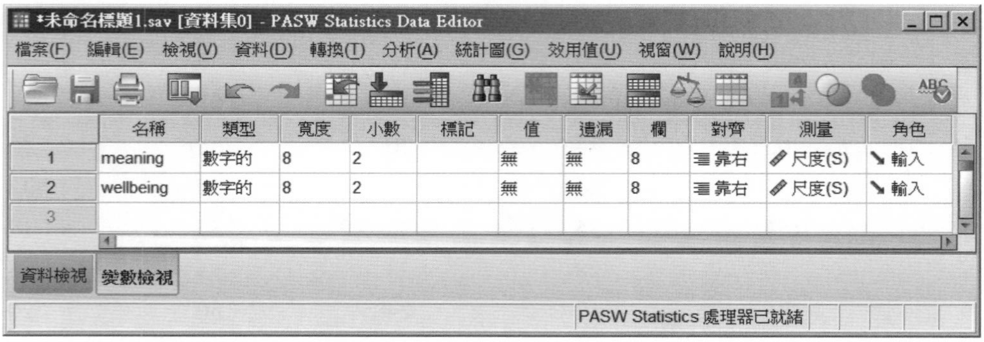

圖 12.2　在**變數檢視**視窗中已輸入變數名稱 meaning 及 wellbeing。

步驟 2：輸入資料

1.　點擊**資料檢視**標籤。這時 **meaning** 及 **wellbeing** 兩個變數會出現於**資料檢視**視窗的前兩欄。

2.　對照圖 12.1 輸入每一位參與者兩種變數的分數。對於第一位參與者，我們分別輸入其 **meaning** 及 **wellbeing** 變數值 *35* 及 *19*。以這種模式為所有 30 位參與者輸入資料。資料完成輸入後之畫面則見圖 12.3。

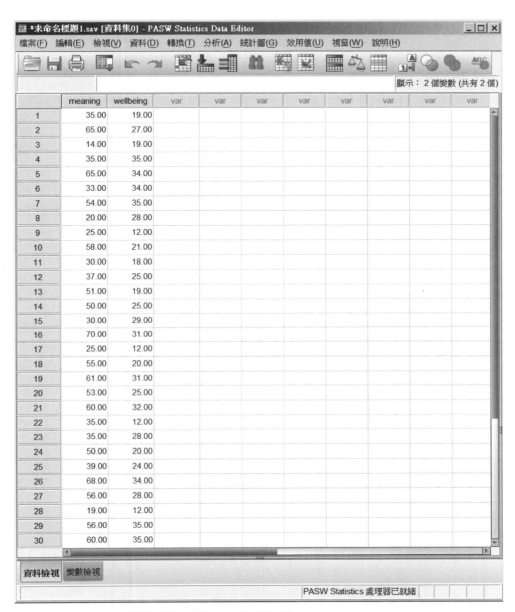

圖 12.3 皮爾遜 *r* 相關係數範例的完整資料檔。

步驟 3：分析資料

1. 從選單列選擇**分析**＞**相關**＞**雙變數…**（見第 234 頁圖 12.4）。

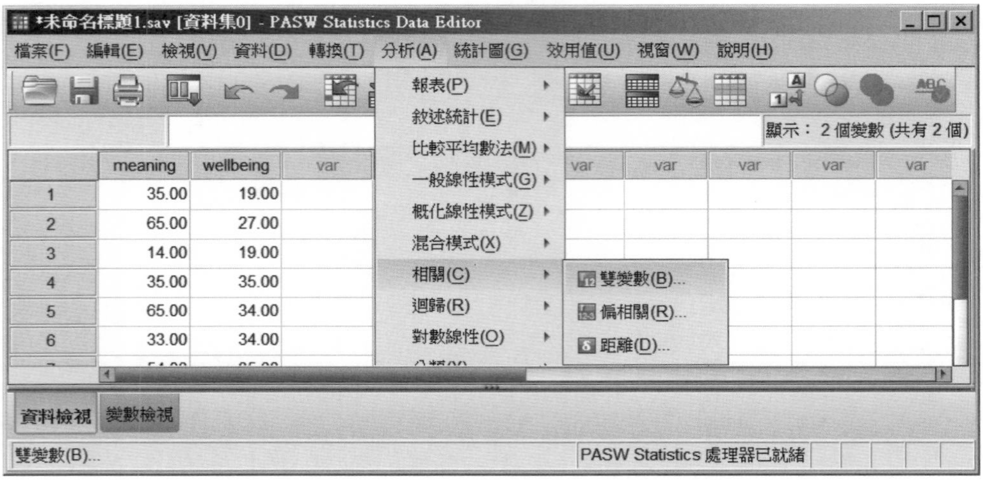

圖 12.4　執行**皮爾遜 *r* 相關係數**的選單指令。

這時會出現**雙變數相關分析**對話窗，而 **meaning** 及 **wellbeing** 的變數會出現在它左邊的對話窗格中（見圖 12.5）。

圖 12.5　**雙變數相關分析**對話窗。

2.　按住 *Ctrl* 鍵不放，選取 **meaning** 及 **wellbeing** 變數，接著點擊向右箭頭按鈕（■）將這兩個變數移至**變數**窗格（見圖 12.6）。

3.　點擊**確定**。

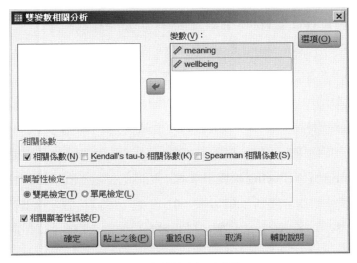

圖 12.6　**雙變數相關分析**對話窗（續）。

這時 SPSS 執行相關分析的程序及結果將會出現於**瀏覽器**視窗中。

步驟 4：解讀結果

圖 12.7 為**相關**分析程序輸出之結果。

圖 12.7　皮爾遜 r 相關係數分析之結果。

相關

在這個分析中，SPSS 只輸出一個名為**相關**的表格，這個表格包含回答我們研究問題（也

就是，**meaning** 與 **wellbeing** 變數間是否具有相關）的相關資訊。

請注意在**相關**表格中，**meaning** 及 **wellbeing** 的變數名稱會出現兩次，一次在列的部分，一次在欄的部分（SPSS 所製作出的**相關**表格都會有著像這樣的重複現象）。在 **meaning** 變數與 **wellbeing** 變數交會的地方，可以找到兩者的相關係數及作為檢定虛無假設用的 p 值。**相關**表格的資料顯示（根據對於 30 位參與者資料的分析結果）**meaning** 變數與 **wellbeing** 變數間的相關係數為 .549 及相對應的 p 值為 .002。由於 p 值小於 .05，因此必須拒絕虛無假設，並且做出在母群中 **meaning** 與 **wellbeing** 兩變數間具正相關的結論（相關係數右上方的兩個星號顯示兩變數達 .01 的顯著相關，因為 .002 小於 .01）。剩下的兩格顯示相關係數為 1（完全正相關）。這一點沒有什麼奇怪的，因為這一個值代表變數自己與自己的相關（**meaning** 與 **meaning** 及 **wellbeing** 與 **wellbeing**），而這樣的相關，其值會永遠等於 1。

效果量

不同於我們討論過的其他統計方法，相關係數本身就是一種效果量。Cohen 定義下列三個相關係數值（r）：±.1、±.3、±.5，分別對應小、中、大三種效果量。根據 Cohen 的參考指標，這裡相關係數值（.549）在實務上屬於大的效果量，這結果顯示生命的意義及心理健康兩變數間具相當大的正相關。

以 APA 格式陳述結果

儘管 SPSS 於**相關**表格中呈現了樣本大小（N）值，它並未顯示自由度等於多少（其他統計分析的結果中通常會呈現自由度的值）。在這裡，計算自由度的公式為

$$df = N-2$$

N 代表本研究中樣本大小（參與者個數）。由於參與者個數為 30，因此自由度在這裡等於 28。

在撰寫結果報告時，我們會於報告中包括以下訊息：假設檢定的結論、r 值、自由度（df），及 p 值。以下為一以 APA 格式撰寫的簡短範例。

撰寫結果

生命的意義變數與心理健康變數間存在著顯著的正相關，$r(28) = .55, p < .05$。

在計算相關係數時，我們常會先繪製散佈圖來檢查兩變數間的線性（直線）關係，並且檢查是否有極端值的存在。我們在第 3 章提供了繪製散佈圖的指令。（如果想知道更多關於線性及極端值的資訊，建議讀者可以參考入門程度的統計教科書。）

皮爾遜相關係數的假定

1. **觀察值獨立。**
    這個假定的意思為，每個參與者的分數應該與其他觀察者的分數無關（如果參與者聚在一起共同回答關於心理健康量表問題，就會違反這項假定）。如果這項獨立性假設遭到違反，那麼就不應使用這一相關係數。

2. **雙變數常態性。**
    這項假定指的是，每一個變數在母群中需為常態分配，而且對於其中一個變數的任一值來說，另一變數相對應這個值的分數應成常態分配。不過對於中等以上規模的樣本來說，大部分型態的非常態分配資料對於相關係數檢定的正確性之衝擊相當小。

在 SPSS 中執行皮爾遜相關係數步驟之摘要

I.　輸入及分析資料

1. 在 SPSS 中建立兩個變數。
2. 輸入資料。
3. 選擇**分析 > 相關 > 雙變數...**。
4. 移動這兩個變數到**變數**窗格。
5. 點擊**確定**。

II.　解讀結果

1. 檢查**相關**表格中的 *p* 值。
    *   如果 $p \leq .05$，則必須拒絕虛無假設。寫下結果指出兩變數間存在顯著（正或者負）

相關。

- 如果 $p > .05$，則不能拒絕虛無假設。寫下結果指出兩變數間沒有顯著相關。

練習

1.　一名學生想了解讀書時間（以分為單位）與某一測驗成績（量尺介於 0 到 100 之間）間的關係。圖 12.8 為 25 位學生讀書時間（**examprep**）及期末考試成績（**grade**）之資料。

examprep（以分為單位）	grade
450	90
65	50
120	75
240	82
100	55
490	85
200	79
400	83
55	60
40	48
280	74
180	96
365	85
200	63
290	77
200	82
105	80
460	89
300	55
450	92
365	95
80	55
185	75
180	81
300	87

圖 12.8　25 位參與者的資料。

輸入以上資料至 SPSS 中，並進行適當的分析以回答下列問題。請將變數分別命
名為 **examprep** 及 **grade**。

a.　寫出虛無假設及對立假設。

b.　為這些資料寫出研究問題。

c.　使用 SPSS 計算這兩個變數的相關係數，並說出相關係數值為多少。

d.　此一相關是否達顯著？請以 $\alpha = .05$ 進行檢定。

e.　效果量是多少？以小、中、大三個等級來描述此效果量。

f.　以適當的 APA 格式撰寫結果。

2.　一位研究者想調查婚姻滿意程度與移情理解程度（也就是一個人所具有同理心的程
度）間的關係。研究者自 25 對已婚夫婦中選取其中的一位（夫或者妻）調查他們婚
姻滿意程度與同理心層級。婚姻滿意度尺度之範圍介於 15 到 60 分之間，而同理心
尺度的範圍則介於 10 到 50 分之間（較高的分數分別表示較高的婚姻滿意度及同理
心層級）。資料存放在 Chapter 12 資料夾下，名為 *Chapter 12_Exercise 2.sav*（變數名
稱為 **maritalsatisfaction** 及 **empathy**），讀者可從 www.pearsonhighered.com/yockey 下
載。在 SPSS 中開啟資料檔，並進行適當的分析以回答下列問題。

a.　寫出虛無假設及對立假設。

b.　為這些資料寫出研究問題。

c.　使用 SPSS 計算這兩個變數的相關係數，並說出相關係數值為多少。

d.　此一相關是否達顯著？請以 $\alpha = .05$ 進行檢定。

e.　效果量是多少？以小、中、大三個等級來描述此效果量。

f.　以適當的 APA 格式撰寫結果。

3.　一位研究者想了解孩童 3 歲時花在閱讀的時間長度與他們二年級時英語技能測驗分
數間的關係。研究者蒐集 30 位學生 3 歲時所花閱讀時間（經由父母的敘述）與他們
的英語技能測驗成績（成績愈高分別表示花在閱讀的時間愈多及英語測驗表現愈
好）。資料存放在 Chapter 12 資料夾下，名為 *Chapter 12_Exercise 3.sav*（變數名稱為
readingtime 及 **examscores**），讀者可從 www.pearsonhighered.com/yockey 下載。在 SPSS
中開啟資料檔，並進行適當的分析以回答下列問題。

a.　寫出虛無假設及對立假設。

b.　為這些資料寫出研究問題。

c. 使用 SPSS 計算這兩個變數的相關係數，並說出相關係數值為多少。

d. 此一相關是否達顯著？請以 $\alpha = .05$ 進行檢定。

e. 效果量是多少？以小、中、大三個等級來描述此效果量。

f. 以適當的 APA 格式撰寫結果。

第 13 章 簡單線性迴歸

簡單線性迴歸使用於當我們需要利用一個變數的分數預測另一個變數的分數時。[1] 在迴歸分析中，被預測的變數稱為依變數或效標變數，而用來預測分數的變數稱為自變數或預測變數。接下來是線性迴歸的範例。

範例

在一個研究計畫中，一名學生想檢驗社會支持程度（一個人可以向其他人尋求協助的程度）是否能預測大學生的心理健康程度。研究者向 25 名同意參加這項研究的學生分別測量了他們的社會支持程度及他們的心理健康程度。社會支持度可能反應的分數範圍介於 8 到 40 分之間，而心理健康程度分數之範圍則介於 10 到 70 分之間，分數愈高，社會支持度及心理健康程度愈高。

簡單迴歸分析的目的及資料要求

簡單線性迴歸		
目的	資料要求	範例
使用自變數的分數來預測依變數分數。	依變數 ·連續的 自變數 ·連續的 [2]	依變數 ·心理健康程度 自變數 ·社會支持度

虛無及對立假設

虛無假設在這裡假定社會支持度不能預測心理健康程度。為了要評估這項假定，首先我們必須先建立一個迴歸方程式（稍後我們會介紹這個方程式），並且檢定一個名為 beta 加權的迴歸係數是否顯著地不等於 0。Beta 加權係數顯著不等於 0 表示自變數能顯著地預測依變數。迴歸係數我們以希臘字母 β 或是 beta 表示。

虛無假設在這裡假定 beta 加權值等於 0：

H_0： $\beta_{社會支持} = 0$ （社會支持度的 beta 加權等於 0；社會支持度不能預測心理健康程度）

對立假設則假定 beta 加權值不等於 0：

H_1： $\beta_{社會支持} \neq 0$ （社會支持度的 beta 加權不等於 0；社會支持度可以預測心理健康程度）

評定虛無假設

SPSS 中的線性迴歸分析方法協助我們檢定虛無假設（社會支持度不能預測心理健康程度）。在虛無假設為真的情形下，假使檢定顯示獲得此結果的可能性很小（發生的次數小於 5%），就應拒絕虛無假設。反之，在虛無假設為真的情形下，顯示獲得此檢定結果的可能性很大（發生的次數大於 5%），就不能拒絕虛無假設。

研究問題

進行研究時，可以將我們所感興趣的基本問題以研究問題方式呈現，如：

「社會支持度能否預測大學生的心理健康程度？」

資料

圖 13.1 為 25 位參與者的社會支持度及心理健康程度的分數。

參與者	社會支持度	心理健康程度	參與者	社會支持度	心理健康程度
1	20	32	14	35	66
2	38	65	15	32	25
3	35	60	16	34	52
4	30	56	17	35	70
5	12	25	18	28	51
6	31	25	19	17	32
7	18	65	20	24	42
8	28	56	21	31	25
9	14	23	22	16	61
10	24	42	23	32	52
11	34	60	24	19	26
12	28	51	25	25	41
13	32	58			

圖 13.1　多元迴歸分析範例資料。(**注**：包含參與者變數是為了說明之用，不需要輸入到 SPSS 中。)

在 SPSS 中輸入及分析資料

步驟 1 及步驟 2 說明如何在 SPSS 中輸入資料。這份資料也存放在 Chapter 13 資料夾下，名為 *well being.sav*，讀者可從 www.pearsonhighered.com/yockey 下載。如果你比較想從電腦中開啟該資料檔案，則請直接閱讀步驟 3。

步驟 1：建立變數

1. 開啟 SPSS。
2. 點擊**變數檢視**標籤。

我們將於 SPSS 中建立兩個變數，一個為社會支持度變數，一個為心理健康程度變數。我

們將這兩個變數分別命名為 **support** 和 **wellbeing**。

3. 在**變數檢視**視窗的前兩列輸入變數名稱 **support** 和 **wellbeing**（詳見圖 13.2）。

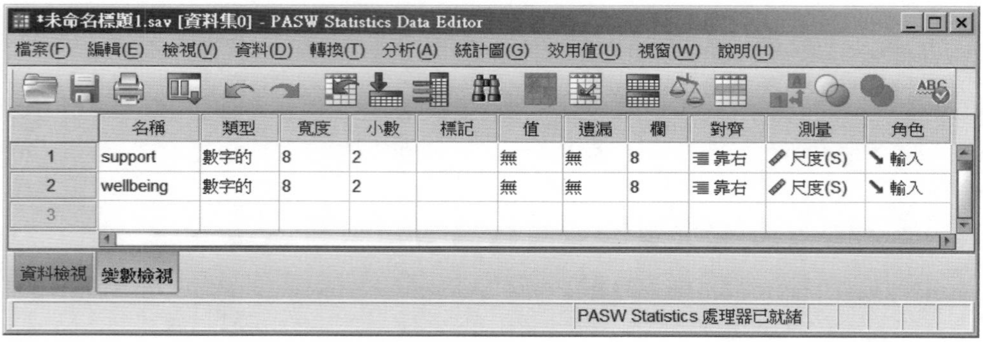

圖 13.2　在**變數檢視**視窗中已輸入變數名稱 support 及 wellbeing。

步驟 2：輸入資料

1. 點擊**資料檢視**標籤。這時 **support** 變數及 **wellbeing** 變數將會出現於**資料檢視**視窗前面兩欄。

2. 對照圖 13.1 為兩個變數分別輸入每一個參與者的分數。對於第一位參與者，我們分別輸入其 **support** 及 **wellbeing** 分數：*20* 及 *32*。請依照這種方法輸入所有 25 位參與者的資料。輸入完成後的資料檔呈現於圖 13.3。

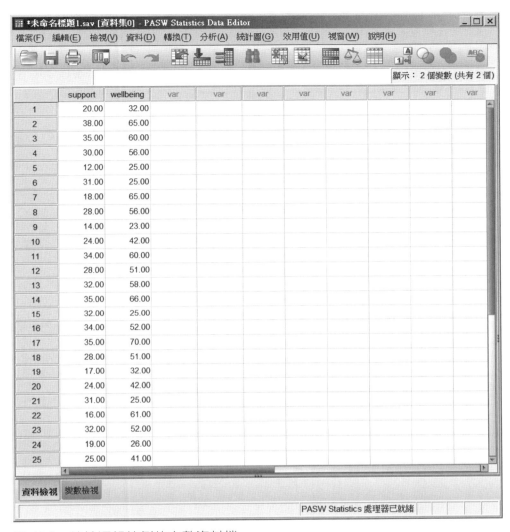

圖 13.3　線性迴歸範例的完整資料檔。

步驟 3：分析資料

1.　從選單列選擇**分析 > 迴歸 > 線性...**（見第 246 頁圖 13.4）。

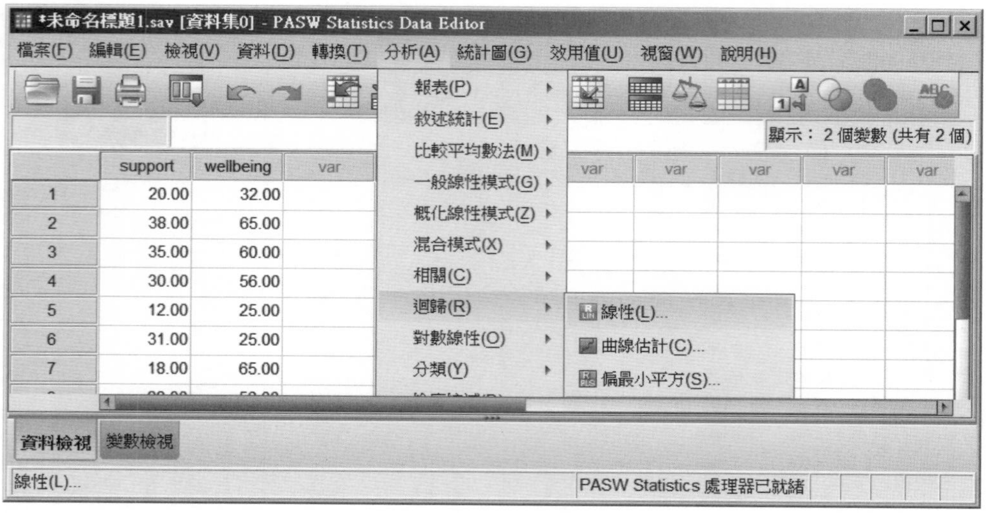

圖 13.4 **線性迴歸**程序的選單指令。

這時會出現**線性迴歸**的對話窗，並且 **support** 及 **wellbeing** 兩個變數會出現在左邊的對話窗格中（見圖 13.5）。

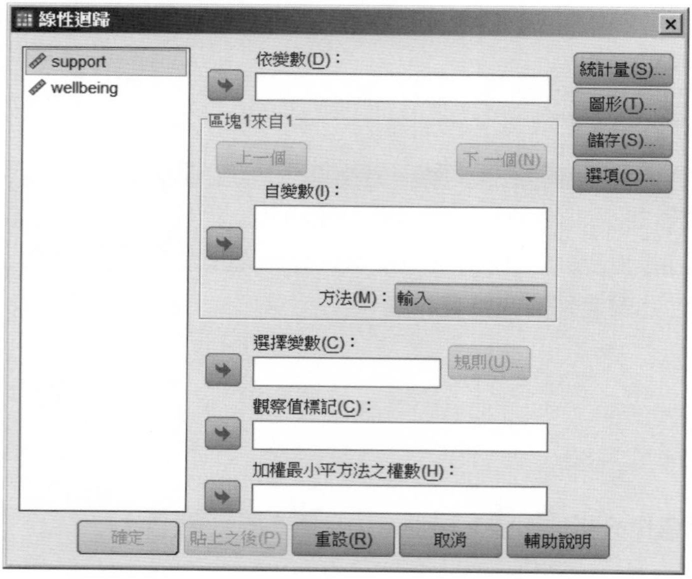

圖 13.5 **線性迴歸**對話窗。

2. 選取 **wellbeing** 變數，並點擊上面的向右箭頭按鈕（ ▶ ）將它移至**依變數**窗格。

3.　選取 **support** 變數，再點擊上面第二個向右箭頭按鈕（ ⬅ ）將它移至**自變數**窗格（見圖 13.6）。

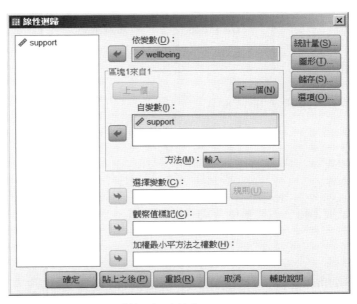

圖 13.6　**線性迴歸**對話窗（續）。

4.　點擊**統計量**按鈕。接著選取**描述性統計量**（**模式適合度**應該已經被選取）。詳見圖 13.7。

圖 13.7　**線性迴歸：統計量**對話窗。

5.　點擊**繼續**。

6.　點擊**確定**。

這時 SPSS 會執行線性迴歸，並且將結果呈現於**瀏覽器**視窗中。

步驟 4：解讀結果

線性迴歸分析之結果呈現於圖 13.8 中。

敘述統計

敘述統計表格呈現了每一個變數的平均數、標準差，及樣本數。

相關

相關表格呈現 **wellbeing**（心理健康）變數與 **support**（社會支持）變數間的相關。兩個變數間的相關係數等於 .490，而單尾 p 值等於 .0064〔SPSS 取值四捨五入到小數點以下第三位，因此在這裡所顯示的值等於 .006；將 .0064 乘以 2 可得雙尾檢定的 p 值等於 .013（於捨入誤差範圍內）〕。不管是從單尾檢定（.006 < .05）或是雙尾檢定（.013 < .05）來看，兩變數間的相關都達顯著。在簡單線性迴歸分析中，如果（雙尾）相關達顯著，那麼迴歸分析也會達顯著。

選入／刪除的變數

選入／刪除的變數表格顯示我們用來預測心理健康分數（**wellbeing**）的變數（**support**）。

模式摘要

模式摘要表格提供我們 R、R^2（R 平方）、調過後的 R 平方，及估計的標準誤等資訊。前面三個值測量心理健康程度能被社會支持度預測的程度，而最後一個值則測量心理健康程度不能被社會支持度預測的程度。接下來我們將分別對這些值進行討論。

迴歸

敘述統計

	平均數	標準差	個數
wellbeing	46.4400	15.70318	25
support	26.8800	7.52950	25

相關

		wellbeing	support
Pearson 相關	wellbeing	1.000	.490
	support	.490	1.000
顯著性(單尾)	wellbeing	.	.006
	support	.006	.
個數	wellbeing	25	25
	support	25	25

心理健康程度與社會支持度兩變數間之皮爾遜相關係數。

選入/刪除的變數[b]

模式	選入的變數	刪除的變數	方法
1	support[a]	.	選入

a. 所有要求的變數已輸入。

b. 依變數：wellbeing

模式摘要

模式	R	R 平方	調過後的 R 平方	估計的標準誤
1	.490[a]	.240	.207	13.98053

a. 預測變數：(常數), support

R^2 值等於 .24，表示社會支持度變數可以解釋心理健康程度變數的 24% 變異。

Anova[b]

模式		平方和	df	平均平方和	F	顯著性
1	迴歸	1422.692	1	1422.692	7.279	.013[a]
	殘差	4495.468	23	195.455		
	總數	5918.160	24			

a. 預測變數：(常數), support

b. 依變數：wellbeing

ANOVA 及**係數**兩個表格都提供我們在簡單迴歸分析裡檢定相同虛無假設所需的資料（也就是檢定 support 變數是否能預測 wellbeing 變數的分數）。因為 p 值小於 .05，support 變數能顯著預測 wellbeing 變數（請注意，這兩個表格的 p 值相等）。

係數[a]

模式		未標準化係數		標準化係數	t	顯著性
		B	標準誤差	Beta		
1	(常數)	18.954	10.565		1.794	.086
	support	1.023	.379	.490	2.698	.013

a. 依變數：wellbeing

圖 13.8　線性迴歸分析之結果。

第一個數值 R 為多元相關係數，在簡單迴歸的情況下，這個係數等於社會支持度變數與心理健康程度變數間皮爾遜相關係數之絕對值（R 的範圍介於 0 與 1 之間）。第二個值為 R^2，它為之前所提到的 R 值的平方（$.490^2 = .24$），如果乘以 100%的話，可以解讀為多少百分比的依變數變異數可以被自變數所解釋。以這個例子來說，社會支持度變數可以解釋心理健康程度變數 24%（$.24 * 100\%$）的變異。調整過後的 R 平方值目的在修正 R^2 值，以使其能更接近母群的值（樣本的 R^2 值會有高估母群 R^2 值的可能）。最後的估計標準誤值標示出依變數**不能**被自變數預測的程度。這裡的值 13.98 表示當我們使用社會支持度變數來預測心理健康程度變數時，所使用來預測心理健康程度分數的迴歸方程式會有 13.98 分的平均誤差。

ANOVA

下一個表格 *ANOVA* 檢定社會支持度變數是否能顯著地預測心理健康程度分數。這一個檢定使用之前我們於第 8 章所討論到的變異數分析（ANOVA）方法。在簡單迴歸分析裡，在 *ANOVA* 表格中，p 值小於 .05 意味著自變數為依變數的顯著預測變數。在這個例子裡，由於 p 值為 .013，這一個值小於 .05，顯示社會支持度變數為心理健康程度變數的顯著預測變數。

係數

最後一個表格為**係數**表格，這個表格提供我們建立迴歸方程式及檢定社會支持度變數是否為心理健康程度顯著預測變數的必要資訊。（由於之前 *ANVOA* 表格的資訊已經指出社會支持度變數為心理健康程度變數的顯著預測變數，因此**係數**表格對於簡單迴歸分析預測變數的檢定為重複的資訊。）[3]

接下來，我們先討論迴歸方程式，接著再討論社會支持度的檢定。

在線性迴歸分析中的迴歸方程式是以以下形式建立

$$\hat{Y} = a + bX$$

這裡

$\hat{Y}$ = 依變數的預測分數。在我們的例子裡，$\hat{Y}$ 對應被預測的心理健康程度分數。

a = Y 截距；也就是 $X = 0$ 時的 $\hat{Y}$ 值。

b = 迴歸線的斜率。

X = 每一位參與者自變數的分數。在我們的例子裡，X 對應到社會支持度分數。

　　迴歸方程式裡的 a 值（Y 截距）及 b 值（斜率）可以在**係數**表格**未標準化係數**欄中之"B" 找到。在**係數**表格中，Y 截距的值為 18.954，而斜率的值為 1.023。代入上述值到迴歸方程式 的公式中可得以下用來預測心理健康程度分數的方程式：

$$\hat{Y}_{心理健康} = 18.954 + 1.023（社會支持）$$

　　以上為基於 25 位大學生的資料所建立的迴歸方程式。給定一個社會支持度變數的分數， 我們可以預測它所對應的心理健康程度分數。舉例來說，在我們例子裡，前兩名參與者的社 會支持度分數分別為 20 及 38。將這兩個分數帶入上述方程式中，可得以下心理健康程度之預 測分數：

第一位參與者心理健康程度預測值

$$\hat{Y}_{心理健康} = 18.954 + 1.023(20)$$

$$\hat{Y}_{心理健康} = 39.41$$

第二位參與者心理健康程度預測值

$$\hat{Y}_{心理健康} = 18.954 + 1.023(38)$$

$$\hat{Y}_{心理健康} = 57.83$$

　　在資料集中可以看到每一位參與者的預測分數。[4]預測分數幾乎都會有一些誤差（它們與 真正分數會有差距）；R 值愈大，預測分數會愈靠近真實分數，當 R 值等於 1 時，我們能完美 地預測每一位參與者的分數。

檢定社會支持度變數的顯著性

係數表格也提供了社會支持度變數的檢定。在這個表格的最後兩欄可以看到社會支持度變數檢定結果的 t 值及 p 值。社會支持度變數檢定結果得出 t 值等於 2.698，相對應的 p 值等於 .013。因為這裡的 p 值小於 .05，所以關於 beta 加權係數等於 0 的虛無假設必須被拒絕，並且做出社會支持度變數為心理健康程度變數顯著預測變數的結論。請注意，係數表格中關於社會支持度（**support**）的 p 值（.013）與 *ANOVA* 表格中之 p 值（.013）相等。如我們之前所提過的，這兩個 p 值之所以相同的原因在於，在簡單迴歸分析中它們檢定相同的虛無假設，也就是檢定社會支持度變數是否為心理健康程度變數的顯著預測變數。

未標準化係數欄的訊息被使用來預測分數，標準化係數欄的數值則將會出現在結果報告中。標準化係數就是所謂的 beta 加權係數，它相等於預測變數及效標變數都轉化為標準分數（z 分數）下的迴歸係數（也就是說，把兩個變數都標準化成平均數為 0，而標準差等於 1 的變數）。[5] 在這裡，標準化係數欄的 beta 值等於 .490，這個值相等於之前相關表格中兩變數的皮爾遜相關係數（在簡單迴歸裡，beta 會永遠等於皮爾遜相關係數）。

在簡單迴歸分析中，我們通常對於係數表格中之常數項的檢定不感興趣，這項檢定的目的在於檢定 Y 截距的值是否顯著地不等於 0。在例子裡，常數值（18.954）並沒有顯著地不等於 0，因為它檢定結果的 p 值（.086）大於 .05。

效果量

簡單迴歸分析常用的效果量測量方式為 R^2。根據 Cohen（1988）的說法，在簡單迴歸分析中，.01、.09，及 .24 的 R^2 值分別對應到小、中、大三種效果量。這個範例中，我們所得到的 R^2 為 .24，這 R^2 值表示有著 24% 的心理健康程度變數變異可由社會支持度變數解釋，且屬於大的效果量。

以 APA 格式陳述結果

在撰寫結果報告時，應該要包含標準化迴歸係數、預測變數的檢定結果（社會支持度）及 R^2 值。下面是以 APA 格式撰寫的簡短範例。

撰寫結果

我們進行了一項迴歸分析，在其中，心理健康程度為效標變數，而社會支持度為預測變數。檢定結果顯示社會支持度對心理健康程度變數而言，為一顯著之預測變數，$\beta = .49$, $t(23) = 27.0$, $p < .05$，並且能解釋 24%（$R^2 = .24$）的心理健康程度變數分數的變異。〔**注**：在簡單迴歸分析中，自由度等於 $N-2$，這裡 N 等於研究中分數**對**的個數。在我們的例子裡，$N = 25$；所以自由度（df）等於 23。〕

簡單迴歸分析的假定

1. **觀察值獨立。**
   獨立性假定的意義為每一參與者所得分數應與其他參與者分數無關（舉例來說，參與者聚集在一起共同回答心理健康量表問題就違反這項假定）。違反這項假定會嚴重地傷害使用迴歸分析進行統計檢定的準確性。如果我們有理由相信我們違反了這項假定，那麼我們就不應於我們的研究中使用線性迴歸方法。

2. **雙變數常態性。**
   這項假定的意思為每一個變數在母群中應為常態分配，以及對任一個變數的分數而言，另一個變數所對應的分數應成常態分配。對於中等規模以上的樣本來說，大部分型態的非常態性資料對於迴歸分析準確度的影響並不大。

3. **等分散性。**
   等分散性假定的意思為自變數每一水準所對應的依變數之變異數在母群中應該相等。不過，若是違反這項假定的情況並不是很嚴重（中等程度以下），在迴歸分析中一般來說是可以被容忍的。

在 SPSS 中執行簡單線性迴歸分析步驟之摘要

I. 輸入及分析資料

1. 在 SPSS 中建立兩個變數，一個為自變數，一個為依變數。

2. 輸入資料。

3. 選擇**分析＞迴歸＞線性…**。

4. 分別移動自變數及依變數到各自窗格中。

5. 點擊**統計量**。點選**描述性統計量**（**模式適合度**應該已經被選取）。點擊**繼續**。

6. 點擊**確定**。

II. 解讀結果

1. 在本章前面我們已描述了所有的表格（**敘述統計、相關、選入／刪除的變數、模式摘要、ANOVA** 及**係數**等表格）。在摘要部分，我們將只對**模式摘要**及**係數**兩表格進行描述。

   - 從**模式摘要**表格記錄 R^2 值。
   - 檢查**係數**表格（或者 ANOVA 表格，因為這兩個檢定在簡單迴歸分析相等）中預測變數的 p 值。
   - 如果預測變數達顯著（ $p \leq .05$ ），我們必須拒絕虛無假設。寫下結果指出自變數為依變數的顯著預測變數。
   - 如果預測變數未達顯著（ $p > .05$ ），那麼我們就不能拒絕虛無假設。寫下結果指出自變數不是依變數的顯著預測變數。

練習

1. 一位研究者想了解父親的樂觀程度是否可以拿來預測兒子青年時期的樂觀程度。研究者對於 20 對同意參與這項研究的父子測量了他們目前的樂觀程度（量尺分數的範圍介於 10 到 50 分之間，分數愈高表示樂觀程度愈高）。相關資料呈現於圖 13.9 中。

父親	兒子
40	45
30	35
25	20
29	35
20	22
25	35
46	48
49	39
46	49
23	38
46	35
26	28
16	19
29	45
46	31
49	41
37	31
31	36
42	45
43	48

圖 13.9　20 對父子的

樂觀分數。

輸入資料到 SPSS 中，並進行適當的統計分析以回答下列問題。請分別將變數命名為 **father** 及 **son**。

a.　寫出虛無假設及對立假設。

b.　為這些資料寫出研究問題。

c.　預測變數是否達顯著？請以 $\alpha = .05$ 進行檢定。

d.　效果量是多少？以小、中、大三個等級來描述此效果量。

e.　為這些資料寫下迴歸方程式。

f.　以適當的 APA 格式撰寫結果。

2.　一個學區的職員想知道七年級數學技能入學測驗的成績能否預測學生七年級的數學成績（期末成績）。他總共獲得了 30 位七年級學生的入學考試成績及他們的數學期末成績。入學考試成績的可能範圍介於 20 到 100 分之間，而數學期末成績的範圍則

介於 0 到 100 分之間（分數愈高表示在兩種測驗的表現愈佳）。資料存放在 Chapter 13 資料夾下，名為 *Chapter 13_Exercise 2.sav*（變數名稱為 **mathexam** 及 **grade**），讀者可從 www.pearsonhighered.com/yockey 下載。在 SPSS 中開啟資料檔，並進行適當的分析以回答下列問題。

a.　寫出虛無假設及對立假設。

b.　為這些資料寫出研究問題。

c.　預測變數是否達顯著？請以 $\alpha = .05$ 進行檢定。

d.　效果量是多少？以小、中、大三個等級來描述此效果量。

e.　為這些資料寫下迴歸方程式。

f.　以適當的 APA 格式撰寫結果。

3.　一位工業心理學家想了解隨和程度（受到喜愛、友善，及易與他人相處）是否能預測在工作上的成功機會。研究者選取 25 位雇員測量他們的隨和程度（所用量尺的分數範圍介於 7 到 35 分之間，分數愈高表示隨和程度愈高）。在完成以上測量之後，研究者接著詢問其上司對這位雇員的滿意度（滿意度分數介於 0 到 10 之間，分數愈高表示滿意度愈高）。資料存放在 Chapter 13 資料夾下，名為 *Chapter 13_Exercise 3.sav*（變數名稱為 **agreeableness** 及 **satisfaction**），讀者可從 www.pearsonhighered.com/yockey 下載。在 SPSS 中開啟資料檔，並進行適當的分析以回答下列問題。

a.　寫出虛無假設及對立假設。

b.　為這些資料寫出研究問題。

c.　預測變數是否達顯著？請以 $\alpha = .05$ 進行檢定。

d.　效果量是多少？以小、中、大三個等級來描述此效果量。

e.　為這些資料寫下迴歸方程式。

f.　以適當的 APA 格式撰寫結果。

第 14 章　　多元線性迴歸

多元線性迴歸的目的在於使用**兩個或更多個**不同變數對一個變數進行預測。[1]在多元迴歸中要被預測的變數稱為依變數或效標變數,而用來預測依變數的變數稱為自變數或預測變數。接下來是多元線性迴歸的範例。

範例

為了完成研究方法課程中的計畫,一個學生想要研究與他人的關聯性、樂觀,及學業有成是否能預測大學生的生命意義感。有 30 個學生願意參與這項研究,且接受了四項評量,說明如第 258 頁圖 14.1。

多元迴歸的目的及資料要求

多元線性迴歸

目的	資料要求	範例
使用兩個以上自變數的分數來預測一個依變數的分數。	依變數 ・連續的 自變數 ・連續的或類別的[2]	依變數 ・生命意義感 自變數 ・樂觀 ・關聯性 ・學業有成

量表	測量什麼	量尺範圍
生命意義感 （**meaning**）	個人目前在生命中發現到意義的程度。	10-70；高分表示有高的生命意義感。
關聯性 （**connect**）	個人自覺與他人關聯的情形；個人可能向他人尋求支持的程度。	8-40；高分表示知覺他人較多的支持。
樂觀 （**optimism**）	個人對生命樂觀的程度。	10-50；高分表示較樂觀。
學業有成 （**success**）	個人在生命中達到學業成功的程度。	5-25；高分表示學業愈有成。

圖 14.1　在多元迴歸範例中使用之測量的描述。

虛無及對立假設

在多元迴歸中，每個預測（自）變數有個別的虛無及對立假設。建立迴歸方程式後（方程式將在後面說明），必須檢定每個預測變數的加權係數（稱為 beta 加權）是否顯著不等於 0。Beta 加權顯著不等於 0，表示該自變數是依變數的顯著預測變數。迴歸係數的母群符號以希臘字母 β 或 beta 表示。

每個預測變數的虛無假設是 beta 加權等於 0：

$H_0：\beta_{關聯性} = 0$　　　(H.1)　　　（關聯性的 beta 加權等於 0；關聯性不能預測生命意義感。）

$H_0：\beta_{樂觀} = 0$　　　(H.2)　　　（樂觀的 beta 加權等於 0；樂觀不能預測生命意義感。）

$H_0：\beta_{學業有成} = 0$　　　(H.3)　　　（學業有成的 beta 加權等於 0；學業有成不能預測生命意義感。）

每個預測變數的對立假設是 beta 加權不等於 0：

H_1：$\beta_{關聯性} \neq 0$　　　　（關聯性的 beta 加權不等於 0；關聯性能預測生命意義感。）

H_1：$\beta_{樂觀} \neq 0$　　　　　（樂觀的 beta 加權不等於 0；樂觀能預測生命意義感。）

H_1：$\beta_{學業有成} \neq 0$　　　（學業有成的 beta 加權不等於 0；學業有成能預測生命意義感。）

　　除了檢定個別預測變數是否顯著外，多元迴歸的另一個假設為迴歸方程式（包含所有預測變數的情形下），是否能顯著預測依變數。如果迴歸方程式顯著，則預測變數（聯合）解釋了生命意義感分數變異中重要的比例（也就是它們可以預測生命意義感）。解釋變異比例的測量以 R^2 表示（範圍從 0 到 1），當 $R^2 = 0$，表示預測變數沒有解釋生命意義感任何變異，而 $R^2 = 1$，表示預測變數解釋所有變異（在實務上，R^2 通常介於 0 到 1 之間）。

　　虛無假設是，在母群中所有預測變數（聯合）並未解釋生命意義感分數任何變異（也就是它們不能預測生命意義感）。

$$H_0：R^2 = 0 \qquad\qquad\qquad\qquad (H.4)$$

　　對立假設是，在母群中所有預測變數（聯合）解釋了生命意義感分數的變異（也就是它們可以預測生命意義感）。

$$H_1：R^2 > 0$$

評定虛無假設

　　在 SPSS 中的多元迴歸程序提供了個別的預測變數（假設 H.1、H.2，及 H.3）及它們聯合（假設 H.4）無法預測生命意義感之虛無假設的檢定。在虛無假設為真的情形下，假使對特定的檢定顯示獲得此結果的可能性很小（發生的次數小於 5%），就應拒絕虛無假設。反之，在虛無假設為真的情形下，顯示獲得此檢定結果的可能性很大（發生的次數大於 5%），就不能拒絕虛無假設。

研究問題

研究中感到興趣的基本問題，也可以用下列形式的研究問題陳述，

個別預測變數（假設 H.1、H.2，及 H.3）

「關聯性是否可以預測生命意義感？」

「樂觀是否可以預測生命意義感？」

「學業有成是否可以預測生命意義感？」

所有預測變數（假設 H.4）

「當聯合在一起時，關聯性、樂觀，及學業有成是否可以預測生命意義感？」

資料

圖 14.2 是 30 位參與者在生命意義感（**meaning**）、關聯性（**connect**）、樂觀（**optimism**），及學業有成（**success**）的分數。

參與者	意義感	關聯性	樂觀	學業有成	參與者	意義感	關聯性	樂觀	學業有成
1	34	25	14	12	16	54	36	29	18
2	62	41	35	20	17	68	37	42	22
3	54	38	40	18	18	53	29	46	15
4	59	36	35	17	19	33	20	23	14
5	28	18	32	15	20	45	21	27	11
6	31	28	15	18	21	25	29	32	7
7	64	25	35	22	22	61	38	39	22
8	57	22	45	24	23	53	21	30	17
9	26	19	32	21	24	22	21	18	11
10	44	27	23	12	25	40	25	30	16
11	62	31	47	17	26	50	25	41	18
12	54	25	50	20	27	32	16	17	12
13	59	24	35	14	28	55	30	34	21
14	68	28	31	16	29	35	19	22	7
15	36	31	17	19	30	52	21	42	13

圖 14.2　多元迴歸範例資料。（**注**：包含參與者變數是為了說明之用，不需要輸入到 SPSS 中。）

在 SPSS 中輸入及分析資料

步驟 1 及步驟 2 說明如何在 SPSS 中輸入資料。這份資料也存放在 Chapter 14 資料夾下，名為 *meaning in life.sav*，讀者可從 www.pearsonhighered.com/yockey 下載。如果你比較想從電腦中開啟該資料檔案，則請直接閱讀步驟 3。

步驟 1：建立變數

1.　啟動 SPSS。
2.　點擊**變數檢視**標籤。

我們將在 SPSS 中，建立四個變數，其中一個是效標變數（生命意義感），預測變數各一個（關聯性、樂觀，及學業有成）。變數名稱分別命名為 **meaning**、**connect**、**optimism**，及 **success**。

3.　在**變數檢視**視窗的前四列分別輸入 **meaning**、**connect**、**optimism**，及 **success** 變數名稱（見圖 14.3）。

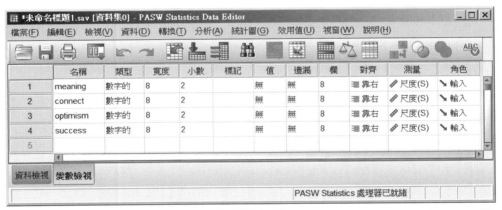

圖 14.3　在**變數檢視**視窗中已輸入變數名稱 meaning、connect、optimism，及 success。

步驟 2：輸入資料

1.　點擊**資料檢視**標籤。在**資料檢視**視窗的前四欄分別顯示 **meaning**、**connect**、**optimism**，及 **success** 變數。

2. 對照圖 14.2，依序輸入每個參與者在四個變數的數值。第一個參與者，**meaning**、**connect**、**optimism**，及 **success** 變數中分別輸入 *34*、*25*、*14*，及 *12*。依此方法，輸入 30 個參與者的所有資料。完成的資料檔顯示如圖 14.4。

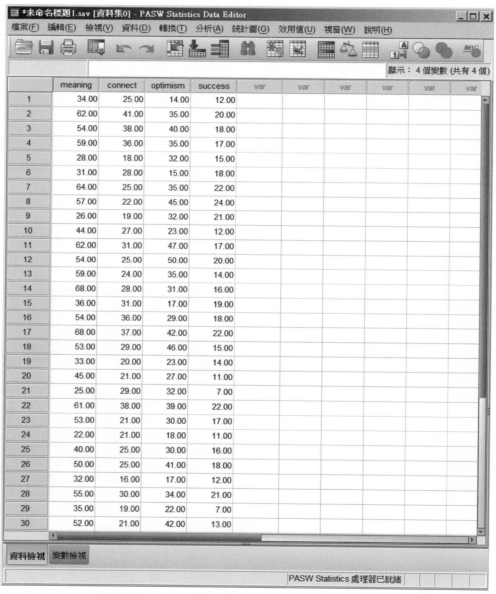

圖 14.4　多元迴歸範例的完整資料檔。

步驟 3：分析資料

1. 從選單列選擇**分析＞迴歸＞線性...**（見圖 14.5）。

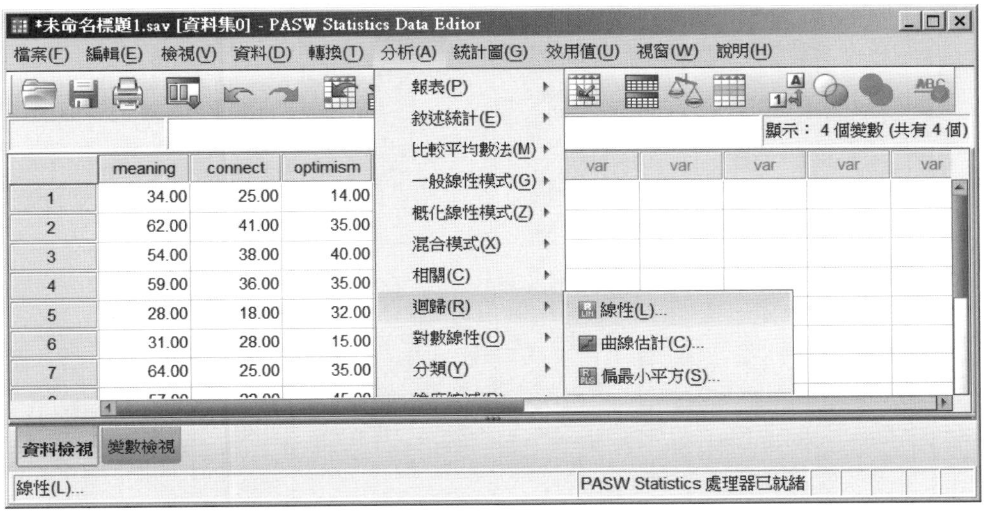

圖 14.5　**多元迴歸**程序的選單指令。

此時會出現**線性迴歸**對話窗，同時 **meaning**、**connect**、**optimism**，及 **success** 的變數名稱也會出現在對話窗左邊（見圖 14.6）。

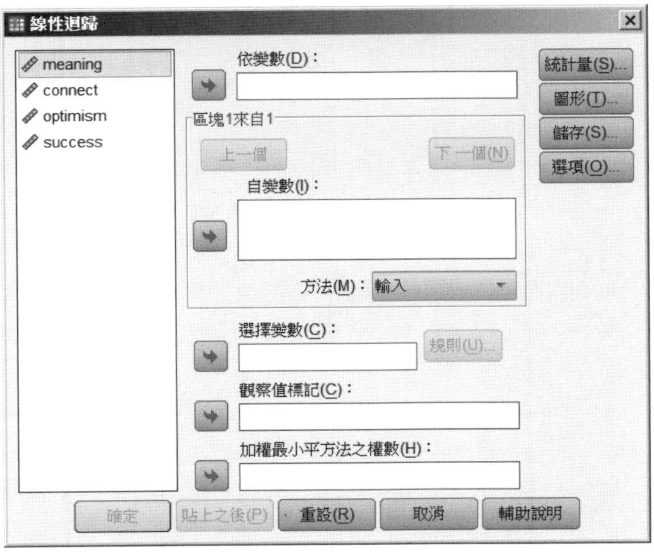

圖 14.6　**線性迴歸**對話窗。

2. 選擇依變數（**meaning**），點擊上面的向右箭頭按鈕（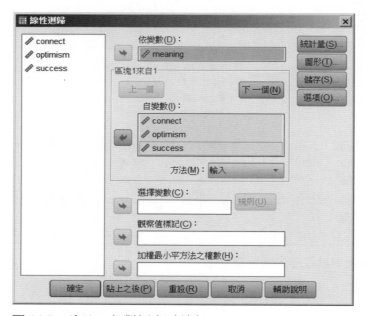）將它移到**依變數**窗格中。

3. 按住 *Ctrl* 鍵不放，選取自變數 **connect**、**optimism**，及 **success**，點擊第二個向右箭頭按鈕（）將它們移到**自變數**窗格中。詳見圖 14.7。

圖 14.7　**線性迴歸**對話窗（續）。

4. 點擊**統計量**按鈕，此時會開啟**線性迴歸：統計量**對話窗。選擇**描述性統計量**（**估計值**及**模式適合度**應已被勾選）。詳見圖 14.8。

圖 14.8　**線性迴歸：統計量**對話窗。

5.　點擊**繼續**。

6.　點擊**確定**。

在 SPSS 執行多元迴歸程序後，輸出結果會出現在**瀏覽器**視窗。

步驟 4：解讀結果

多元迴歸的結果顯示於圖 14.9。

迴歸

敘述統計

	平均數	標準差	個數
meaning	47.2000	13.90212	30
connect	26.8667	6.76570	30
optimism	31.9333	10.02044	30
success	16.3000	4.38768	30

圖 14.9　多元迴歸的輸出結果。

相關

		meaning	connect	optimism	success
Pearson 相關	meaning	1.000	.561	.663	.555
	connect	.561	1.000	.307	.425
	optimism	.663	.307	1.000	.474
	success	.555	.425	.474	1.000
顯著性(單尾)	meaning	.	.001	.000	.001
	connect	.001	.	.050	.010
	optimism	.000	.050	.	.004
	success	.001	.010	.004	.
個數	meaning	30	30	30	30
	connect	30	30	30	30
	optimism	30	30	30	30
	success	30	30	30	30

> 預測變數及效標變數（生命意義感）的相關。

選入/刪除的變數[b]

模式	選入的變數	刪除的變數	方法
1	success, connect, optimism[a]	.	選入

a. 所有要求的變數已輸入。

b. 依變數：meaning

模式摘要

模式	R	R 平方	調過後的 R 平方	估計的標準誤
1	.778[a]	.606	.560	9.22060

a. 預測變數：(常數)，success, connect, optimism

> 預測變數解釋了生命意義感分數 61%的變異量。

Anova[b]

模式		平方和	df	平均平方和	F	顯著性
1	迴歸	3394.295	3	1131.432	13.308	.000[a]
	殘差	2210.505	26	85.019		
	總數	5604.800	29			

a. 預測變數：(常數)，success, connect, optimism

b. 依變數：meaning

> 由於 p 值小於 .05，整體迴歸模式（包含所有預測變數）是顯著的。預測變數聯合解釋生命意義感分數顯著的變異量。

圖 14.9 多元迴歸的輸出結果。（續）

係數[a]

模式		未標準化係數		標準化係數	t	顯著性
		B	標準誤差	Beta		
1	(常數)	-1.971	8.281		-.238	.814
	connect	.691	.282	.336	2.449	.021
	optimism	.653	.196	.470	3.334	.003
	success	.599	.470	.189	1.274	.214

a. 依變數：meaning

> 由於 **connect** 及 **optimism** 的 p 值小於 .05，它們都可以 **單獨** 解釋生命意義感分數顯著的變異量。

圖 14.9　多元迴歸的輸出結果。（續）

描述統計

描述統計表格列出了每個變數的平均數、標準差，及樣本數。

相關

相關表格顯示了在本研究中所有變數的雙變數相關（也就是兩個變數之間的相關）（對相關的複習，請見第 12 章）。理想的情形下，每個預測變數與效標變數要有中到高度的相關（高相關會有較佳的預測力），而所有的預測變數間不可以有太高的相關（預測變數間相關較低，可以讓它們在預測依變數時，有比較獨特的貢獻）。[3] 在這裡**相關**表格顯示所有預測變數與效標變數有顯著相關（所有 p 值都小於 .05），**meaning** 及 **optimism** 間的相關最高（.66），**meaning** 及 **success** 間的相關最低（.56）。預測變數間有中度的相關，係數在 .31 到 .47 之間。

選入／刪除的變數

選入／刪除的變數表格摘要用來預測生命意義感的變數。所有預測變數（**success**、**connect**，及 **optimism**）都出現在**選入的變數**窗格中。表格下有註解「所有要求的變數已輸入」，表示所有預測變數同時包含在迴歸模式中。另一種替代方式是允許一些變數先進入迴歸模式，其次再進入其他變數，依此類推。一般最常用此種程序的是階層迴歸，它允許研究者依自己界定的順序投入預測變數。在階層迴歸中，一個或多個預測變數是「第一波」用來預測效標變數，另外的一或多個預測變數是「第二波」，依此類推。[4]

模式摘要

模式摘要表格顯示 R、R^2（R 平方）、調過後的 R 平方，及估計的標準誤。前三個數值表示生命意義感被三個自變數預測的程度，最後一個值則是生命意義感**不能**被三個自變數預測的程度。每個數值將在後面說明。

第一個值（R）稱為多元相關係數，它是原始的生命意義感分數與使用迴歸分析所得預測生命意義感分數之相關係數的絕對值（R 從 0 到 1）。第二個值（R^2）是 R 值的平方（$.778^2 \approx .61$），當乘上 100%，就是自變數可以解釋依變數總變異量的百分比。在這個例子中，**connect**、**optimism**，及 **success** 解釋生命意義感分數變異量的 61%（.61*100%）。調過後的 R^2 對 R^2 加以修正，以便對母群之數值有較佳的估計（以樣本計算的 R^2 會高估母群之數值）。最後，估計的標準誤表示生命意義感**不能**被三個自變數預測的程度。9.2206 表示當使用變數 **connect**、**optimism**，及 **success** 預測生命意義感時，迴歸模式平均誤差為 9.22 個單位。

ANOVA——整體迴歸顯著性之檢定

下一個表格〔*ANOVA*（**變異數分析**）〕在檢定所有預測變數都包含時，迴歸模式是否可以顯著預測生命意義感（此與檢定 R^2 是否顯著大於 0 類似）。此檢定是使用第 8 章所說的變異數分析（ANOVA）來進行。在 *ANOVA* 表格中，p 值小於或等於 .05 表示在所有預測變數都包含在迴歸模式時，可以顯著地預測生命意義感分數。由於 p 值是 .000（應讀成「小於 .001」），小於 .05，應拒絕 $R^2 = 0$ 的虛無假設，因此推斷迴歸模式（包含三個預測變數）可以顯著預測生命意義感。

係數——個別預測變數之顯著性檢定

最後一個表格（**係數**）提供建構迴歸方程式所需的值及個別預測變數之顯著性檢定。

首先要說明迴歸方程式，接著檢定 **connect**、**optimism**，及 **success** 是否為生命意義感的顯著預測變數。

在多元迴歸分析中，方程式表示方式如下，

$$\hat{Y} = a + b_1 X_1 + b_2 X_2 + b_3 X_3$$

此處，

$\hat{Y}$ ＝ 依變數的預測值。在我們的例子中，$\hat{Y}$ 是預測的生命意義感分數。

a ＝ Y 截距；當所有 $X = 0$ 時的 $\hat{Y}$。

b_i ＝ 第 i 個預測變數的迴歸係數。在此例中，i 值有 1、2，或 3，分別代表第一（**connect**）、第二（**optimism**），及第三（**success**）個預測變數。

X_i ＝ 參與者在第 i 個預測（自）變數的分數。在此例，i 值有 1、2，及 3，分別代表第一、第二，及第三個預測變數。

迴歸方程式可以跟著預測變數的數目加以擴展。如果包含第四個預測變數，就可以把 $+b_4 X_4$ 加到上面的方程式中。

在**係數**表格的**未標準化係數**標題下之"B"中可以找到迴歸方程式 a（Y 截距；在 SPSS 中叫「常數」）和 b_1、b_2，及 b_3（每個預測變數的迴歸係數）的值。在**係數**表格中，Y 截距是 -1.971，而 **connect**、**optimism**，及 **success** 的係數分別是 .691、.653，及 .599。將這些數值代入迴歸方程式，就可以得到預測生命意義感分數的方程式：

$$\hat{Y}_{\text{meaing in life}} = -1.971 + .691(\text{connect}) + .653(\text{optimsim}) + .599(\text{success})$$

這個迴歸方程式是以 30 名大學生的分數所建立的。給予參與者在三個預測變數的值，就可以得到生命意義感分數的預測值。例如，第一個參與者 **connect**、**optimism**，及 **success** 的分數分別是 25、14，及 12。代入這些分數，預測的生命意義感分數就是，

$$\hat{Y}_{\text{meaing in life}} = -1.971 + .691(25) + .653(14) + .599(12)$$
$$\hat{Y}_{\text{meaing in life}} = 31.634$$

使用這個方法就可以得到資料集中每個人的預測值。[5]預測值幾乎總會有一些誤差（無法精確地與實際值吻合）；R 值愈高，預測值就會與實際值愈接近，R 等於 1 就可以得到完美的預測（預測值就會與實際值完全一致）。

迴歸係數方向之解釋

在本例中，每個預測變數的迴歸加權都是正數（.691、.653，及 .599），**當其他預測變數保持恆定時**，connect 變數每增加 1 點（例如從 25 變為 26），生命意義感的分數就會增加 .691 分。負的迴歸加權就採反方向解釋，也就是當其他預測變數保持恆定時，預測變數每增加 1 分，預測值就會**減少**與迴歸加權相同的數值。迴歸係數的解釋必須在其他預測變數的分數保持恆定之情形下才成立，不過這在現實上幾乎不可能，學業較有成就的人，通常也比較樂觀（也就是預測變數是相關聯的）。

個別預測變數之顯著性檢定

個別預測變數之顯著性檢定可以在**係數**的表格中找到。表格的最後兩欄是每個預測變數的 t 值及 p 值。在**係數**的表格中，變數 **connect**（$t = 2.449, p = .021$）及 **optimism**（$t = 3.334, p = .003$）是顯著的，因為它們的 p 值都小於 .05。另一方面，**success** 不顯著，因為它的 p 值是 .214，大於 .05。

再看標題為**標準化係數**這一欄，雖然未標準化係數用在尋找預測分數，標準化係數也要寫在研究結果中。標準化係數被稱為 beta 加權，會等於將預測變數及效標變數化為 z 分數（也就是它們標準化成平均數為 0 及標準差為 1）之後的迴歸係數。[6]

雖然許多時候多元迴歸對常數並不感興趣，**係數**表格中常數的檢定在考驗 Y 截距是否顯著不為 0。在此例中，由於檢定的 p 值（.814）大於 .05，因此 -1.971 並未顯著不等於 0。

效果量

在迴歸效果量的測量以 R^2 表示。Cohen（1988）認為 .02、.13，及 .26 分別代表小、中，及大的效果量。在上面的例子，R^2 為 .61 在實務上已是非常大的效果量，表示預測變數解釋了生命意義感分數 61% 的變異量。

以 APA 格式陳述結果

在撰寫多元迴歸的結果時，包含所有預測變數的迴歸模型（含 R^2 及 ANOVA 檢定結果）及個別預測變數的檢定（含 beta、t 值，及 p 值）都應呈現。書寫結果的範例說明如下。

撰寫結果

進行了以關聯性、樂觀，及學業有成對生命意義感預測的多元迴歸分析。整體的迴歸是顯著的，$F(3, 26) = 13.31$, $p < .05$, $R^2 = .61$。針對預測變數分析，關聯性〔$\beta = .34$, $t(26) = 2.45$, $p < .05$〕及樂觀〔$\beta = .47$, $t(26) = 3.33$, $p < .05$〕是顯著的。學業有成對生命意義感不是顯著的預測變數，$\beta = .19$, $t(26) = 1.27$, $p > .05$。

（**注**：在多元迴歸中每個 t 檢定的自由度都等於 $N - p - 1$，p 等於預測變數個數，N 等於研究中的參與者數。）

多元迴歸的假定

1. **觀察值獨立。**

   觀察值獨立是每個參與者的分數與其他人是獨立的（在完成測量時參與者不會影響其他人）。違反此假定會嚴重影響多元迴歸分析過程中統計檢定的正確性。如果有理由相信違反獨立性假定，就不應使用多元迴歸程序。

2. **在母群中變數間要成多變量常態分配。**

   此假定是每個變數本身且與其他變數的可能組合都要成常態分配（例如，**success** 分數與 **meaning**、**connect**，及 **optimism** 的所有可能組合分數都要成常態分配）。對於中到大的樣本數，非常態資料對多元迴歸程序正確性的影響非常小。

3. **等分散性。**

   等分散性是母群中自變數各水準的所有可能組合上，依變數的變異數要相等。在多元迴歸中一般可以接受輕度違反此假定。[7]

在 SPSS 中執行多元迴歸分析步驟之摘要

I.　輸入及分析資料

1.　在 SPSS 中分別為預測變數及效標變數建立變數。

2.　輸入資料。

3.　選擇**分析** > **迴歸** > **線性...**。

4.　移動自變數及依變數到各自的窗格中。

5.　點擊**統計量**。選擇**描述性統計量**（**估計值**及**模式適合度**已被勾選）。點擊**繼續**。

6.　點擊**確定**。

II.　解讀結果

1.　本章說明全部的表格（**敘述統計**、**相關**、**選入／刪除的變數**、**模式摘要**、*ANOVA*，及**係數**）。在摘要中，只說明從**模式摘要**、*ANOVA*，及**係數**表格中截取的資訊。

　　a.　留意**模式摘要**表格中的 R^2 值。在 *ANOVA* 表格中，如果 $p \leq .05$ 就應拒絕 $R^2 = 0$ 的虛無假設，表示迴歸模式（包含所有預測變數）顯著解釋了依變數的變異量。

　　b.　在**係數**表格，檢視每個預測變數的 p 值。

　　　　• 如一或多個預測變數顯著（ $p \leq .05$ ），感興趣變數之 beta 加權為 0 的虛無假設就被拒絕。在報告寫出可以顯著預測效標變數的自變數，不顯著的自變數也一起說明。

　　　　• 如果沒有任何自變數是顯著的（在**係數**表格中每個預測變數的 $p > .05$ ），beta 加權為 0 的虛無假設就不能被拒絕。在報告中寫出所有預測變數都不能顯著預測效標變數。

練習

1.　一位工業心理學家調查不同公司的 30 名員工以檢驗對工作滿意度之預測變數。預測變數包含工作的重要性（**importance**）、在公司中的晉升機會（**advance**），及向老闆表達想法的能力（**express**）。效標變數是工作滿意度（**satisfaction**）。分數愈高表示愈有該項特質（例如，工作滿意度分數愈高，表示員工對他的工作愈滿意）。資料呈現於圖 14.10。

工作滿意度	重要性	晉升機會	表達想法
35	20	12	18
48	24	22	20
22	10	17	12
38	8	25	12
33	20	10	17
45	15	30	15
30	12	20	19
38	22	9	17
45	21	18	23
23	12	14	11
13	8	16	15
41	21	29	17
33	15	24	17
40	21	23	17
48	19	21	25
45	18	13	22
23	10	22	18
45	15	10	20
27	22	21	21
12	12	21	8
12	6	18	17
41	22	31	15
29	17	25	15
42	19	21	19
30	20	27	15
39	24	19	18
42	22	19	21
46	19	15	17
25	8	21	19
41	17	12	23

圖 14.10　練習 1 的資料。

　　將資料輸入 SPSS 中，並進行適當的統計分析以回答下列問題。將變數分別命名為 **satisfaction**、**importance**、**advance**，及 **express**。

a. 寫出每個預測變數的虛無假設及對立假設。

b. 寫出整個迴歸模式的虛無假設及對立假設。

c. 寫出個別變數及整個迴歸模式的研究問題。

d.　此模式的 R^2 是多少？整個模式是否顯著？

e.　如果有，則哪個預測變數是顯著的？哪個變數不顯著？

f.　整體迴歸模式的效果量是多少？以小、中、大三個等級來描述此效果量。

g.　為資料寫一迴歸方程式。

h.　以適當的 APA 格式撰寫結果。

2.　某研究者對於使用寬恕及社會支持對生活中的幸福感進行預測感到興趣。二十五個人同意參與研究並完成三個測量，說明如圖 14.11。

測量	測量什麼	量尺範圍
幸福感 （**happiness**）	個人對目前生活感到幸福的程度。	7-35；高分表示有高的幸福感。
寬恕 （**forgiveness**）	個人願意寬恕他人的程度。	10-50；高分表示更願意寬恕。
社會支持 （**support**）	個人感覺可以從他人尋求支持的程度。	5-25；高分表示較強的支持網絡。

圖 14.11　練習 2 之變數。

資料存放在 Chapter 14 資料夾下，名為 *Chapter 14_Exercise 2.sav*，讀者可從 www.pearsonhighered.com/yockey 下載。在 SPSS 中開啟資料檔，並進行適當的分析以回答下列問題。

a.　寫出每個預測變數的虛無假設及對立假設。

b.　寫出整個迴歸模式的虛無假設及對立假設。

c.　寫出個別變數及整個迴歸模式的研究問題。

d.　此模式的 R^2 是多少？整個模式是否顯著？

e.　如果有，則哪個預測變數是顯著的？哪個變數不顯著？

f.　整體迴歸模式的效果量是多少？以小、中、大三個等級來描述此效果量。

g.　為資料寫一迴歸方程式。

h.　以適當的 APA 格式撰寫結果。

3.　研究者對使用健康及生命意義感對死亡恐懼進行預測感到興趣。五十個人同意參與研究並完成對三個變數測量的量表，說明如圖 14.12。

測量	測量什麼	量尺範圍
死亡恐懼（**feardeath**）	個人對死亡感到恐懼的程度。	8-48；高分表示有高的死亡恐懼感。
健康（**wellbeing**）	個人目前的健康程度。	5-40；高分表示有較佳的健康狀況。
生命意義感（**meaning**）	個人目前在生命中發現到意義的程度。	30-70；高分表示有高的生命意義感。

圖 14.12　練習 3 之變數。

　　資料存放在 Chapter 14 資料夾下，名為 *Chapter 14_Exercise 3.sav*，讀者可從 www.pearsonhighered.com/yockey 下載。在 SPSS 中開啟資料檔，並進行適當的分析以回答下列問題。

a.　寫出每個預測變數的虛無假設及對立假設。

b.　寫出整個迴歸模式的虛無假設及對立假設。

c.　寫出個別變數及整個迴歸模式的研究問題。

d.　此模式的 R^2 是多少？整個模式是否顯著？

e.　如果有，則哪個預測變數是顯著的？哪個變數不顯著？

f.　整體迴歸模式的效果量是多少？以小、中、大三個等級來描述此效果量。

g.　為資料寫一迴歸方程式。

h.　以適當的 APA 格式撰寫結果。

第 15 章

卡方適合度檢定

卡方適合度程序在於檢定變數中每個類別所佔的比例（或次數）是否與虛無假設界定的比例（或次數）一致。接下來是卡方適合度檢定的範例。

範例

一位對社會心理學有興趣的學生，想要了解知覺的責任感是否與團體大小具函數關係（也就是一個人是否會因為他所在團體的大小而在行為時承擔更多或更少的責任？）。九十名大學生參與了這個研究，他們被問到三種情境下有位女士需要協助，其中唯一的不同是在這位女士附近有多少人可以提供協助。這三個情境，團體的大小分別是 1 人、5 人，及 25 人，而且告訴參與者沒有人願意協助這位女士。當研究者描述完情境後，參與者被要求想像**單獨一人**在每個不同的情境，並指出在三個情境中，個人要因為未協助這位女士而負起最多的責任（只能從其中選一個情境）。

卡方適合度檢定的目的及資料要求

卡方適合度檢定

目的	資料要求	範例
檢定在樣本中的比例（或次數）是否與虛無假設所界定的比例（或次數）有顯著差異。	一個有兩個以上類別的變數。每個參與者提供一個**次數**（僅能在其中一個類別）。	類別變數 ・團體大小（1、5、25）。

虛無及對立假設

　　虛無假設說明知覺責任感**不會**因團體大小而有變化，也就是在三個類別中每個類別的觀察值的比例（或人數）相等。

　　　　H_0：知覺責任感不因團體大小而有所不同（在母群中選擇每個類別的比例或人數相
　　　　　　等）

　　對立假設說明知覺責任感會因團體大小而有變化，也就是在三個類別中每個類別的觀察值的比例（或人數）不相等。

　　　　H_1：知覺責任感會因團體大小而有所不同（在母群中選擇每個類別的比例或人數不
　　　　　　相等）

評定虛無假設

　　卡方適合度程序在於檢定每個類別的比例是否與虛無假設的界定一致。在虛無假設為真的情形下，假使檢定顯示獲得此結果的可能性很小（發生的次數小於 5%），就應拒絕虛無假設。反之，在虛無假設為真的情形下，顯示獲得此檢定結果的可能性很大（發生的次數大於5%），就不能拒絕虛無假設。

研究問題

　　進行研究時，可以將我們所感興趣的基本問題以研究問題方式呈現，如：

　　　　「知覺責任感是否因團體大小而不同？」

資料

　　圖 15.1 是 90 個參與者的資料。在 90 個參與者中，有 42 個選擇 1 個人這一類別要承擔最多責任，30 個選 5 個人這一類別，18 人選 25 個人這一類別。這些資料通常稱為**觀察次數**，因為它們是在研究中觀察到的。

1 人（單獨）	5 人	25 人
42	30	18

圖 15.1　選擇 1 人、5 人，及 25 人應負最大責任之參與者人數（也就是觀察次數）。

卡方適合度檢定在比較研究中的觀察次數（圖 15.1 所示）與虛無假設下所期望的次數（稱為**期望次數**）。為了要確定期望次數，首先我們要確認在虛無假設為真的情形下，每個類別的期望比例。由於虛無假設是知覺責任感**不**因團體大小而有所不同，所以我們預期選擇每個類別的比例是相等的。因為有三個類別，所以選擇每個類別的參與者是三分之一，如圖 15.2 所示。

1 人（單獨）	5 人	25 人
1/3	1/3	1/3

圖 15.2　在虛無假設為真的情形下，預期參與者選擇每個類別的比例。

一旦每個類別的比例決定了，只要乘上研究中的全體樣本數（N），就可以得到期望次數。計算每個類別期望次數的公式如下：

某個類別的期望次數 ＝ （該類別期望的比例）*（N）

應用此公式可以求得以下的期望次數：

類別為「1 人」之期望次數 ＝ (1/3)*90 ＝30。
類別為「5 人」之期望次數 ＝ (1/3)*90 ＝30。
類別為「25 人」之期望次數 ＝ (1/3)*90 ＝30。

三個類別的期望次數摘要如第 280 頁圖 15.3。

1 人（單獨）	5 人	25 人
30	30	30

圖 15.3　在虛無假設為真的情形下，每個類別的預期人數（期望次數）。

　　卡方適合度檢定比較圖 15.1 的觀察次數與圖 15.3 的期望次數。一般而言，觀察次數與期望次數的差異愈大，愈可能拒絕虛無假設。[1]

　　在輸入資料到 SPSS 之前，要說明兩種輸入資料以進行卡方程序的方式。這兩種方法之差異在於資料檔結構的不同，以下分別稱為**加權觀察值**及**個別觀察值**。方法說明如下。

加權觀察值方法

　　使用加權觀察值的方法來輸入資料，在**資料檢視**視窗中的列數要與關心之變數的**類別**數相等（在此範例中會有三列資料來代表三個類別）。在 SPSS 中需要兩個變數：一個代表不同的類別，一個代表各類別的人數（也就是次數）。加權觀察值的方法通常用在每個類別的次數已經加總完成（像本範例，詳見圖 15.1）。

個別觀察值方法

　　使用個別觀察值的方法來輸入資料，在**資料檢視**視窗中的列數要與研究中的**人數**相等（在此範例中要有 90 列資料以代表 90 個參與者）。在 SPSS 中只需要一個變數：每個參與者輸入特定類別的數值（如 1、2，或 3）。此種方法通常自測量工具或調查問卷直接輸入資料，而不先計數每個類別的次數。

　　加權觀察值及個別觀察值輸入方法的特徵摘要如圖 15.4。

方法	在 SPSS 中需要的變數	在資料檢視視窗需要的列數	使用時機
加權觀察值	兩個——一個輸入不同類別，一個輸入次數	等於列數的**類別**數（在這個例子中，是 3 個）	當資料以彙整的形式呈現（如，見圖 15.1）
個別觀察值	一個——輸入不同類別	等於研究中**參與者**人數（在這個例子中，是 90 個）	當資料未加以彙整（如，從調查中輸入資料）

圖 15.4　卡方適合度程序加權觀察值及個別觀察值輸入方法的特徵。

由於每個類別的次數都已統計完畢（如圖 15.1 所示），因此我們將採加權觀察值的方式輸入資料，在 SPSS 需要輸入兩個變數。（對於較喜歡使用個別觀察值方法的人，圖 15.7 有說明如何使用此方法來建構資料，在本章的練習 2 也可以找到此範例。）

在 SPSS 中輸入及分析資料

步驟 1 及步驟 2 說明如何在 SPSS 中輸入資料。這份資料也存放在 Chapter 15 資料夾下，名為 *no_help.sav*，讀者可從 www.pearsonhighered.com/yockey 下載。如果你比較想從電腦中開啟該資料檔案，則請直接閱讀步驟 3。

步驟 1：建立變數

1. 啟動 SPSS。
2. 點擊**變數檢視**標籤。

我們將在 SPSS 中建立兩個變數，一個表示不同團體大小的類別（也就是 1、5，及 25），另一個表示次數（也就是選擇每個團體大小應負最大責任的人數）。變數名稱分別為 **groupsize** 及 **frequency**。

3. 在**變數檢視**視窗的前兩列分別輸入 **groupsize** 及 **frequency** 變數名稱（見圖 15.5）。

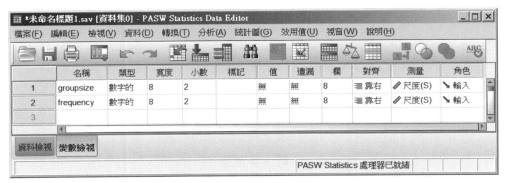

圖 15.5　在**變數檢視**視窗中已輸入變數名稱 groupsize 及 frequency。

接著，我們要為研究中不同的類別建立數值註解。我們指派 1 人到 1，5 人到 2，25 人到 3。

4. 依照第 1 章所述的步驟，為變數 **groupsize** 建立數值註解。在 **groupsize** 中，1=「1人」，2=「5 人」，3=「25 人」。

步驟 2：輸入資料

1. 點擊**資料檢視**標籤。在**資料檢視**視窗的前兩欄會分別顯示 **groupsize** 及 **frequency** 變數。

由於我們使用加權觀察值的輸入方法，所以需要在資料檔中為研究中的三個類別各建立一列。使用加權觀察值方法的資料結構說明如圖 15.6。

對照圖 15.6，我們將在 SPSS 中輸入三列資料，每一列代表研究中不同的類別。

輸入資料

1. 在**資料檢視**視窗的第一列，我們在變數 **groupsize** 及 **frequency** 中分別輸入 *1* 及 *42*。在第 2 列，在變數 **groupsize** 及 **frequency** 中分別輸入 *2* 及 *30*，在第 3 列則輸入 *3* 及 *18*。完整資料檔如圖 15.7 所示。

團體大小	次數
1	42
2	30
3	18

圖 15.6　使用加權觀察值資料輸入方法之團體大小及次數的數值。在團體大小變數中，*1* 表示 1 人，*2* 表示 5 人，*3* 表示 25 人。

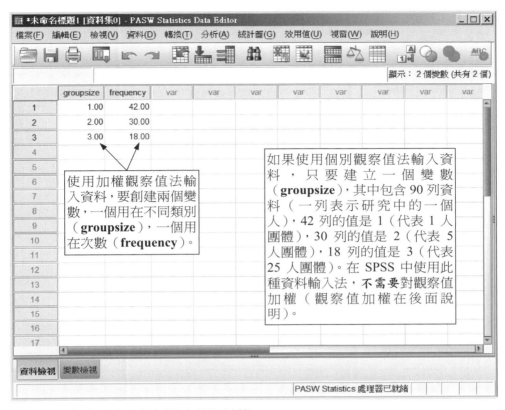

圖 15.7　卡方適合度範例的完整資料檔。

步驟 3：分析資料

在執行卡方分析前，我們首先需要以 **frequency** 當作加權觀察值。[2] 對觀察值加權表示某個變數的值當作**所有的觀察體**，而不只是一個數值。例如，當使用 **frequency** 做加權時，在 SPSS 中表示第一個類別的 42 表示是 42 個**人**，而不是 42 分。

以 frequency 來加權觀察值

1.　從選單列選擇**資料＞加權觀察值…**（見第 284 頁圖 15.8）。

圖 15.8　**加權觀察值**程序的選單指令。

2.　此時會出現**加權觀察值**對話窗。選擇**觀察值加權依據**，並選擇變數 **frequency**。點擊向右箭頭按鈕（ ↦ ）將 **frequency** 移向**次數變數**窗格（見圖 15.9）。

3.　點擊**確定**。這表示次數的值（42、30，及 18）等於每個類別的**所有人數**，而不單是一個數值而已。[3]

圖 15.9　**加權觀察值**對話窗。

當使用 **frequency** 對觀察值進行加權，我們就可以在 SPSS 中執行卡方適合度檢定。

1.　從選單列選擇**分析＞無母數檢定＞歷史對話記錄＞卡方…**（見圖 15.10）。（**注**：如果你使用 17.0 或更早之前的版本，選單指令是**分析＞無母數檢定＞卡方…**。後續的指令都相同。）

圖 15.10　**卡方適合度**程序的選單指令。

接著會出現**卡方檢定**對話窗，同時變數 **groupsize** 及 **frequency** 會在對話窗的左邊（見第 286 頁圖 15.11）。

圖 15.11　**卡方檢定**對話窗。

2.　選擇變數 **groupsize** 並點擊向右箭頭按鈕（）將它移到**檢定變數清單**窗格中（見圖 15.12）。（**注：Frequency** 還會留在對話窗的左邊。）

3.　點擊**確定**。

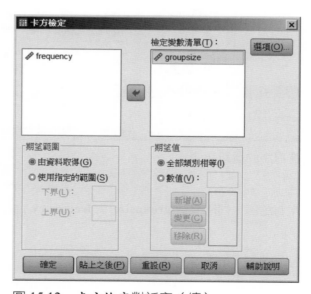

圖 15.12　**卡方檢定**對話窗（續）。

在執行卡方適合度檢定程序後，輸出結果會出現在**瀏覽器**視窗。

步驟 4：解讀結果

卡方適合度檢定的結果顯示於圖 15.13。

無母數檢定

卡方檢定

次數分配表

groupsize

	觀察個數	期望個數	殘差
1人	42	30.0	12.0
5人	30	30.0	.0
25人	18	30.0	-12.0
總和	90		

檢定統計量

	groupsize
卡方	9.600[a]
自由度	2
漸近顯著性	.008

a. 0 個格（.0%）的
期望次數少於 5。
最小的期望格次數
為 30.0。

圖 15.13　卡方適合度檢定的輸出結果。

Groupsize（**團體大小**）

第一個表格（標題為 *groupsize*）呈現了觀察次數（**觀察個數**）、期望次數（**期望個數**），及殘差，或是類別 1 人、5 人，及 25 人觀察及期望次數的差異。在表格中類別 1 人、5 人，及 25 人的觀察次數分別為 42、30，及 18。三個類別的期望次數都是 30，此與我們先前的說明一致。殘差這欄中 1 人及 25 人類別的觀察次數與期望次數的差異都是 12（1 人類別是**觀察個數** > **期望個數**，而 25 人這類別是**期望個數** > **觀察個數**）。至於觀察次數與期望次數的差異是否大到統計上的顯著，則在後面說明。

檢定統計量

下一個表格（**檢定統計量**）回答了我們的問題，也就是知覺責任感是否因團體大小而不同。卡方適合度檢定得到卡方統計量，公式為：

$$\chi^2 = \sum \frac{(觀察次數 - 期望次數)^2}{期望次數}$$

公式中的觀察及期望次數分別是在 *groupsize* 表格中的**觀察個數**及**期望個數**。將 *groupsize* 表格中的觀察及期望次數代入，可以得到卡方值：

$$\chi^2 = \frac{(42-30)^2}{30} + \frac{(30-30)^2}{30} + \frac{(18-30)^2}{30}$$

$$\chi^2 = 9.60$$

此值會等於**檢定統計量**表格中的**卡方值**。卡方檢定的自由度為 2（ df ＝類別數－1），p 值（報表中為**漸進顯著性**）為 .008。由於 p 值小於 .05，三個類別次數相等的虛無假設被拒絕，表示知覺責任感會因團體大小而不同。

由於結果達到顯著，我們進一步檢視 *groupsize* 表格中觀察及期望次數的差異，以確定參與者認為哪一個類別中不提供協助要負最大（或最小）的責任。在 1 人這個類別，觀察次數是 42，而期望次數是 30，表示選取 1 人這個類別的人數超出預期 12 人。在 5 人這個類別，觀察與期望次數沒有差異（觀察 30 人對期望 30 人）；在 25 人這個類別，比預期選擇的人數少了 12 人（觀察 18 人對期望 30 人）。總之，選擇 1 人這個類別的比預期人數多，而選擇 25 人這個類別的比預期人數少（5 人這個類別的觀察及預期次數無差異）。此意味當只有一個人時，人們會比在大的團體中知覺更多的責任去協助其他人。

以 APA 格式陳述結果

在撰寫結果時，包含假設檢定結論、自由度、樣本數、卡方值，及 p 值都應呈現。當結果顯著時，觀察及期望次數的關係也應加以說明。撰寫結果的範例說明如下。

撰寫結果

對於需要的人未提供協助的知覺責任感，會因團體大小而不同，$\chi^2(2, N = 90) = 9.60$，$p < .05$。當無法提供需要的人協助時，參與者認為只有一個人時要承擔最多的責任，而在大團體中（25 人）責任最少。參與者認為在 1 人、5 人，及 25 人的團體應負最多責任的百分比分別為 46.7%、33.3%，及 20.0%。[4]

（注：上面結果中 χ^2 右邊的 "2" 是自由度。樣本數也寫在括號中，因為不像本書的其他統計方法，在卡方檢定中無法由樣本數確定自由度。）

卡方適合度的假定

1. **觀察值獨立。**

   獨立性假定意味在每個細格的觀察值（也就是參與者）獨立於其他細格之外。如果一個人同時被計算到兩個不同的細格（如參與者被要求選擇前**兩個**他們認為責任最大的情境），就會違反這個假定。違反此假定會嚴重影響卡方檢定的正確性。如果有理由相信違反獨立性假定，就不應使用卡方適合度檢定。

2. **期望次數大小。**

   在四個或更少細格（類別）之表格，每個細格的期望次數建議應在 5 以上。在較大的表格中，一個或較少細格的期望次數小於 5，對卡方檢定的結果不太會造成不利的影響；如果總樣本太小，則檢定力會受到影響。

在 SPSS 中執行卡方適合度檢定步驟之摘要

在 SPSS 中進行卡方適合度檢定有加權觀察值及個別觀察值兩種資料輸入方法。（如前所述，個別觀察值方法的資料結構會在本章後面的練習 2 說明。）

Ia. 輸入及分析資料──加權觀察值方法

1. 在 SPSS 中建立兩個變數（一個是類別變數，一個是次數變數）。

2. 為每個類別變數建立數值註解。在**數值註解**對話窗中適當地輸入數值及標記。點擊**確定**。

3. 輸入資料。（使用加權觀察值的輸入方法，資料檔的列數等於變數中的**類別**數。）

4. 選擇**資料＞加權觀察值…**。

5. 選擇**觀察值加權依據**，並將次數變數移到**次數變數**窗格。點擊**確定**。

6. 選擇**分析＞無母數檢定＞卡方…**。

7. 移動類別變數到**檢定變數清單**窗格中（次數變數還會留在左邊）。

8. 點擊**確定**。

Ib. 輸入及分析資料──個別觀察值方法

1. 在 SPSS 中建立一個變數（供類別變數用）。

2. 為每個類別變數建立數值註解。在**數值註解**對話窗中適當地輸入數值及標記。點擊**確定**。

3. 輸入資料。（使用個別觀察值的輸入方法，資料檔的列數等於研究中的**參與者**人數。）

4. 選擇**分析＞無母數檢定＞卡方…**。

5. 移動變數到**檢定變數清單**窗格中。

6. 點擊**確定**。

II. 解讀結果（不管使用何種輸入資料的方法，解釋是相同的）

在**檢定統計量**表格中，檢視 p 值（在 SPSS 中顯示為**漸進顯著性**）。

• 如果 $p \leq .05$，應拒絕虛無假設。寫出結果，指出觀察及期望次數間的關係。

• 如果 $p > .05$，不能拒絕虛無假設。寫出結果，指出觀察及期望次數間無顯著差異（也就是沒有偏好哪個類別）。

練習

1. 某研究者想要探討眼睛大小對吸引力的影響。在研究中使用兩個人的照片（經專家檢視，兩人的吸引力及眼睛大小都相似）。在研究前，照片經過修改，使得其中一人在照片中有適度的大眼睛（照片經過對抗平衡設計，使得一半的參與者看到其中一人的照片是大眼睛，而另一半的參與者則看到另一人的照片是大眼睛）。八十個人看了兩張照片，並指出他們認為哪一個人比較有吸引力。資料如圖 15.14。

大眼睛	小眼睛
60	20

圖 15.14　參與者認為較有吸引力的人數。

　　將資料輸入 SPSS 中，並進行適當的統計分析以回答下列問題。將變數分別命名為 **eyesize** 及 **frequency**（在分析資料前要確認使用觀察值加權）。變數 **eyesize**，大眼睛編碼為 "1"，小眼睛編碼為 "2"。

a.　寫出虛無假設及對立假設。

b.　為這些資料寫出研究問題。

c.　參與者對照片是否有不同的偏好？請以 $\alpha = .05$ 進行檢定。

d.　以適當的 APA 格式撰寫結果。

2.　某市場研究者探討顧客是否可以知覺電漿及 LCD 電視畫質的不同。購買者在地區型量販店分別從電漿及 LCD 電視觀看電影預告片，並被要求指出哪一部電視有較佳的畫質。圖 15.15 是研究中 65 位購買者的選擇。

電漿	LCD
35	30

圖 15.15　選擇電漿及 LCD 電視有較佳畫質的
　　　　　人數。

　　資料存放在 Chapter 15 資料夾下，名為 *Chapter 15_Exercise 2.sav*（變數名稱為 **tv**，其中電漿電視編碼為 "1"，LCD 電視編碼為 "2"），讀者可從 www.pearsonhighered.com/yockey 下載。資料檔使用個別觀察值法輸入（也就是不需要使用觀察值加權）。在 SPSS 中開啟資料檔，並進行適當的統計分析以回答下列問題（分析個別觀察值資料的方法在本章練習題前的「步驟之摘要」中有說明）。

a.　寫出虛無假設及對立假設。

b.　為這些資料寫出研究問題。

c.　對電漿及 LCD 電視的畫質是否有不同的知覺？請以 $\alpha = .05$ 進行檢定。

d.　以適當的 APA 格式撰寫結果。

3. 某行銷公司進行研究以了解消費者對不同價格咖啡的喜愛度。他們選擇了某領導品牌價格分別是 3、6、10 美元的三種咖啡（12 盎司的研磨咖啡）。一百五十個人品嚐了三個不同咖啡品牌（不知道它們的價格），並指出他們比較喜愛哪種咖啡。圖 15.16 是 150 位參與者的喜愛度。

3 元品牌	6 元品牌	10 元品牌
30	62	58

圖 15.16　選擇 3 元、6 元，及 10 元品牌咖啡有最佳風味的人數。

　　資料存放在 Chapter 15 資料夾下，名為 *Chapter 15_Exercise 3.sav*（變數名稱為 **cost** 及 **frequency**，**cost** 變數 3 元品牌編碼為 "1"，6 元品牌編碼為 "2"，10 元品牌編碼為 "3"），讀者可從 www.pearsonhighered.com/yockey 下載。在 SPSS 中開啟資料檔，並進行適當的統計分析以回答下列問題（在分析資料前要確認使用觀察值加權）。

a. 寫出虛無假設及對立假設。

b. 為這些資料寫出研究問題。

c. 參與者對某種（或更多）咖啡是否有不同的偏好？請以 $\alpha = .05$ 進行檢定。

d. 以適當的 APA 格式撰寫結果。

第 16 章

卡方獨立性檢定

卡方獨立性檢定在檢定兩個類別變數（每個變數各有兩個或更多的類別）是否有關聯。接下來是卡方獨立性檢定的範例。

範例

一位研究者想要探討人格類型（內、外向）與選擇的休閒活動（到遊樂場或參加一天的靈修）間是否有關聯。在研究中，100 位參與者接受人格測驗，依據分數將他們分類為內向型或外向型。參與者被問到他們比較喜歡何種一整天的休閒活動：到遊樂場或參加靈修。圖 16.1 是每個參與者人格類型及選擇的休閒活動。

		喜歡的休閒活動		
		遊樂場	靈修	總和
人格類型	內向	12	28	40
	外向	43	17	60
總和		55	45	100

圖 16.1　100 位參與者的分類表。

在圖 16.1 中，人格類型放在表格的橫列，喜歡的休閒活動放在直欄。本研究的 100 個人，有 40 人被歸為內向型，60 人被歸為外向型。內向型的人，12 位喜歡到遊樂場，28 位喜歡參加靈修；外向型的人，43 位喜歡到遊樂場，17 位喜歡參加靈修。研究中的類別變數是人格類型及喜歡的休閒活動，要分析的資料以人數或次數的形式呈現。此範例稱為 2×2（讀為「二乘二」）卡方，人格類型及休閒活動各有兩個類別，總共有四個細格。

卡方獨立性檢定的目的及資料要求

卡方獨立性檢定

目的	資料要求	範例
檢定兩個類別變數是否有關聯。	次數或人數 兩個類別變數，各有兩個或更多的類別	次數（每個細格中的人數） 類別變數 ・人格類型（內向、外向） ・休閒活動（遊樂場、靈修）

虛無及對立假設

卡方獨立性檢定的虛無假設及對立假設說明如下：

H_0：人格類型與休閒活動無關聯

H_1：人格類型與休閒活動有關聯

評定虛無假設

卡方獨立性檢定在於檢定人格類型與休閒活動無關聯的虛無假設。在虛無假設為真的情形下，假使檢定顯示獲得此結果的可能性很小（發生的次數小於 5%），就應拒絕虛無假設。反之，在虛無假設為真的情形下，顯示獲得此檢定結果的可能性很大（發生的次數大於 5%），就不能拒絕虛無假設。

研究問題

進行研究時，可以將我們所感興趣的基本問題以研究問題方式呈現，如：

「人格類型與休閒活動間是否有關聯？」

在 SPSS 中輸入及分析資料

步驟 1 及步驟 2 說明如何在 SPSS 中輸入資料。這份資料也存放在 Chapter 16 資料夾下，名為 *choice.sav*，讀者可從 www.pearsonhighered.com/yockey 下載。如果你比較想從電腦中開啟該資料檔案，則請直接閱讀步驟 3。

步驟 1：建立變數

1. 啟動 SPSS。
2. 點擊**變數檢視**標籤。

我們將在 SPSS 中建立三個變數，一個表示不同人格類型，一個表示喜歡的活動，另一個表示次數。變數名稱分別為 **personality**、**activity**，及 **frequency**。

3. 在**變數檢視**視窗的前三列，分別輸入變數名稱 **personality**、**activity**，及 **frequency**（見圖 16.2）。

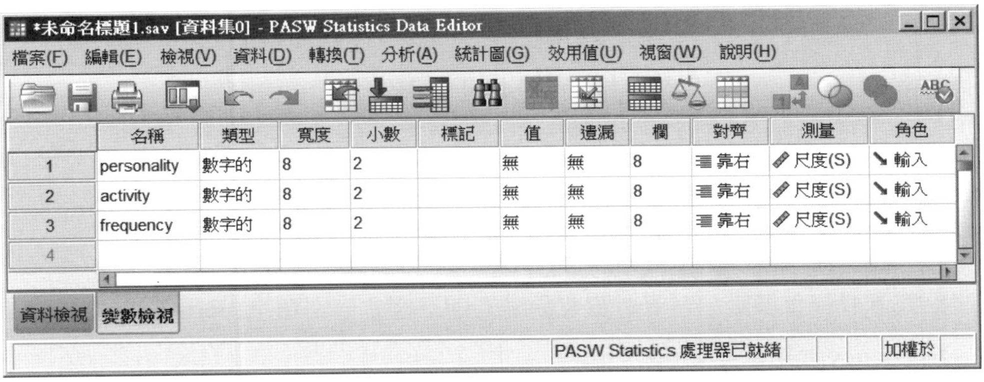

圖 16.2　在**變數檢視**視窗中已輸入變數名稱 personality、activity，及 frequency。

4. 按照第 1 章所介紹的步驟，為變數 **personality** 及 **activity** 建立數值註解。在 **personality** 中，1=「內向」，2=「外向」；在 **activity** 中，1=「遊樂場」，2=「靈修」。

步驟 2：輸入資料

接著，要在 SPSS 中輸入資料。在 SPSS 中，卡方獨立性檢定有兩種輸入資料的方法：**加權觀察值**及**個別觀察值**（第 15 章有兩種方法的說明）。如第 15 章所說，當資料中的細格次數都已經統計了，就使用加權觀察值的方法。由於範例的細格次數都已統計（見圖 16.1），我們將使用加權觀察值法輸入資料（圖 16.4 會說明個別觀察值資料檔結構）。

在這個範例中，內向型及外向型的人都可以選擇遊樂場或靈修，因此就形成四種不同的情形（內向／遊樂場、內向／靈修、外向／遊樂場、外向／靈修）。由於我們使用加權觀察值法輸入資料，需要在**資料檢視**視窗為四種情形各保留一**列**。適當的加權觀察值資料檔結構說明如圖 16.3。

人格	活動	次數
1	1	12
1	2	28
2	1	43
2	2	17

圖 16.3　研究設計中的四種情形。在人格中，
1=「內向」，2=「外向」；在活動中，
1=「遊樂場」，2=「靈修」。

輸入資料

1. 點擊**資料檢視**標籤。在**資料檢視**視窗的前三欄會分別顯示 **personality**、**activity**，及 **frequency** 變數。

檢視圖 16.3，第一種情形代表內向型（編碼為 "1"）選擇遊樂場（也編碼為 "1"），總共有 12 人。因此要在**資料檢視**視窗的第一列輸入這些數值。

2. 在**資料檢視**視窗中第一列的 **personality**、**activity**，及 **frequency** 變數分別輸入 *1*、*1*，及 *12*。在**資料檢視**視窗的第 2 到第 4 列輸入其他三種情形（也就是在第 2 列輸入 *1*、*2*，及 *28*，在第 3 列輸入 *2*、*1*，及 *43*，在第 4 列輸入 *2*、*2*，及 *17*）。圖 16.4 是完整的資料檔。

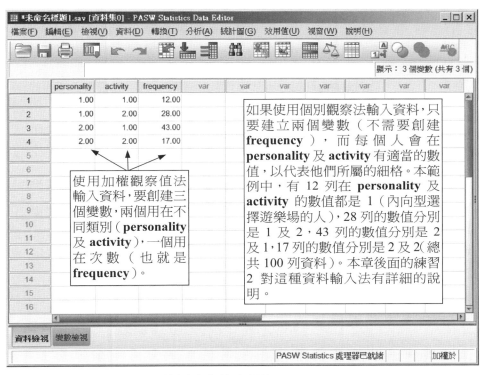

圖 16.4　卡方獨立性檢定範例的完整資料檔。

步驟 3：分析資料

在執行卡方分析前，首先需要以 **frequency** 當作加權觀察值。對觀察值加權表示某個變數的值當作**所有的觀察體**，而不只是一個數值。例如，當使用 **frequency** 做加權時，**frequency** 中的數值 12 表示是 12 個**人**，而不是 12 分。

以 **frequency** 來加權觀察值

1.　從選單列選擇**資料**＞**加權觀察值...**（見圖 16.5）。

圖 16.5　SPSS 中**加權觀察值**程序的選單指令。

2.　此時會出現**加權觀察值**對話窗。選擇**觀察值加權依據**，並選擇變數 **frequency**。點擊向右箭頭按鈕（➡）將 **frequency** 移向**次數變數**窗格（見圖 16.6）。

3.　點擊**確定**。這表示次數的值（12、28、43，及 17）等於每個類別的**所有人數**，而不單是一個數值而已。[1]

圖 16.6　**加權觀察值**對話窗。

當使用 **frequency** 對觀察值加權，我們就可以在 SPSS 中進行卡方獨立性檢定。

進行卡方獨立性檢定

1.　從選單列選擇**分析 > 敘述統計 > 交叉表…**（見圖 16.7）。

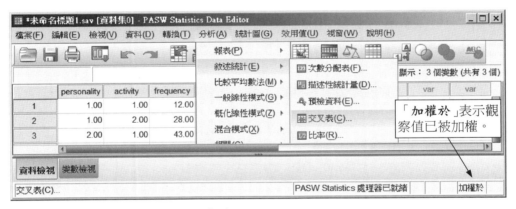

圖 16.7　卡方獨立性檢定的選單指令。

交叉表對話窗會出現，而變數 **personality**、**activity**，及 **frequency** 會在對話窗的左邊（見第 300 頁圖 16.8）。

圖 16.8　**交叉表**對話窗。

2.　選擇變數 **personality** 並點擊上面的向右箭頭按鈕（  ）將它移到**列**窗格中。

3.　選擇變數 **activity** 並點擊中間的向右箭頭按鈕（ ）將它移到**欄**窗格中。詳見圖 16.9。
　　（**注：frequency** 還會留在**交叉表**對話窗的左邊。）

圖 16.9　**交叉表**對話窗（續）。

4.　點擊**統計量**按鈕。此時會出現**交叉表：統計量**對話窗。選擇**卡方**及 *Phi* 與 *Cramer's V*
　　（見圖 16.10）。（**譯注：**中文版將**卡方**譯**卡方分配**，是錯誤的。）

圖 16.10　交叉表：統計量對話窗。

5.　點擊**繼續**。

6.　點擊**儲存格**按鈕。此時會出現**交叉表：儲存格顯示**對話窗。在**個數**下選擇**期望（觀察值**已被勾選），在**百分比**下選擇**列**。詳見圖 16.11。

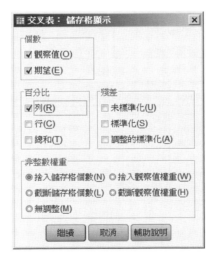

圖 16.11　交叉表：儲存格顯示
對話窗。

7.　點擊**繼續**。

8.　點擊**確定**。

在執行卡方獨立性檢定後，輸出結果會出現在**瀏覽器**視窗。

步驟 4：解讀結果

卡方獨立性檢定的結果顯示於圖 16.12。

交叉表

觀察值處理摘要

	觀察值					
	有效的		遺漏值		總和	
	個數	百分比	個數	百分比	個數	百分比
personality * activity	100	100.0%	0	.0%	100	100.0%

personality * activity 交叉表

			activity		總和
			遊樂場	靈修	
personality	內向	個數	12	28	40
		期望個數	22.0	18.0	40.0
		在 personality 之內的	30.0%	70.0%	100.0%
	外向	個數	43	17	60
		期望個數	33.0	27.0	60.0
		在 personality 之內的	71.7%	28.3%	100.0%
總和		個數	55	45	100
		期望個數	55.0	45.0	100.0
		在 personality 之內的	55.0%	45.0%	100.0%

卡方檢定

	數值	自由度	漸近顯著性（雙尾）	精確顯著性（雙尾）	精確顯著性（單尾）
Pearson 卡方	16.835[a]	1	.000		
連續性校正[b]	15.194	1	.000		
概似比	17.230	1	.000		
Fisher's 精確檢定				.000	.000
線性對線性的關連	16.667	1	.000		
有效觀察值的個數	100				

a. 0 格 (.0%) 的預期個數少於 5。最小的預期個數為 18.00。

b. 只能計算 2x2 表格

對稱性量數

		數值	顯著性近似值
以名義量數為主	Phi 值	-.410	.000
	Cramer's V 值	.410	.000
有效觀察值的個數		100	

圖 16.12　卡方獨立性檢定的輸出結果。

觀察值處理摘要

　　觀察值處理摘要表格顯示資料中有效（及遺漏）的個數。由於每個人在人格類型及活動都有適當的歸類，因此 100 個參與者都是有效的觀察值。

*Personality * activity* 交叉表

　　*Personality * activity* 交叉表提供觀察與期望次數的重要訊息。表格中「**個數**」與我們輸入到 SPSS 中的觀察次數一致（也就是 12、28、43，及 17）。標題為「**期望個數**」的數值則是在虛無假設為真的情形下，期望的次數（在抽樣誤差內）。如果卡方檢定顯著，要再檢視觀察與期望次數的差異，以確認這兩個變數的關聯性質。

卡方檢定

　　卡方檢定表格提供許多不同的檢定，其中最常使用的是 Pearson 卡方。如前一章所述，Pearson 卡方統計量的公式為：

$$\chi^2 = \sum \frac{(觀察次數 - 期望次數)^2}{期望次數}$$

公式中的觀察及期望次數分別是在 *personality * activity* 交叉表中的**個數**及**期望個數**。將觀察及期望次數代入，可以得到卡方值：

$$\chi^2 = \frac{(12-22)^2}{22} + \frac{(28-18)^2}{18} + \frac{(43-33)^2}{33} + \frac{(17-27)^2}{27}$$

$$\chi^2 = 16.835$$

此值會等於**卡方檢定**表格中的 *Pearson* **卡方**值。卡方檢定的自由度為 1〔*df* =（人格的類別數 -1）*（休閒活動的類別數 -1）〕，*p* 值（**漸進顯著性**）為 .000（讀為 < .001）。由於 *p* 值小於 .05，應拒絕虛無假設，表示人格類型與喜歡的活動有關聯。

　　由於結果達到顯著，我們進一步檢視 *personality * activity* 交叉表中觀察及期望次數（人數）的差異，以確定這兩個變數的關聯性質。在表格中的第一個細格（內向選擇遊樂場），預

期有 22 個人，但是實際上只有 12 個人選擇遊樂場，表示內向而選擇遊樂場的人比預期次數少。看到靈修這欄，預期有 18 個人，但是實際上有 28 個人選擇靈修，表示內向而選擇靈修的人比預期次數多。對外向的人而言，則有相反的型態：外向而選擇遊樂場的人比預期次數多（觀察次數 43 對期望次數 33），選擇靈修的人比預期次數少（觀察次數 17 對期望次數 27）。結果摘要如圖 16.13。

	遊樂場	靈修	結論
內向	實際選擇比預期少 （觀察 12、期望 22）	實際選擇比預期多 （觀察 28、期望 18）	內向的人喜歡靈修
外向	實際選擇比預期多 （觀察 43、期望 33）	實際選擇比預期少 （觀察 17、期望 27）	外向的人喜歡遊樂場

圖 16.13 卡方獨立性檢定結果摘要。

總之，結果顯示內向的人喜歡靈修而外向的人喜歡遊樂場。

對稱性量數

對稱性量數表格將在效果量部分說明。

效果量

在卡方獨立性檢定中常用的效果量量數是 Cramer 的 V 係數。Cramer 的 V 係數的公式是：

$$V = \sqrt{\frac{\chi^2}{N(k-1)}}$$

其中 χ^2 值是**卡方檢定**表格中 *Pearson* **卡方**的值，N 是研究中的總樣本數，k 是變數中**最少**類別的水準數。

代入圖 16.12 的適當數值，可以得到：

$$V = \sqrt{\frac{16.835}{100(2-1)}} = .41$$

此與對**稱性量數**表格中 *Cramer's V* 值一致。

　　Cohen（1988）對於 Cramer 的 *V* 值之小、中，及大效果量的界定分別為 .10、.30，及 .50（此效果量只適用於至少一個變數**只有**兩個類別的表格，如，2×2、2×3、2×4 等）。因此 .41 等於中度效果量，表示這兩個變數有中度關聯。[*]

以 APA 格式陳述結果

　　在撰寫結果時，包含假設檢定結論、自由度、樣本數、卡方值、*p* 值，及效果量都應呈現。當結果顯著時，觀察與期望次數的關係，及每個類別人數的百分比也應加以說明。撰寫結果的範例說明如下。

撰寫結果

人格類型與選擇的休閒活動有關聯，$\chi^2(1, N=100) = 16.84$，$p < .05$, Cramer 的 $V = .41$。如果從到遊樂場或參加靈修做選擇，內向型的人比較喜歡參加靈修（70%內向的人選擇靈修），而外向型的人比較喜歡到遊樂場（72%外向的人選擇遊樂場）。

卡方適合度的假定

1.　**觀察值獨立。**

　　　獨立性假定意味在每個細格的觀察值獨立於其他細格之外。如果一個人同時被計算到兩個不同的細格（如參與者可以**同時**選擇休閒活動），就會違反這個假定。違反此假定會嚴重影響卡方檢定的正確性。如果有理由相信違反獨立性假定，就不應使用卡方適合度檢定。

---

[*]（注：當 2×2 表格時，Cramer 的 *V* 也稱為 phi 係數，也等於兩個二分變數間的皮爾遜 *r* 相關係數。）

2. **期望次數大小。**

   在小的表格（四個細格的表格），每個細格的期望次數建議應在 5 以上。在較大的表格中，一個或較少細格的期望次數小於 5，對卡方檢定的結果不太會造成不利的影響；如果總樣本太小，則檢定力會受到影響。

在 SPSS 中執行卡方獨立性檢定步驟之摘要

在 SPSS 中進行卡方獨立性檢定有加權觀察值及個別觀察值兩種資料輸入方法。（如前所述，個別觀察值方法的資料結構會在本章後面的練習 2 說明。）

Ia. 輸入及分析資料——加權觀察值方法

1. 在 SPSS 中建立三個變數（類別變數各一個變數，另一個是次數變數）。
2. 為每個類別變數建立數值註解。在**數值註解**對話窗中適當地輸入數值及標記。點擊**確定**。
3. 輸入資料。（使用加權觀察值的輸入方法，資料檔的列數等於兩個變數中的**類別**數相乘。）
4. 選擇**資料＞加權觀察值…**，以使用次數變數對觀察值加權。
5. 選擇**觀察值加權依據**，並將次數變數移到**次數變數**窗格。點擊**確定**。
6. 選擇**分析＞敘述統計＞交叉表…**。
7. 選擇其中一個變數到**列**窗格中，另一個變數到**欄**窗格中（次數變數還會留在對話窗的左邊）。
8. 點擊**統計量**按鈕。選擇**卡方**及 *Phi* 與 *Cramer's V*。點擊**繼續**。
9. 點擊**儲存格**按鈕。在**個數**下選擇**期望**（**觀察值**已被勾選），在**百分比**下選擇**列**。點擊**繼續**。
10. 點擊**確定**。

Ib. 輸入及分析資料——個別觀察值方法

1. 在 SPSS 中建立兩個變數（供兩個類別變數用）。

2. 為每個類別變數建立數值註解。在**數值註解**對話窗中適當地輸入數值及標記。點擊**確定**。

3. 輸入資料。（使用個別觀察值的輸入方法，資料檔的列數等於研究中的**參與者**人數。）

4. 選擇**分析＞敘述統計＞交叉表…**。

5. 選擇其中一個變數到**列**窗格中，另一個變數到**欄**窗格中。

6. 點擊**統計量**按鈕。選擇**卡方**及 *Phi 與 Cramer's V*。點擊**繼續**。

7. 點擊**儲存格**按鈕。在**個數**下選擇**期望**（**觀察值**已被勾選），在**百分比**下選擇**列**。點擊**繼續**。

8. 點擊**確定**。

II. **解讀結果**（不管使用何種輸入資料的方法，解釋是相同的）

在**卡方檢定**表格中，檢視 *Pearson* **卡方**的 *p* 值（**漸進顯著性**）。

- 如果 $p \leq .05$，應拒絕虛無假設。寫出結果，指出兩個變數間的關聯性質。

- 如果 $p > .05$，不能拒絕虛無假設。寫出結果，指出兩個變數沒有關聯。

練習

1. 某研究者想要探討嬰兒時期被哺育的方式（以母乳哺育分類——是／否）與一年級時的體重（以過重分類——是／否）是否有關聯。三百名一年級學生，由家長回答他們在嬰兒時被哺育的方式，並測量了身體質量指數（BMI）。根據 BMI 分數，將一年級學生的體重分類為是否過重。資料如圖 16.14。

		過重		
		是	否	總和
母乳哺育	是	16	84	100
	否	56	144	200
	總和	72	228	300

圖 16.14　哺育研究中 300 名兒童的資料。

將資料輸入 SPSS 中，並進行適當的統計分析以回答下列問題。將變數分別命名為 **breastfed**、**overweight** 及 **frequency**（在分析資料前要確認使用觀察值加權）。變數 **breastfed** 及 **overweight**，是編碼為 "1"，否編碼為 "2"。

a. 寫出虛無假設及對立假設。

b. 為這些資料寫出研究問題。

c. 嬰兒時期被哺育的方式與一年級時體重是否有顯著相關？請以 $\alpha = .05$ 進行檢定。

d. 效果量是多少？以小、中、大三個等級來描述此效果量。

e. 以適當的 APA 格式撰寫結果。

2. 一位學生想要探討性別與電影偏好是否有關聯。一百六十位到錄影帶店的人（95 位女性、65 位男性），被問到他們比較喜歡動作片或是文藝片（假定他們要從這兩種電影做出選擇）。圖 16.15 是參與者的選擇。

		電影		
		動作片	文藝片	總和
性別	女	15	80	95
	男	35	30	65
	總和	50	110	160

圖 16.15　160 位參與者之性別及電影偏好。

資料存放在 Chapter 16 資料夾下，名為 *Chapter 16_Exercise 2.sav*，讀者可從 www.pearsonhighered.com/yockey 下載。在資料檔中，變數名稱為 **gender**（女性編碼為 "1"、男性編碼為 "2"）及 **film**（動作片編碼為 "1"、文藝片編碼為 "2"）。在 SPSS 中開啟資料檔，並進行適當的統計分析以回答下列問題（分析個別觀察值資料的方法在本章練習題前的「步驟之摘要」中有說明）。

a. 寫出虛無假設及對立假設。

b. 為這些資料寫出研究問題。

c. 性別與電影偏好是否有顯著相關？請以 $\alpha = .05$ 進行檢定。

d. 效果量是多少？以小、中、大三個等級來描述此效果量。

e. 以適當的 APA 格式撰寫結果。

3. 某醫學研究者想探討老年人運動（是／否）及心臟病發作（是／否）的關聯。四百零五位老人被問到運動的習慣及是否有心臟病發作的經驗。圖 16.16 是參與者的回答情形。

		心臟病發作		總和
		是	否	
運動	是	10	140	150
	否	35	220	255
	總和	45	360	405

圖 16.16　運動研究中 405 位老人之資料。

　　資料存放在 Chapter 16 資料夾下，名為 *Chapter 16_Exercise 3.sav*（變數名稱為 **exercise**、**heartattack**，及 **frequency**，變數 **exercise** 及 **heartattack**，是編碼為 "1"，否編碼為 "2"），讀者可從 www.pearsonhighered.com/yockey 下載。在 SPSS 中開啟資料檔，並進行適當的統計分析以回答下列問題（在分析資料前要確認使用觀察值加權）。

a. 寫出虛無假設及對立假設。

b. 為這些資料寫出研究問題。

c. 運動與心臟病發作是否有顯著相關？請以 $\alpha = .05$ 進行檢定。

d. 效果量是多少？以小、中、大三個等級來描述此效果量。

e. 以適當的 APA 格式撰寫結果。

附錄 A　資料轉換及其他程序

就資料分析而言，進行你的資料分析之前，常需要對一個或多個變數進行特定處理。例如，最常見的處理是將一些變數相加，以在 SPSS 中產生總分。在本附錄中，將說明常使用的程序，包含**重新編碼、計算、選擇觀察值**，及**分割檔案**程序。

我們將使用圖 A.1 的資料來說明這些程序（我們將從電腦中開啟這個資料檔）。此資料包含 10 個參與者在四個變數的數值，變數為：**gender**（性別；1=「男性」、2=「女性」）、**meaning1**、**meaning2**，及 **meaning3**。後面三個變數是生命意義感量表的題目。

參與者	gender	meaning1	meaning2	meaning3
1	1	4	2	5
2	1	1	4	2
3	1	5	1	5
4	1	3	3	3
5	1	4	2	4
6	2	4	1	5
7	2	5	2	4
8	2	5	1	5
9	2	1	4	1
10	2	5	1	5

圖 A.1　範例資料。（**注**：包含參與者變數是為了說明之用，不需要輸入到 SPSS 中。）

生命意義感的題目說明見第 312 頁圖 A.2。

題目	生命意義感的題目	非常不同意	不同意	非不同意或同意	同意	非常同意
meaning1	我對生活的方向感到滿意。	1	2	3	4	5
meaning2	我的生活沒什麼意義。	1	2	3	4	5
meaning3	整體而言，我覺得我的生活是上軌道的。	1	2	3	4	5

圖 A.2　生命意義感量表題目。每個題目的反應是 1（非常不同意）、2（不同意）、3（非不同意或同意）、4（同意），及 5（非常同意）。每個參與者在每個題目中只能選擇一個反應。

重新編碼（轉碼）程序

　　圖 A.2 為生命意義感的題目，參與者讀完每個說明並選擇最符合他們感覺的選項（從非常不同意到非常同意）。檢視題目，**meaning1** 及 **meaning3** 這兩題設計的目的是，如果一個人有非常高的生命意義感，非常可能回答 「非常同意」（每題會圈選 "5"）；而 **meaning2** 設計的目的是，同一個人對此題非常可能回答「非常不同意」（會圈選 "1"）。**Meaning2** 是**反向題**的例子，某個人有高的特定特質（生命意義感）會回答與量表**相反的**方向。因此，在本例中，如果一個人有很高的生命意義感，則他在 **meaning1**、**meaning2**，及 **meaning3** 的回答非常可能分別是 5、1，及 5。通常，當分析對此量表的反應，會將每個題目的反應相加以得到總分。在此例中，一個有很高生命意義感的人，總分會是 11（5＋1＋5）。然而，因為量表的設計是高分表示有高的生命意義感，有非常高生命意義感的人，總分**應該**是 15 分（5＋5＋5）。（由於 **meaning2** 是反向題，所以事實並非如此。）要修正此問題，就要對相反語義的題目進行反向轉碼，將 1 轉成 5、2 轉成 4、3 仍為 3、4 轉為 2，而 5 轉為 1。當 **meaning2** 反向轉碼後，一個有高度生命意義感的人，總分就會是 15（而不是 11），也就與量表的意圖相同。說完了反向轉碼的理由後，讓我們在 SPSS 中開啟資料檔並將反向題 **meaning2** 重新編碼。

　　（**注**：後面的說明是假定 *SPSS Demystified* 檔案已經下載到你的電腦中。如果還未在你的電腦，就從 www.pearsonhighered.com/yockey 取得。）

從你的電腦中開啟檔案

1. 在電腦 *SPSS Demystified* 檔中 *Appendix A* 的資料夾開啟 *Appendix A.sav*。

在 SPSS 將題目 **meaning2** 重新編碼

1. 從選單列選擇**轉換＞重新編碼成不同變數…**（見圖 A.3）。（**注**：如果你使用 SPSS 14.0 或之前的版本，選擇指令是**轉換＞重新編碼＞成不同變數**。其餘指令都相同。）

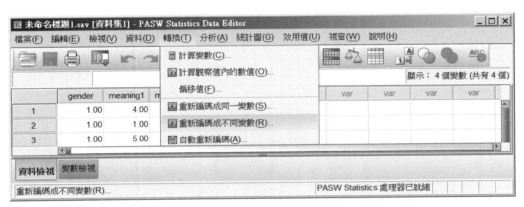

圖 A.3　重新編碼（成不同變數）程序的選單指令。

2. 此時會出現**重新編碼成不同變數**的對話窗（見圖 A.4）。

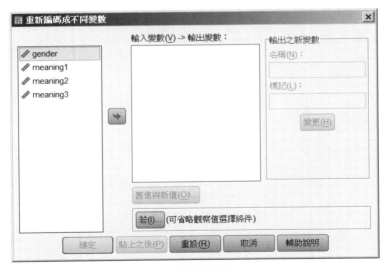

圖 A.4　重新編碼成不同變數對話窗。

3. 選擇 **meaning2** 並點擊向右箭頭按鈕（ ➡ ）將它移到**輸入變數→輸出變數**窗格（當 **meaning2** 移過去後，會變為**數值變數→輸出變數**）。在**名稱**中輸入 **meaning2_recode**（見圖 A.5）。這是將要包含轉碼值的新變數名稱。

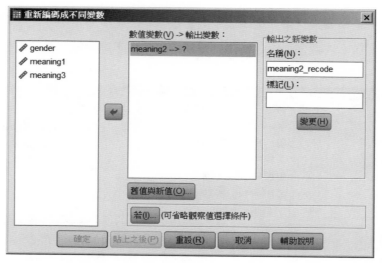

圖 A.5　**重新編碼成不同變數**對話窗（續）。

4. 點擊**變更**。此時在**數值變數→輸出變數**窗格中會看到 *meaning2→meaning2_recode*。

5. 點擊**舊值與新值**。出現**重新編碼成不同變數：舊值與新值**對話窗。此對話窗用來把 **meaning2** 變數重新編碼，將 1 轉為 5、2 轉為 4，依此類推。

6. 在**舊值**的**數值**窗格中輸入 *1*，**新值為**的**數值**窗格中輸入 *5*（見圖 A.6）。

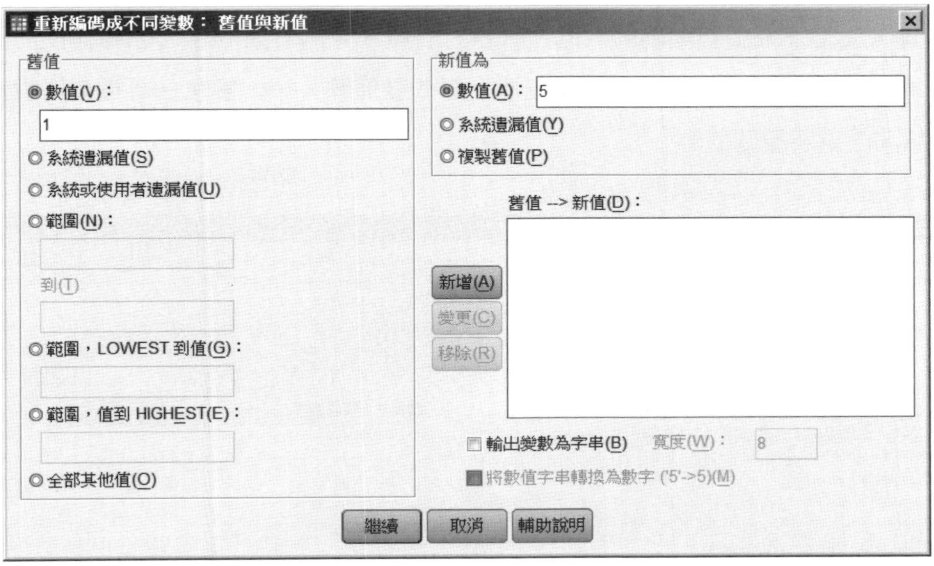

圖 A.6　重新編碼成不同變數：舊值與新值對話窗。

7.　點擊**新增**鈕。**舊值→新值**窗格中會出現 1→5（見圖 A.7）。

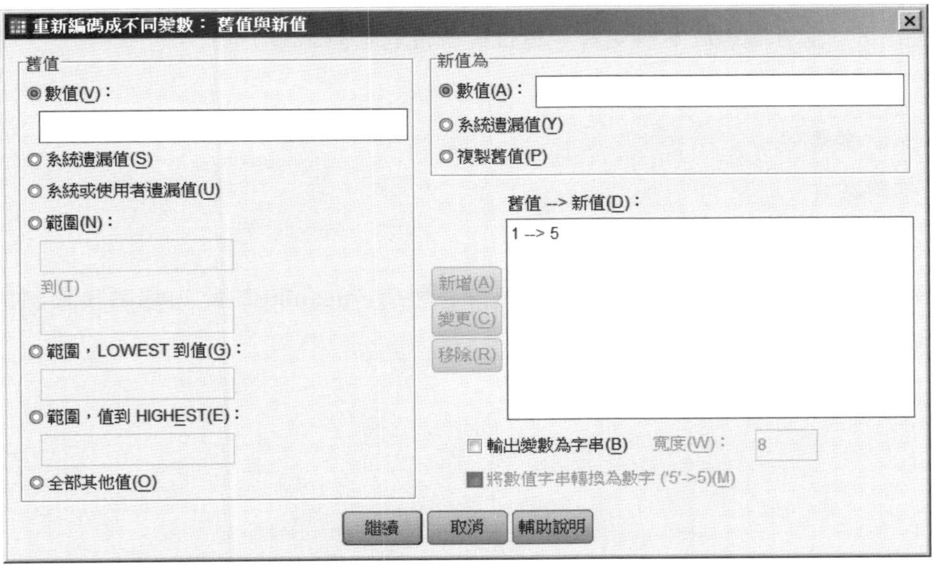

圖 A.7　重新編碼成不同變數：舊值與新值對話窗（續）。

8. 輸入其他需要重新編碼的數值（2→4、3→3、[1]4→2、5→1），當每個配對的**舊值**與**新值**輸入後，點擊**新增**鈕。當五個配對的數值輸入後，**舊值→新值**窗格中就會有圖 A.8 的重新編碼值。[2]

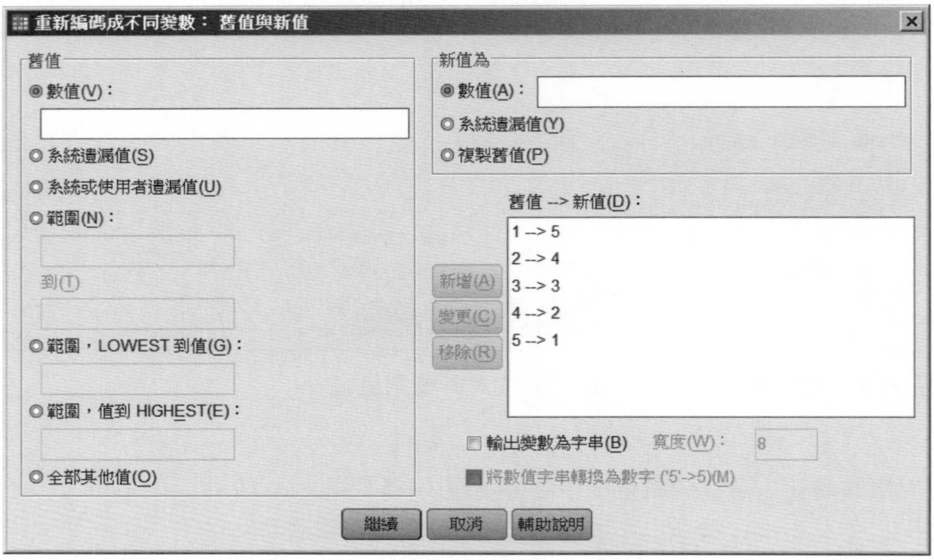

圖 A.8　重新編碼成不同變數：舊值與新值對話窗（續）。

9. 點擊**繼續**。
10. 點擊**確定**。

在 SPSS 的**資料檢視**視窗可以看到包含著變數 **meaning2** 反向轉碼後資料的新變數 **meaning2_recode**（見圖 A.9）。

	gender	meaning1	meaning2	meaning3	meaning2_recode	var	var	var	var
1	1.00	4.00	2.00	5.00	4.00				
2	1.00	1.00	4.00	2.00	2.00				
3	1.00	5.00	1.00	5.00	5.00				
4	1.00	3.00	3.00	3.00	3.00				
5	1.00	4.00	2.00	4.00	4.00				
6	2.00	4.00	1.00	5.00	5.00				
7	2.00	5.00	2.00	4.00	4.00				
8	2.00	5.00	1.00	5.00	5.00				
9	2.00	1.00	4.00	1.00	2.00				
10	2.00	5.00	1.00	5.00	5.00				

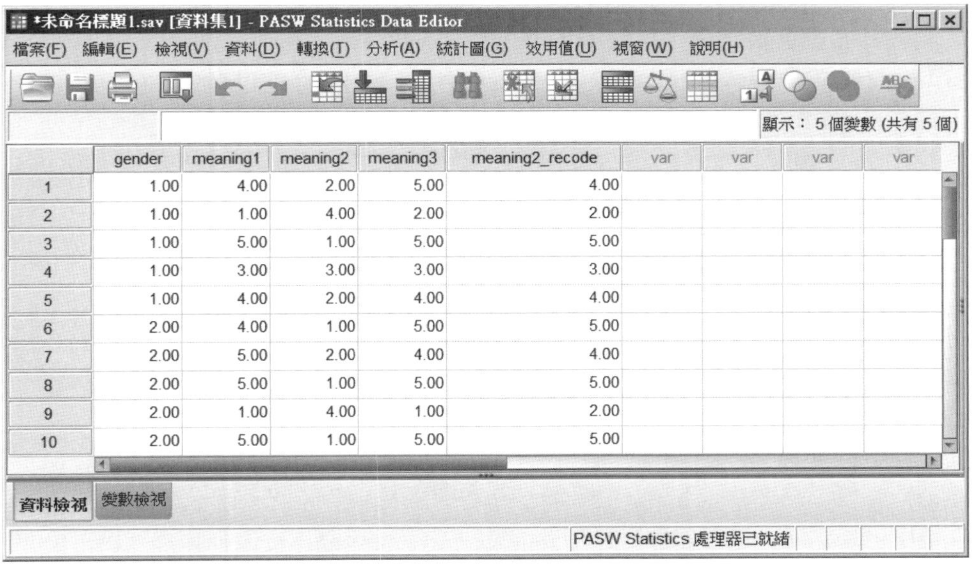

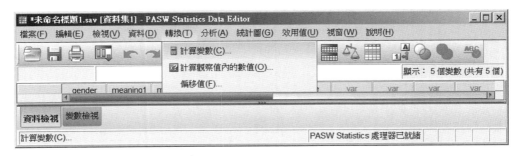

圖 A.9　**資料編輯**視窗中有轉碼後的新變數 meaning2_recode。

計算程序

如本附錄一開始所說，SPSS 中常用的程序是將一些變數相加以得到總分。在 SPSS 中要將變數加總，需要使用**計算**程序。

我們將使用**計算**程序把生命意義感量表的題目相加，以產生總分。

在 SPSS 中增加變數

1. 從選單列選擇**轉換＞計算變數…**（見圖 A.10）。（**注**：如果你使用 SPSS 14.0 或之前的版本，選單指令是**轉換＞計算**，其餘指令都相同。）

圖 A.10　**計算**程序的選單指令。

2.　開啟**計算變數**對話窗（見圖 A.11）。

圖 A.11　**計算變數**對話窗。

為了計算生命意義量表總分，我們需要將題目 **meaning1**、**meaning2_recode**，及 **meaning3** 相加。[3] 為了建立等於三個變數之總分的新變數，我們需要在 SPSS 提供一個新變數以包含總分。我們將變數命名為 **meaning_total**。

1.　在**目標變數**窗格中輸入 **meaning_total**。

為了得到總分，我們將移動適當的變數到**數值運算式**窗格中，並使用加號（＋）將它們相加。[4]

2. 選擇第一個變數（**meaning1**），並點擊向右箭頭按鈕（）將它移到**數值運算式**窗格中。點擊**數值運算式**窗格下的加號（＋）鈕（或在鍵盤上敲擊 *Shift* 及 ＋ 鍵）。移動 **meaning2_recode** 到**數值運算式**窗格中並點擊加號（＋）鈕。最後，移動 **meaning3** 到**數值運算式**窗格中。此說明讀為 *meaning1 ＋ meaning2_recode ＋ meaning3*（見圖 A.12）。

圖 A.12　**計算變數**對話窗（續）。

3. 點擊**確定**。在**資料檢視**視窗會新建一個名為 **meaning_total** 的變數，它是 **meaning1**、**meaning2_recode**，及 **meaning3** 的總分（見第 320 頁圖 A.13）。

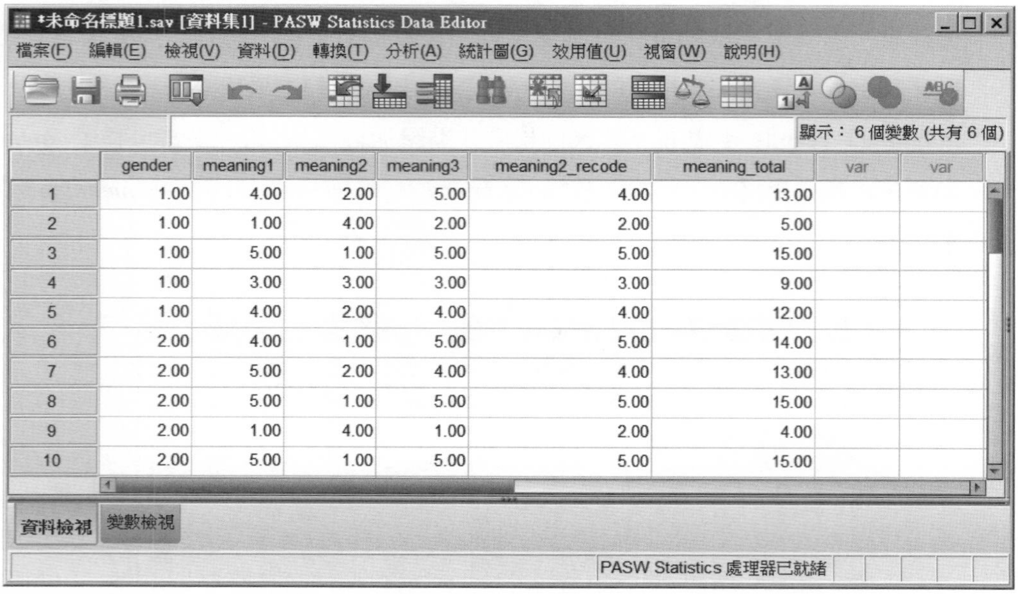

	gender	meaning1	meaning2	meaning3	meaning2_recode	meaning_total	var	var
1	1.00	4.00	2.00	5.00	4.00	13.00		
2	1.00	1.00	4.00	2.00	2.00	5.00		
3	1.00	5.00	1.00	5.00	5.00	15.00		
4	1.00	3.00	3.00	3.00	3.00	9.00		
5	1.00	4.00	2.00	4.00	4.00	12.00		
6	2.00	4.00	1.00	5.00	5.00	14.00		
7	2.00	5.00	2.00	4.00	4.00	13.00		
8	2.00	5.00	1.00	5.00	5.00	15.00		
9	2.00	1.00	4.00	1.00	2.00	4.00		
10	2.00	5.00	1.00	5.00	5.00	15.00		

圖 A.13　**資料編輯**視窗中有新變數 meaning_total。

選擇觀察值程序

當分析資料時，某些特定的問題可能只需要使用資料檔中**部分**的資料。此時，就會使用**選擇觀察值**程序。

為了說明**選擇觀察值**程序，假設你想使用**男性**樣本以進行單一樣本 *t* 檢定，以檢視他們對 **meaning1** 的反應是否顯著不同於量表的中性反應（量表的中性反應值是 “3”；詳細的單一樣本 *t* 檢定說明，請見第 5 章）。此需要**只**選擇資料中的男性樣本，這時就要使用選擇觀察值程序。

使用選擇觀察值程序選擇男性樣本

1. 從選單列選擇**資料**＞**選擇觀察值…**（見圖 A.14）。

圖 A.14　**選擇觀察值**程序的選單指令。

2.　出現**選取觀察值**對話窗（見第 322 頁圖 A.15）。

3.　在**選取**下，點擊**如果滿足設定條件**。

圖 A.15   **選取觀察值**對話窗。

4.   點擊**若**鈕（在**如果滿足設定條件**下方）。開啟**選擇觀察值：**_If_對話窗（見圖 A.16）。

圖 A.16   **選擇觀察值：**_If_對話窗。

5. 選擇變數 **gender**，並點擊向右箭頭按鈕（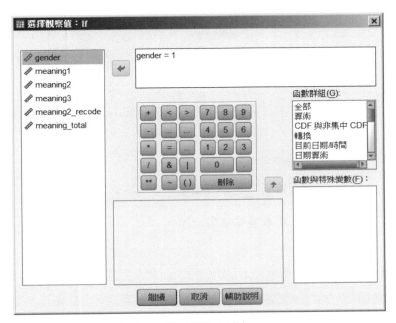）將它移到對話窗右邊。

在此例中我們**只要**男性樣本。由於男性編碼為 1，因此在 **gender** 右邊輸入 " = 1 "（不要包含引號）（見圖 A.17）。這表示在 SPSS 中將只有男性被選取。

圖 A.17　*選擇觀察值：If* 對話窗（續）。

6. 點擊**繼續**。
7. 在**選取觀察值**對話窗中**若**鈕的右邊可以看到 *gender =1*（見第 324 頁圖 A.18）。
8. 點擊**確定**。

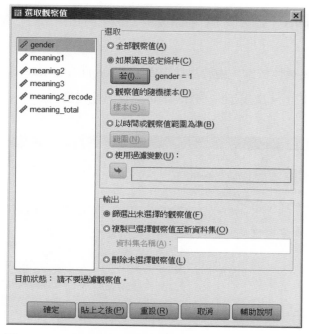

圖 A.18　**選取觀察值**對話窗。

　　在圖 A.19 **資料檢視**視窗中觀察值 6 到 10 的列頭會有對角線，表示女性不包含在分析中。同時，在資料中會新增一個過濾變數，表示哪些觀察值被選取（"1" 表示被選取，"0" 表示未被選取）。

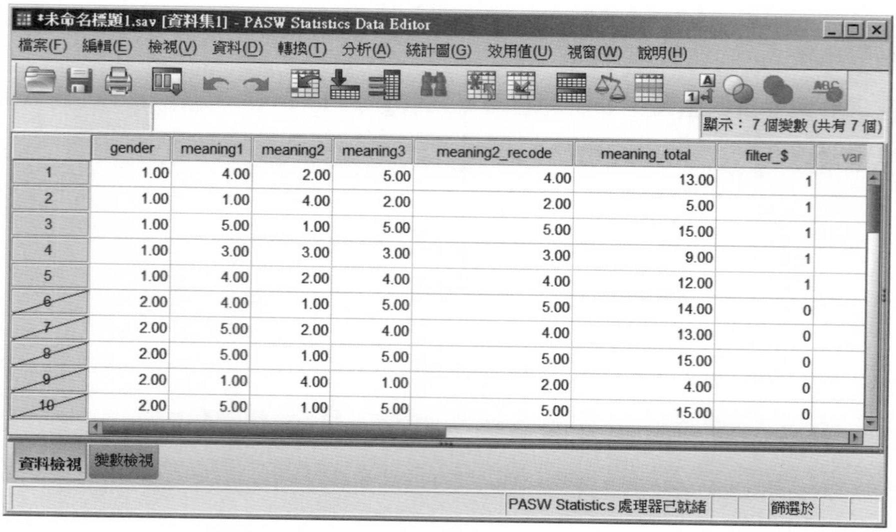

圖 A.19　只選擇男性的資料檔。

為了回答最初的問題，在本範例中使用選擇觀察值，以對 **meaning1** 變數中的男性樣本進行單一樣本 *t* 檢定。圖 A.20 是單一樣本 *t* 檢定的結果。

T 檢定

單一樣本統計量

	個數	平均數	標準差	平均數的標準誤
meaning1	5	3.4000	1.51658	.67823

單一樣本檢定

	檢定值 = 3					
	t	自由度	顯著性 (雙尾)	平均差異	差異的 95% 信賴區間	
					下界	上界
meaning1	.590	4	.587	.40000	-1.4831	2.2831

圖 A.20　男性樣本之 **meaning1** 的單一樣本 *t* 檢定結果。

在圖 A.20 的輸出報表中，並沒有指出只選擇男性。然而，在**單一樣本統計量**的表格中，個數為 5，表示只使用資料中的五個參與者進行檢定。（再複習第 5 章的教材，由於 *p* 值為 .587，大於 .05，因此結果顯示男性在 **meaning1** 的反應與 "3" 分並沒有顯著差異。）[5]

接著，我們將說明如何使用**分割檔案**程序，這是在 SPSS 中另一種使用不同部分之資料進行分析的方法。然而，在使用**分割檔案**程序之前，我們要先關閉**選擇觀察值**的程序，以便使用全部的資料。如果未關閉**選擇觀察值**程序，所有後續的分析都只使用男性樣本。

關閉選擇觀察值程序

1. 從選單列選擇**資料 > 選擇觀察值…**。
2. 在**選取**下，點擊**全部觀察值**鈕（見第 326 頁圖 A.21）。
3. 點擊**確定**。

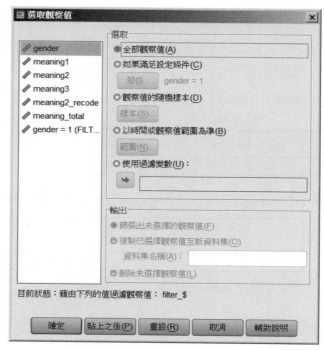

圖 A.21　**選取觀察值**對話窗。

　　在**資料檢視**視窗中,所有觀察值會被選取(觀察值 6 到 10 不再有斜線)。雖然過濾變數仍留在資料檔,但是它已不再有作用。它可以經由在**資料檢視**視窗中 **filter_$** 變數這欄的開頭,並按鍵盤的 *Delete*(刪除)鍵來刪除(如果想要的話)。

分割檔案程序

　　假如你希望分別對男性及女性之 **meaning1** 變數進行單一樣本 *t* 檢定,而不是只以男性進行單一樣本 *t* 檢定。雖然**選擇觀察值**的程序在這種情形之下也能使用,但是需要進行兩次分析(一次使用男性,一次使用女性)。另一種比較有效率的方法是使用**分割檔案**程序,它可以自動對關心之變數的每個組別進行個別的分析。**分割檔案**程序說明如後。

完成分割檔案程序

　　1.　從選單列選擇**資料 > 分割檔案…**(見圖 A.22)。

圖 A.22　**分割檔案**程序的選單指令。

2. 開啟**分割檔案**對話窗（見圖 A.23）。

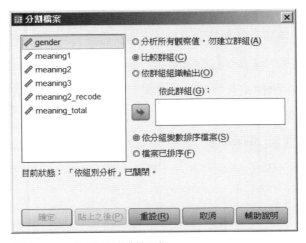

圖 A.23　**分割檔案**對話窗。

　　有兩種方法可以對檔案進行分割：**比較群組**及**依群組組織輸出**。**比較群組**將結果顯示在同一個表格，而**依群組組織輸出**將結果顯示在不同表格。我們將使用**比較群組**的方法。

3.　選擇**比較群組**。

4.　選擇 **gender**。點擊向右箭頭按鈕（ ⬅ ）將它移到**依此群組**窗格中（見圖 A.24）。

5.　點擊**確定**。

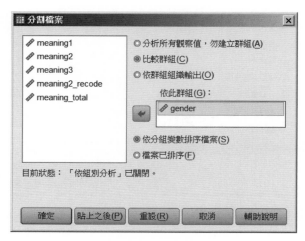

圖 A.24　**分割檔案**對話窗（續）。

　　當點擊**確定**後，你就可以在**資料編輯**視窗的右下角看到「**分割依據**」。

　　圖 A.25 是分別對男性及女性進行單一樣本 *t* 檢定程序，以判斷他們在 **meaning1** 的反應是否顯著不同於 "3" 之結果。（**注**：如何進行單一樣本 *t* 檢定請見第 5 章。）

　　使用**比較群組**選項，男性及女性的分析結果會顯示在同一個表格，男性的結果在前，女性在後。如果使用**依群組組織輸出**選項，男性及女性的結果會顯示在不同的表格。（再複習第 5 章的教材。男性或女性對 **meaning1** 的平均反應與 "3" 有顯著差異嗎？沒有，因為 *p* 值為 .587 及 .266，都大於 .05。）

T 檢定

單一樣本統計量

gender		個數	平均數	標準差	平均數的標準誤
男性	meaning1	5	3.4000	1.51658	.67823
女性	meaning1	5	4.0000	1.73205	.77460

單一樣本檢定

		檢定值 = 3				差異的 95% 信賴區間	
gender		t	自由度	顯著性 (雙尾)	平均差異	下界	上界
男性	meaning1	.590	4	.587	.40000	-1.4831	2.2831
女性	meaning1	1.291	4	.266	1.00000	-1.1506	3.1506

圖 A.25 男女樣本之 **meaning1** 的單一樣本 *t* 檢定結果。

關閉分割檔案程序

如同前面**選擇觀察值**所說，如果你想以**全部**樣本進行後續分析，就要先關閉**分割檔案**程序。要關閉**分割檔案**程序，在**分割檔案**對話窗中選擇**分析所有觀察值，勿建立群組**並點擊**確定**（見圖 A.26）。（如果在使用**選擇觀察值**或**分割檔案**程序之後退出 SPSS，下次再進入 SPSS 時內定就會關閉這兩個選項。）

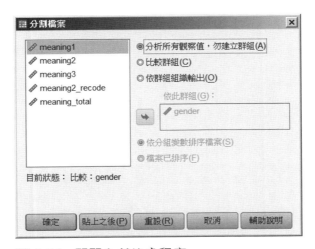

圖 A.26 關閉**分割檔案**程序。

到此結束**重新編碼、計算、選擇觀察值**，及**分割檔案**程序的說明。

本附錄將說明如何匯入 Excel 檔到 SPSS 中。為了說明此程序，先以 Excel 建立附錄 A 的資料檔。Excel 檔如圖 B.1。

	A	B	C	D
1	gender	meaning1	meaning2	meaning3
2	1	4	2	5
3	1	1	4	2
4	1	5	1	5
5	1	3	3	3
6	1	4	2	4
7	2	4	1	5
8	2	5	2	4
9	2	5	1	5
10	2	1	4	1
11	2	5	1	5

圖 B.1　*Excel File_Appendix B.xls* 檔。

我們將使用 *SPSS 資料庫精靈*來匯入 Excel 檔，此程序可以協助把檔案匯入 SPSS 中。[1]

使用資料庫精靈

1. 從選單列選擇**檔案 > 開啟資料庫 > 新增查詢…**（見第 332 頁圖 B.2）。

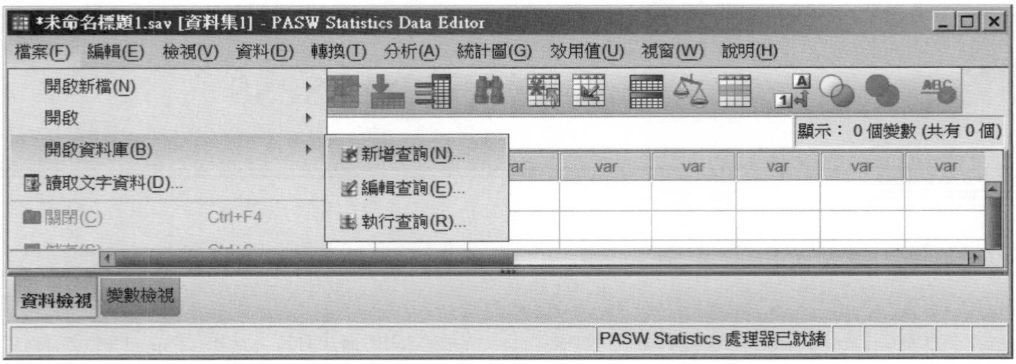

圖 B.2　匯入 Excel 檔到 SPSS 的選單指令。

2.　開啟**資料庫精靈**對話窗（見圖 B.3）。

圖 B.3　**資料庫精靈**對話窗。

在**資料庫精靈**對話窗中列出三種不同類型的檔案，包含 *dBASE Files*、*Excel Files*，及 *MS Access Database* 檔案。

3. 從**資料庫精靈**對話窗中選擇 *Excel Files*。

4. 點擊**下一步**。會開啟 *ODBC* **驅動程式登錄**對話窗（見圖 B.4）。

圖 B.4　*ODBC* 驅動程式登錄對話窗。

接著我們將從電腦中開啟 Excel 檔。

5. 點擊**瀏覽**鈕（見圖 B.4）並選擇你電腦中 *SPSS Demystified* 檔案的位置（如果還沒有下載到你的電腦，從 www.pearsonhighered.com/yockey 下載它們）。

6. 開啟 *Appendix B* 資料夾，選擇 *Excel File_Appendix B.xls* 並點擊**開啟**。

7. 檔案會出現在 *ODBC* **驅動程式登錄**視窗（見圖 B.5）。（**注**：雖然圖 B.5 檔案是在 F：碟中，但它可能會在你電腦的不同位置。）

圖 B.5　*ODBC* 驅動程式登錄對話窗（續）。

8. 點擊**確定**。

9. 開啟**資料庫精靈：選取資料**對話窗（見第 334 頁圖 B.6）。

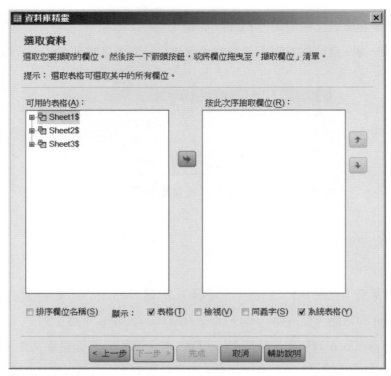

圖 B.6　**資料庫精靈：選取資料對話窗。**

　　在**可用的表格**窗格中會顯示三個不同的工作表（*Sheet1$*、*Sheet2$*，及 *Sheet3$*），此與Excel 建立的三個（內定）工作表相符。我們的資料是在第一個工作表 *Sheet1$*。（如果要確認，可以點擊 *Sheet1$* 旁的＋鈕，就可以看到 **gender**、**meaning1**、**meaning2**，及 **meaning3** 等變數名稱。）**資料庫精靈**對話窗下面的說明指出將感興趣的題目從**可用的表格**拖到**按此次序抽取欄位**中。由於我們的資料在 *Sheet1$*，我們將 *Sheet1$* 拉到**按此次序抽取欄位**窗格中。

10. 選擇 *Sheet1$* 並將它拉到**按此次序抽取欄位**窗格中（見圖 B.7）。

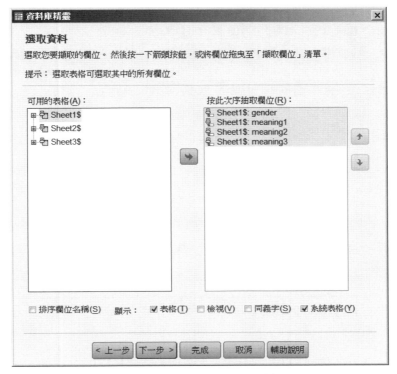

圖 B.7 **資料庫精靈：選取資料**對話窗（續）。

在**按此次序抽取欄位**窗格中顯示資料檔中的四個變數（**gender**、**meaning1**、**meaning2**，及 **meaning3**），可以確定我們選擇了正確的檔案。

11. 點擊**確定**。SPSS 開啟資料後，在**資料檢視**視窗的 1 到 10 列有參與者的分數，前四欄則有變數名稱（見第 336 頁圖 B.8）。

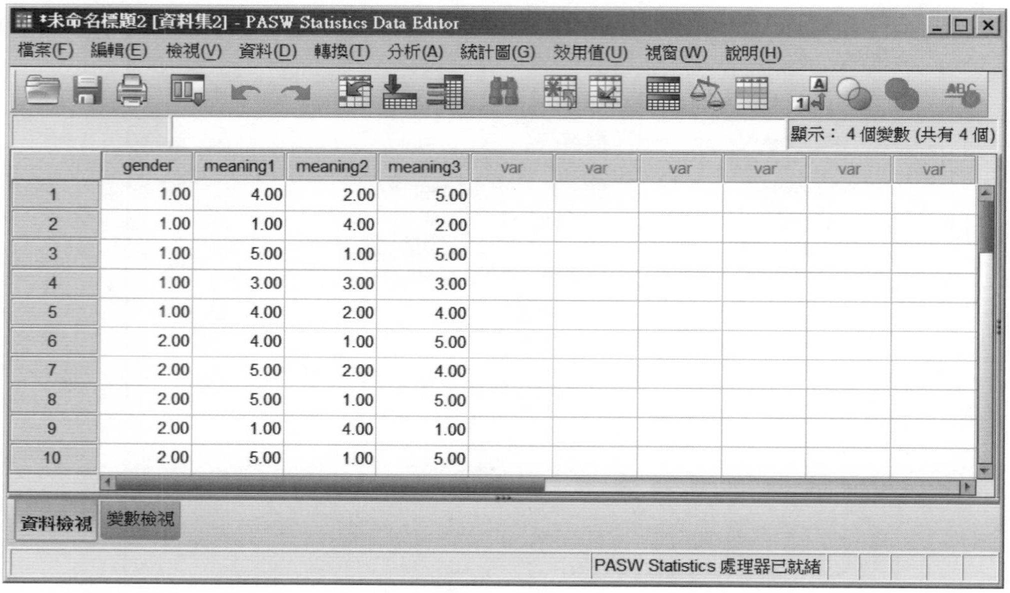

圖 B.8　匯入 SPSS 後的 Excel 檔。

　　在此結束匯入 Excel 檔到 SPSS 的說明。如果你的資料是以 *MS Access* 儲存，你可以使用**新增查詢**程序開啟。如果你的資料是用逗號、空格，或是定位格來分隔，就需要使用 SPSS 的其他方法來開啟。要開啟這些類型的檔案，從選單列選擇**檔案＞讀取文字資料…**，並依螢幕上的說明操作。

第 1 章　SPSS 簡介

1.　c.

觀察值處理摘要[a]

	觀察值					
	包括		排除		總和	
	個數	百分比	個數	百分比	個數	百分比
age	7	100.0%	0	.0%	7	100.0%
gender	7	100.0%	0	.0%	7	100.0%
wellbeing	7	100.0%	0	.0%	7	100.0%
activities	7	100.0%	0	.0%	7	100.0%

a. 限於前 100 個觀察值。

觀察值摘要[a]

	age	gender	wellbeing	activities
1	86.00	男性	4.00	2.00
2	72.00	女性	7.00	6.00
3	59.00	女性	6.00	5.00
4	86.00	女性	8.00	7.00
5	92.00	女性	4.00	1.00
6	68.00	男性	2.00	3.00
7	73.00	男性	8.00	5.00
總和　個數	7	7	7	7

a. 限於前 100 個觀察值。

　　d.　輸出的**觀察值摘要**表格中，是數值註解（男性／女性）。當建立了數值註解之後，在輸出結果就是內定的項目，因此就以數值註解取代原來在 SPSS 中輸入的數值(1、2)。此有利於報表的閱讀，也避免混淆男性及女性（在此例中是忘了哪個組別是 1，哪個組別是 2）。

2.　b.

觀察值處理摘要[a]

	觀察值					
	包括		排除		總和	
	個數	百分比	個數	百分比	個數	百分比
therapy	12	100.0%	0	.0%	12	100.0%
gender	12	100.0%	0	.0%	12	100.0%
selfesteem	12	100.0%	0	.0%	12	100.0%
angermanage	12	100.0%	0	.0%	12	100.0%

a. 限於前 100 個觀察值。

觀察值摘要[a]

	therapy	gender	selfesteem	angermanage
1	非指導式	男性	25.00	12.00
2	非指導式	男性	30.00	15.00
3	非指導式	男性	34.00	13.00
4	非指導式	女性	28.00	19.00
5	非指導式	女性	39.00	21.00
6	非指導式	女性	42.00	15.00
7	指導式	男性	37.00	9.00
8	指導式	男性	29.00	19.00
9	指導式	男性	26.00	22.00
10	指導式	女性	38.00	17.00
11	指導式	女性	43.00	11.00
12	指導式	女性	26.00	21.00
總和　個數	12	12	12	12

a. 限於前 100 個觀察值。

3.　b.

觀察值摘要[a]

	gender	numberclasses	hoursworked
1	男性	3.00	20.00
2	男性	5.00	10.00
3	女性	5.00	20.00
4	女性	4.00	14.00
5	女性	6.00	6.00
6	男性	2.00	.00
7	女性	1.00	40.00
8	女性	3.00	20.00
9	男性	5.00	15.00
10	女性	6.00	25.00
總和　個數	10	10	10

a. 限於前 100 個觀察值。

第 2 章　描述統計：次數分配、集中量數，及變異量數

1. a. 性別（gender）變數，有四個男生，四個女生。方法（method）變數，有四個腳尖踢，四個腳跟踢。

b.

統計量

		experience	distance	accuracy
個數	有效的	8	8	8
	遺漏值	0	0	0
平均數		4.6250	38.8750	5.7500
標準差		2.61520	7.10005	1.83225

c.

報表

gender		experience	distance	accuracy
男生	平均數	5.5000	42.5000	6.0000
	標準差	2.88675	6.45497	2.16025
女生	平均數	3.7500	35.2500	5.5000
	標準差	2.36291	6.39661	1.73205
總和	平均數	4.6250	38.8750	5.7500
	標準差	2.61520	7.10005	1.83225

男生在三個變數的平均數都比較高。男生在三個變數的標準差也都比較高。

d.

報表

method		experience	distance	accuracy
腳尖	平均數	5.0000	44.0000	4.5000
	標準差	2.16025	4.69042	1.29099
腳跟	平均數	4.2500	33.7500	7.0000
	標準差	3.30404	5.05800	1.41421
總和	平均數	4.6250	38.8750	5.7500
	標準差	2.61520	7.10005	1.83225

腳尖踢有較多的經驗（5.00）及較遠的距離（44.00），而腳跟踢有較高的精確度（7.00）。腳跟踢在三個變數的標準差都比較大。

e.

報表

gender	method		experience	distance	accuracy
男生	腳尖	平均數	5.5000	47.5000	4.5000
		標準差	.70711	3.53553	.70711
	腳跟	平均數	5.5000	37.5000	7.5000
		標準差	4.94975	3.53553	2.12132
	總和	平均數	5.5000	42.5000	6.0000
		標準差	2.88675	6.45497	2.16025
女生	腳尖	平均數	4.5000	40.5000	4.5000
		標準差	3.53553	2.12132	2.12132
	腳跟	平均數	3.0000	30.0000	6.5000
		標準差	1.41421	2.82843	.70711
	總和	平均數	3.7500	35.2500	5.5000
		標準差	2.36291	6.39661	1.73205
總和	腳尖	平均數	5.0000	44.0000	4.5000
		標準差	2.16025	4.69042	1.29099
	腳跟	平均數	4.2500	33.7500	7.0000
		標準差	3.30404	5.05800	1.41421
	總和	平均數	4.6250	38.8750	5.7500
		標準差	2.61520	7.10005	1.83225

使用腳跟踢的女生有較低的平均經驗（3.00），使用腳尖踢的男生及女生都有較低的平均精確度分數（4.50）。在四種情形中，使用腳尖踢方法的男生有最高的平均距離（47.50）。

2. a. 位置（location）變數，每個地區（西海岸、中西部，及東海岸）有 10 個人。資料中有 15 個男性及 15 個女性。

b.

統計量

		taste	clarity
個數	有效的	30	30
	遺漏值	0	0
平均數		6.8667	8.1333
標準差		1.45586	1.16658

c.

報表

location		taste	clarity
西海岸	平均數	6.9000	7.8000
	標準差	1.28668	1.03280
中西部	平均數	7.8000	8.7000
	標準差	.91894	1.15950
東海岸	平均數	5.9000	7.9000
	標準差	1.52388	1.19722
總和	平均數	6.8667	8.1333
	標準差	1.45586	1.16658

中西部在口感及澄清度有最高的平均數（7.80 及 8.70）。東海岸在口感及澄清度有最高的標準差（1.52 及 1.20）。

d.

報表

gender		taste	clarity
男性	平均數	6.6667	8.0667
	標準差	1.58865	1.27988
女性	平均數	7.0667	8.2000
	標準差	1.33452	1.08233
總和	平均數	6.8667	8.1333
	標準差	1.45586	1.16658

女性在口感及澄清度有最高的平均數（7.07 及 8.20）。男性在口感及澄清度有最高的標準差（1.59 及 1.28）。

e.

報表

gender	location		taste	clarity
男性	西海岸	平均數	6.6000	8.0000
		標準差	1.14018	1.22474
	中西部	平均數	8.0000	8.8000
		標準差	.70711	1.30384
	東海岸	平均數	5.4000	7.4000
		標準差	1.67332	1.14018
	總和	平均數	6.6667	8.0667
		標準差	1.58865	1.27988
女性	西海岸	平均數	7.2000	7.6000
		標準差	1.48324	.89443
	中西部	平均數	7.6000	8.6000
		標準差	1.14018	1.14018
	東海岸	平均數	6.4000	8.4000
		標準差	1.34164	1.14018
	總和	平均數	7.0667	8.2000
		標準差	1.33452	1.08233
總和	西海岸	平均數	6.9000	7.8000
		標準差	1.28668	1.03280
	中西部	平均數	7.8000	8.7000
		標準差	.91894	1.15950
	東海岸	平均數	5.9000	7.9000
		標準差	1.52388	1.19722
	總和	平均數	6.8667	8.1333
		標準差	1.45586	1.16658

東海岸的男性在口感及澄清度有最低的平均數（5.40 及 7.40），中西部的男性在口感及澄清度有最高的平均數（8.00 及 8.80）。

3.　a.　有 15 個男性及 15 個女性。每個 SES 組各有 10 個人（10 個低、10 個中、10 個高）。

　　b.

統計量

		hourstv	readingscores
個數	有效的	30	30
	遺漏值	0	0
平均數		3.1500	28.2667
標準差		1.37922	12.34262

　　c.

報表

gender		hourstv	readingscores
男性	平均數	3.3367	25.9333
	標準差	1.52976	11.90718
女性	平均數	2.9633	30.6000
	標準差	1.23512	12.73241
總和	平均數	3.1500	28.2667
	標準差	1.37922	12.34262

男性在 hourstv 變數的平均數較高（3.34），女性在 readingscores 變數的平均數較高（30.60）。男性在 hourstv 變數的標準差較大（1.53），而女性在 readingscores 變數的標準差較大（12.73）。

　　d.

報表

gender	ses		hourstv	readingscores
男性	低	平均數	3.3400	18.0000
		標準差	1.47792	9.87421
	中	平均數	3.9000	23.8000
		標準差	1.03983	6.30079
	高	平均數	2.7700	36.0000
		標準差	2.03150	12.16553
	總和	平均數	3.3367	25.9333
		標準差	1.52976	11.90718
女性	低	平均數	3.3400	18.0000
		標準差	1.47792	9.87421
	中	平均數	3.6000	36.4000
		標準差	.51841	11.32696
	高	平均數	1.9500	37.4000
		標準差	.95851	6.58027
	總和	平均數	2.9633	30.6000
		標準差	1.23512	12.73241
總和	低	平均數	3.3400	18.0000
		標準差	1.39340	9.30949
	中	平均數	3.7500	30.1000
		標準差	.79057	10.89801
	高	平均數	2.3600	36.7000
		標準差	1.55863	9.25023
	總和	平均數	3.1500	28.2667
		標準差	1.37922	12.34262

中 SES 的男性看最多電視（3.90）。高 SES 的女性有最高的閱讀分數平均數（37.40）。

第 3 章　繪圖程序

1.　a.

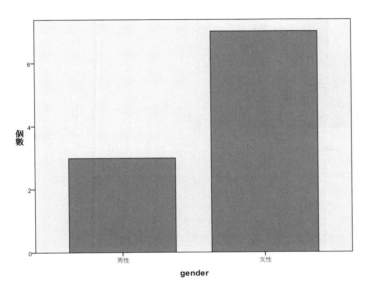

有三個男性及七個女性。

b.

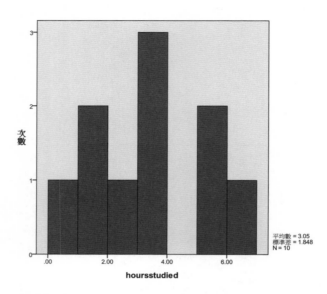

平均讀書時間是 3.05。

c.

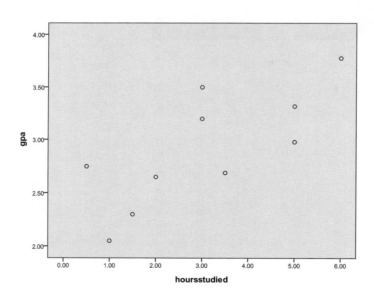

d.

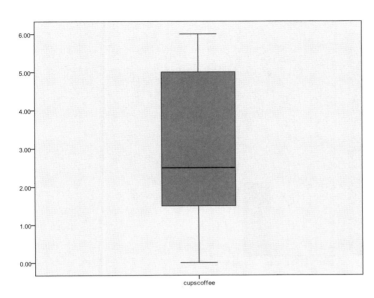

盒形圖中沒有離異值。

2.　a.

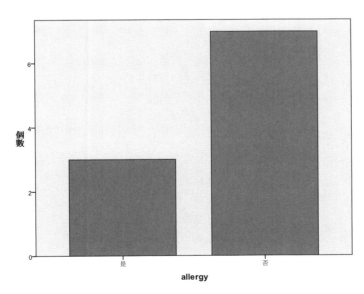

有三個人會過敏，七個人不會過敏。

b.

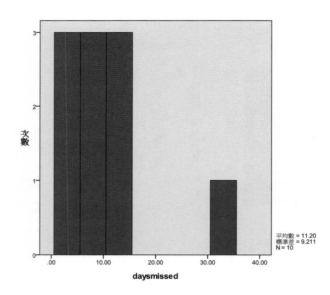

每年平均無法工作的天數（daysmissed）是 11.20 天。

c.

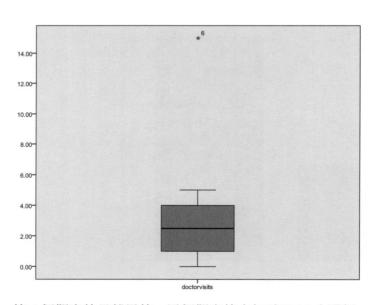

第 6 個觀察值是離異值，這個觀察值去年看了 15 次醫師。

3.　a.

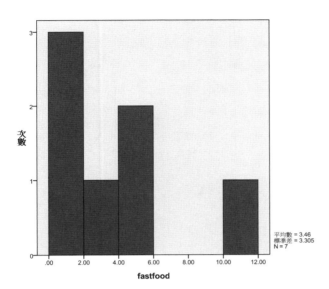

b.

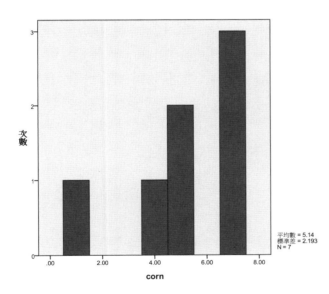

玉米（corn）的平均數是 5.14。

c.

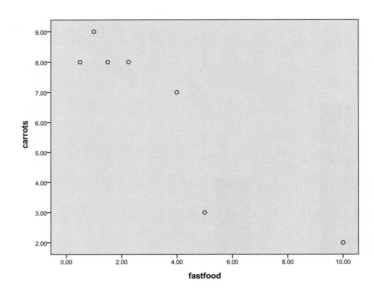

d.

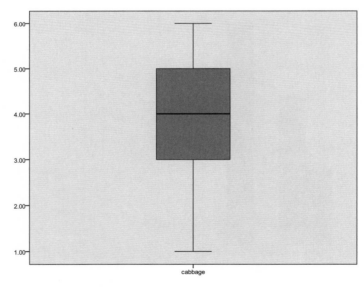

盒形圖中沒有離異值。

第 4 章　信度（以 alpha 係數測量）

1. a. Alpha 係數是 .72。

   b. 信度尚可。

   c. 對 20 個護理之家住民實施七題之住民滿意度量表以計算 alpha 係數。Alpha 係數是 .72，量表的信度係數尚可。總量表的平均數 25.75，標準差是 7.18。

2. a. Alpha 係數是 .95。

   b. 信度相當優異。

   c. 對 30 個人實施了 10 個題目的適應力量表以計算 alpha 係數。Alpha 係數是 .95，量表有很高的內部一致性信度。總量表的平均數 50.37，標準差是 13.59。

3. 信度這麼低的原因是因為他使用了**合併**的量表。由於這兩個量表是在測量不同的特質，因此應該**分開**計算每個量表的 alpha 係數。當兩個測量不同構念的量表合併時，內部一致性會降低，因為自信心及手部靈巧度是在測量不同的特質。

第 5 章　單一樣本 t 檢定

1. a. $H_0：\mu=50$

   $H_1：\mu \neq 50$

   b. 「這些預言家準確預測足球賽贏家時的比率是否不同於機會水準（50%）？」

   c. 否。這些預言家準確預測贏家的比率並沒有不同於機會水準（$p = .085$）。

   d. 效果量 $= (48.0667-50)/4.04381 = -0.48$（或者 0.48）。根據 Cohen 的標準，這效果量為小型效果量（儘管它很接近中型效果量）。

   e. 這些預言家準確預測足球隊贏家的比率並沒有不同於機會水準（$M = 48.07\%, SD = 4.04\%$），$t(14) = -1.85, p > .05, d = 0.48$。

2. a. $H_0：\mu=50$

   $H_1：\mu \neq 50$

   b. 「當地學區四年級學生的數學成績是否不同於全國平均（的 50 分）？」

   c. 是的。當地學生的數學測驗成績顯著優（高）於全國平均（$p = .018$）。

d. 效果量 = (55.44 − 50)/10.73577 = .51。根據 Cohen 的標準，這個數值代表中型效果量，同時也意味著當地學區學生的成績高於全國平均半個標準差。

e. 當地學區使用新課程的學生在數學標準化測驗的成績顯著高於（$M = 55.44$, $SD = 10.74$）全國平均的 50 分，$t(24) = 2.53$, $p < .05$, $d = .51$。

3. a. $H_0 : \mu = 3$

   $H_1 : \mu \neq 3$

b. 「學生是否對這個候選人有特別偏好（不是喜歡就是反對）呢？」

c. 否。學生對這個候選人沒有偏好（$p = .290$）。

d. 效果量 = (3.16 − 3)/1.05676 = .15。根據 Cohen 的標準，這是一個非常小的效果量。

c. 學生對這個候選人沒有顯著偏好（$M = 3.16$, $SD = 1.06$），$t(49) = 1.07$, $p > .05$, $d = .15$。

第 6 章　獨立樣本 t 檢定

1. a. $H_0 : \mu_{微創手術} = \mu_{傳統手術}$

   $H_1 : \mu_{微創手術} \neq \mu_{傳統手術}$

b. 「使用微創手術的病患所感受的疼痛程度是否不同於使用傳統手術者？」

c. 兩組的變異數沒有顯著不同，Levene 的 $F = .005$, $p > .05$。

d. 是（$p = .001$）。

e. $d = -3.58\sqrt{\dfrac{15+15}{15*15}} = -1.31$ 或 1.31。這是一個大型效果量，意味著使用微創手術患者所感受到的平均疼痛程度較傳統手術低 1.31 個標準差。

f. 使用微創手術的患者所感受的疼痛程度顯著不同於使用傳統手術的患者，$t(28) = -3.58$, $p < .05$, $d = 1.31$。使用微創手術的患者手術後所感受到的疼痛程度（$M = 4.73$, $SD = 1.67$）顯著低於使用傳統手術者（$M = 6.87$, $SD = 1.60$）。

2. a. $H_0 : \mu_{系統減敏感法} = \mu_{內爆法}$

   $H_1 : \mu_{系統減敏感法} \neq \mu_{內爆法}$

b. 「使用系統減敏感療法的患者對於蛇類的恐懼程度是否不同於接受內爆療法的患者？」

c. 兩組的變異數並無顯著不同，Levene 的 $F = 2.29$, $p > .05$。

d. 是（$p = .010$）。

e.　$d = -2.86\sqrt{\dfrac{10+10}{10*10}} = -1.28$ 或 1.28。這一個效果量相當大，它表示使用系統減敏感療法患者對於蛇類的恐懼程度較使用內爆療法患者低 1.28 個標準差。

f.　使用系統減敏感療法患者對於蛇類的恐懼程度明顯不同於使用內爆療法患者，$t(18) = -2.86$, $p < .05$, $d = 1.28$。使用系統減敏感療法患者（$M = 47.10, SD = 6.82$）對於蛇類的恐懼程度顯著低於使用內爆療法患者（$M = 59.30, SD = 11.64$）。

3.　a.　$H_0 : \mu_{\text{住所有寵物}} = \mu_{\text{住所沒有寵物}}$

　　　$H_1 : \mu_{\text{住所有寵物}} \neq \mu_{\text{住所沒有寵物}}$

b.　「所住療養院有寵物的居住者之滿意度是否不同於沒有寵物者？」

c.　兩組的變異數沒有顯著不同，Levene 的 $F = .241$, $p > .05$。

d.　否（$p = .284$）。

e.　$d = -1.08\sqrt{\dfrac{30+30}{30*30}} = -0.28$ 或 0.28。這是一個小型的效果量。

f.　居所有寵物之療養院居住者的滿意度沒有顯著不同於沒有寵物者，$t(58) = -1.08$, $p > .05$, $d = .28$。

第 7 章　相依樣本 t 檢定

1.　a.　$H_0 : \mu_{\text{影片前}} - \mu_{\text{影片後}} = 0$

　　　$H_1 : \mu_{\text{影片前}} - \mu_{\text{影片後}} \neq 0$

b.　「選民在觀看競選影片前後對於這個政治候選人的態度是否不同？」

c.　是（$p = .001$）。

d.　$d = (-6/5.73212) = -1.05$ 或 1.05。這裡的效果量等於 1.05，這效果量顯示選民看完競選影片之後的態度高於他們看影片之前的態度一個標準差。這效果量屬於大型的效果量。

e.　選民看完影片之後對於這位候選人的態度（$M = 60.13, SD = 17.53$）與看影片之前（$M = 54.13, SD = 15.68$）相比，顯著偏向喜歡，$t(14) = -4.05$, $p < .05$, $d = 1.05$。

2.　a.　$H_0 : \mu_{\text{放鬆活動前壓力}} - \mu_{\text{放鬆活動後壓力}} = 0$

　　　$H_1 : \mu_{\text{放鬆活動前壓力}} - \mu_{\text{放鬆活動後壓力}} \neq 0$

b.　「使用放鬆活動前後航管人員所感受壓力是否不同？」

c. 是（$p = .047$）。

d. $d = (1.4/3.69156) = .38$。這裡效果量等於 .38，這效果量顯示在使用過放鬆活動後，航管人員所感受壓力水準比使用前低 .38 個標準差。這個效果量為小型效果量。

e. 使用過放鬆活動後，航管人員所感受壓力水準（$M = 34.83, SD = 8.78$）顯著低於使用前（$M = 36.23, SD = 9.76$），$t(29) = 2.08, p < .05, d = .38$。

3. a. $H_0 : \mu_{訓練前} - \mu_{訓練後} = 0$

　　$H_1 : \mu_{訓練前} - \mu_{訓練後} \neq 0$

b. 「網球選手接受運動心理學家訓練前後的擊球準確度是否有差異？」

c. 是（$p = .002$）。

d. $d = (-4.2/4.21223) = -1.00$ 或 1.00。這裡的效果量等於 1.00，這數據顯示參與選手擊球的準確度經過八週的訓練之後提升了一個標準差的量。這個效果量屬於大型的效果量。

e. 大學網球選手經運動心理學家訓練後，擊球的準確度（$M = 89.27, SD = 5.78$）較訓練前（$M = 85.07, SD = 6.46$）有著顯著提升，$t(14) = -3.86, p < .05, d = 1.00$。

第 8 章　單因子獨立樣本變異數分析

1. a. $H_0 : \mu_{藥物A} = \mu_{藥物B} = \mu_{百憂解}$

　　$H_1 :$ 至少有一個平均數與其他平均數不同

b. 「偏頭痛患者所感受之疼痛程度是否會因他們所服用藥物種類而不同？」

c. 各組之變異數並無不同，$F(2, 18) = 1.27, p > .05$。

d. 是（$p = .002$）。

e. $\eta^2 = \dfrac{46.205}{93.057} = .50$，此為大型效果量。

f. A 組及 B 組所感受到的疼痛程度均低於服用百憂解組。A 組及 B 組所感受到的疼痛程度並無顯著不同。

g. 偏頭痛患者所感受之疼痛程度會因他們所服用藥物種類而不同，$F(2, 18) = 8.88, p < .05, \eta^2 = .50$。Tukey 事後檢定結果顯示服用藥物 A（$M = 4.64, SD = 1.61$）及藥物 B（$M = 4.60, SD = 1.87$）的病患所感受的疼痛程度顯著低於服用百憂解組病患（$M = $

7.76, $SD = 1.30$）。A 組及 B 組所感受到的疼痛程度並無顯著不同。

2.　a.　$H_0 : \mu_{\text{機車}} = \mu_{\text{油電混合動力車}} = \mu_{\text{非油電混合動力車}}$

　　　　$H_1 : $ 至少有一個平均數與其他平均數不同

　　b.　「不同種類車輛擁有者對於油價所感受的挫折程度是否不同？」

　　c.　各組的變異數並無顯著不同，$F(2, 27) = .05, p > .05$。

　　d.　是（$p < .001$）。

　　e.　$\eta^2 = \dfrac{101.267}{169.367} = .60$，這是一個大型的效果量。

　　f.　油電混合動力車車主較機車及非油電混合動力車車主感受較低挫折感。機車車主較非油電混合動力車車主感受較低挫折感。

　　g.　不同種類車輛擁有者對於油價所感受的挫折程度不同，$F(2, 27) = 20.08, p < .05,$ $\eta^2 = .60$。Tukey 事後檢定結果顯示油電混合動力車車主（$M = 3.50, SD = 1.43$）及機車車主（$M = 5.80, SD = 1.69$）所感受的挫折程度顯著低於非油電混合動力車車主（$M = 8.00, SD = 1.63$）。A 組及 B 組所感受到的疼痛程度並無顯著不同。油電混合動力車車主較機車車主顯著的感受到較低的挫折感。

3.　a.　$H_0 : \mu_{\text{公司A}} = \mu_{\text{公司B}} = \mu_{\text{公司C}}$

　　　　$H_1 : $ 至少有一個平均數與其他平均數不同

　　b.　「不同警報公司對於警報通知的反應時間是否有不同？」

　　c.　各組的變異數並無顯著不同，$F(2, 42) = .001, p > .05$。

　　d.　否（$p = .974$）。

　　e.　$\eta^2 = \dfrac{132.844}{104933.2} = .001$，這個效果量基本上等於 0。

　　f.　變異數分析結果沒達到顯著，因此不需進行 Tukey 事後檢定。

　　g.　不同警報公司對於警報通知的反應時間沒有顯著不同，$F(2, 42) = .03, p > .05,$ $\eta^2 = .001$。

第 9 章 二因子獨立樣本變異數分析

1. a. $H_0 : \mu_{男性} = \mu_{女性}$

   $H_1 : \mu_{男性} \neq \mu_{女性}$

   $H_0 : \mu_{使用行動電話} = \mu_{沒有使用行動電話}$

   $H_1 : \mu_{使用行動電話} \neq \mu_{沒有使用行動電話}$

   H_0：性別因子與行動電話因子間的交互作用不存在

   H_1：性別因子與行動電話因子間的交互作用存在

   b. 「男性與女性的駕駛表現是否有差異？」

   「開車使用行動電話與沒有使用行動電話者的駕駛表現是否有差異？」

   「性別因子與行動電話因子間是否存在著交互作用？」

   c. 細格的變異數並沒有顯著不同，$F(3,20) = 2.47, p > .05$。

   d. 性別因子沒有達顯著（$p = .584$）；行動電話因子達顯著（$p < .001$）；性別因子與行動電話因子間的交互作用沒有達顯著（$p = .258$）。

   e.

檢定	偏 eta 平方
性別	.02
行動電話	.76
性別×行動電話	.06

   行動電話因子有著最大的效應。

   f. 這裡執行一項 2×2 獨立樣本 ANOVA，其中駕駛表現為依變數，性別及行動電話同為自變數。這其中，行動電話因子有著顯效應，$F(1, 20) = 61.63, p < .05,$ 偏$\eta^2 = .76$，開車講行動電話者的駕駛表現（$M = 31.58, SD = 4.42$）顯著低於那些開車沒講行動電話者（$M = 44.50, SD = 3.53$）。至於性別因子，$F(1, 20) = .31, p > .05,$ 偏$\eta^2 = .02$，與兩因子間交互作用，$F(1, 20) = 1.36, p > .05,$ 偏$\eta^2 = .06$，則均未達顯著。

2. a. $H_0 : \mu_{方法A} = \mu_{方法B}$; $H_1 : \mu_{方法A} \neq \mu_{方法B}$

   $H_0 : \mu_{自然科學} = \mu_{社會科學}$; $H_1 : \mu_{自然科學} \neq \mu_{社會科學}$

   H_0：教學方法因子與科系因子間的交互作用不存在

   H_1：教學方法因子與科系因子間的交互作用存在

b. 「接受不同教學法教學的大學生之數學焦慮程度是否有差異？」
「自然科學領域的大學生與社會科學領域大學生間的數學焦慮程度是否有差異？」
「方法因子與科系因子間是否存在作用？」

c. 細格的變異數並沒有顯著不同，$F(3,36) = 2.26, p > .05$。

d. 方法因子（$p = .002$）、科系因子（$p = .001$）及兩因子間的交互作用（$p = .008$）均達顯著。

e.

檢定	偏 eta 平方
方法	.24
科系	.27
方法×科系	.18

科系因子有著最大的效應。

f. 我們執行了一項 2×2 獨立樣本 ANOVA，其中數學焦慮分數為依變數，教學方法及大學科系同為自變數。這其中，教學方法因子有著顯著效應，$F(1, 36) = 11.35, p < .05,$ 偏 $\eta^2 = .24$，接受方法 B 教學的大學生之數學焦慮（$M = 35.55, SD = 8.44$）顯著低於那些接受方法 A 教學者（$M = 45.75, SD = 14.29$）。大學科系因子也有著顯著效應，$F(1, 36) = 13.20, p < .05,$ 偏 $\eta^2 = .27$，自然科學領域學生的數學焦慮（$M = 35.15, SD = 9.20$）顯著低於社會科學領域學生（$M = 46.15, SD = 13.48$）。兩自變數（教學方法×大學科系）間的交互作用也達顯著，$F(1, 36) = 7.88, p < .05,$ 偏 $\eta^2 = .18$。在方法 B 的教學情況下，自然科學領域學生（$M = 34.30$）與社會科學領域學生（$M = 36.80$）間的數學焦慮程度之差異相當小。反之，在方法 A 的情況下，社會科學領域學生的數學焦慮明顯地高於自然科學領域學生（$M = 36.00$）。

3. a. 31-50 磅組在全穀減肥餐的情況下減去最多體重（11.50 磅）。11-30 磅組在非全穀減肥餐情況下減去最少體重（.40 磅）。

b. 對 11-30 磅組來說，那些採用全穀減肥餐者較採用非全穀減肥餐者減去稍微多一點體重（多失去 2 磅）。但對 31-50 磅組來說，使用全穀減肥餐者較使用非全穀減肥餐者明顯減去較多體重（差距為 9.40 磅）。在這裡，交互作用的效應顯示使用全穀減肥餐

且為 31-50 磅超重組的減肥者，減去最多體重。全穀減肥餐對於研究開始時體重超重者（31-50 磅）特別有效。

第 10 章　單因子相依樣本變異數分析

1.　a.　$H_0 : \mu_{三個月} = \mu_{六個月} = \mu_{九個月}$
　　　　$H_1 :$ 至少有一個平均數與其他平均數不同

　　b.　「在逃學防治活動的處理中，學生逃學次數是否會因時間而改變？」

　　c.　是（$p < .001$——Greenhouse-Geisser；$p < .001$——假設為球形）。

　　d.　偏 $\eta^2 = .52$。

　　e.　每一個檢定都在顯著水準等於 .016（.05/3）的情況下進行。

　　f.　學生逃學的次數會隨著時間不同而有顯著不同，*Greenhouse-Geisser* 調整後 $F(1.71, 23.98) = 15.20, p < .05,$ 偏 $\eta^2 = .52$。相依樣本 t 檢定的結果顯示九個月（$M = 25.47, SD = 8.18$）的逃學次數顯著低於六個月（$M = 32.00, SD = 7.46$），$t(14) = 3.92, p < .016$，也顯著低於三個月（$M = 33.00, SD = 7.08$），$t(14) = 4.75, p < .016$。六個月的逃學次數與三個月的逃學次數並無顯著差異，$t(14) = .87, p > .016$。

　　　　〔**注**：如果你較喜歡使用假設為球形的數值，以 2 及 28（假設為球形的自由度）取代 Greenhouse-Geisser 的自由度，並且刪除「*Greenhouse-Geisser* 調整後」等文字。〕

2.　a.　$H_0 : \mu_{治療前} = \mu_{四週} = \mu_{八週}$
　　　　$H_1 :$ 至少有一個平均數與其他平均數不同

　　b.　「當接受精神分析療法時，參與者的心理健康程度是否會隨著時間而改變？」

　　c.　否（$p = .330$——Greenhouse-Geisser；$p = .341$——假設為球形）。

　　d.　偏 $\eta^2 = .07$。

　　e.　由於整體變異數分析的結果未達顯著，因此我們並不進行事後檢定。

　　f.　接受精神分析治療者的心理健康程度並未隨著時間不同而有顯著不同，*Greenhouse-Geisser* 調整後 $F(1.50, 20.94) = 1.12, p > .05,$ 偏 $\eta^2 = .07$。

　　　　〔**注**：如果你較喜歡使用假設為球形的數值，以 2 及 28（假設為球形的自由度）取代 Greenhouse-Geisser 的自由度，並且刪除「*Greenhouse-Geisser* 調整後」等文字。〕

3. a. $H_0 : \mu_{免費wifi} = \mu_{收費wifi} = \mu_{不提供wifi}$

   $H_1 : $ 至少有一個平均數與其他平均數不同

   b. 「顧客到速食餐廳用餐的意願是否會因餐廳所提供之 wifi 服務類型而有差異？」

   c. 是（$p < .001$——Greenhouse-Geisser；$p < .001$——假設為球形）。

   d. 偏 $\eta^2 = .70$。

   e. 每一個檢定都在顯著水準等於 .016（.05/3）的情況下進行。

   f. 顧客到速食餐廳用餐的意願會因餐廳所提供之 wifi 服務類型而有差異，*Greenhouse-Geisser* 調整後 $F(1.78, 16.00) = 20.53, p < .05$，偏 $\eta^2 = .70$。相依樣本 *t* 檢定的結果顯示顧客到提供免費 wifi 上網服務餐廳用餐的意願（$M = 7.00, SD = 2.58$）顯著高於提供收費 wifi 的餐廳（$M = 3.80, SD = 2.30$），$t(9) = 4.95, p < .016$，也顯著高於沒提供 wifi 服務的餐廳（$M = 3.40, SD = 1.96$），$t(9) = 5.25, p < .016$。顧客到提供收費 wifi 上網服務餐廳與到沒提供 wifi 服務的餐廳用餐的意願並無顯著差異，$t(9) = .80, p > .016$。

   〔注：如果你較喜歡使用假設為球形的數值，以 2 及 18（假設為球形的自由度）取代 Greenhouse-Geisser 的自由度，並且刪除「*Greenhouse-Geisser* 調整後」等文字。〕

第 11 章　二因子混合設計變異數分析

1. a. $H_0 : \mu_{認知-行為} = \mu_{精神分析}$

   $H_1 : \mu_{認知-行為} \neq \mu_{精神分析}$

   $H_0 : \mu_{治療前} = \mu_{第八週} = \mu_{第十六週}$

   $H_1 : $ 至少有一個平均數與其他平均數不同

   $H_0 : $ 時間與療法的交互作用並不存在

   $H_1 : $ 存在著時間與療法的交互作用

   b. 「接受精神分析療法的病患之健康情況是否不同於接受認知－行為療法者？」

   「健康情況是否會因時間而有差異？」

   「精神分析組病患及認知－行為組病患健康情況之差異是否會因時間不同而不同（換言之，是否存在著交互作用）？」

   c. 時間因子（$p = .007$——Greenhouse-Geisser；$p = .002$——假設為球形）以及時間×療法交互作用（$p < .001$——Greenhouse-Geisser；$p < .001$——假設為球形）均達顯著。療法因子則未達顯著（$p = .388$）。

d.

檢定	偏 eta 平方
時間	.29
療法	.04
時間×療法	.49

時間×療法交互作用有著最大的效應。

e. 在這裡我們進行了一項二因子混合設計變異數分析，在其中，病患的健康情況及時間因子（治療前、8 週、16 週）為受試者內因子，而療法種類（認知－行為、精神分析）為受試者間因子。分析結果顯示，時間因子在健康情況上的效應達顯著，*Greenhouse-Geisser* 調整後 $F(1.36, 24.44) = 7.46$, $p < .05$, 偏 $\eta^2 = .29$。療法在健康情況上的效應則未達顯著，$F(1, 18) = .78$, $p > .05$, 偏 $\eta^2 = .04$。時間×療法交互作用達顯著，*Greenhouse-Geisser* 調整後 $F(1.36, 24.44) = 17.02$, $p < .05$, 偏 $\eta^2 = .49$。交互作用剖面圖顯示兩種療法組病患在治療前及 8 週時的健康情況只有很小的差異，但在 16 週時，認知－行為組病患的一般健康情況明顯地高於精神分析療法組。

〔**注**：如果你較喜歡使用假設為球形的數值，請以 2 及 36（假設為球形的自由度）取代時間因子及時間×療法交互作用的 Greenhouse-Geisser 的自由度，並且刪除「*Greenhouse-Geisser* 調整後」等文字。〕

2. 單純效應分析的結果顯示，在第 16 週時，那些接受認知－行為療法治療的病患（$M = 24.00$, $SD = 3.71$）之健康情況分數，顯著高於接受精神分析療法的病患（$M = 20.00$, $SD = 2.94$），$t(18) = 2.67$, $p < .016$。（這個檢定的 p 值大約等於 .0156，讀者可以藉由雙擊**獨立樣本檢定**表格，並連擊 .016 這個數值得到這個數值。）兩種療法病患的健康情況在治療前，$t(18) = -.54$, $p > .016$，及第 8 週時，$t(18) = -.25$, $p > .016$，均沒有顯著的差異。

3. a. $H_0 : \mu_{活動前} = \mu_{第4週} = \mu_{第8週}$
   $H_1 :$ 至少有一個平均數與其他平均數不同

b. 「有導師組教師在教學活動前、第四週，或者第八週時的教學壓力分數是否有差異？」

c. 是的，時間因子達顯著（$p = .001$——Greenhouse-Geisser；$p < .001$——假設為球形）。

d. 第八週時的教學壓力分數顯著低於第四週及教學活動前。教學活動前及第四週時的

教學壓力分數則無顯著差異。

e. 在這裡，我們進行了一項單純效應分析以檢定有導師組教師在三個時間點的教學壓力分數是否不同。單因子相依樣本變異數分析的結果顯示時間因子達顯著，*Greenhouse-Geisser* 調整後 $F(1.17, 10.56) = 18.39$, $p < .05$, 偏 $\eta^2 = .67$。接著我們以 .016 的顯著水準進行事後相依樣本 *t* 檢定。檢定結果顯示第八週時的有導師組教師所感受教學壓力分數顯著低於教學活動前，$t(9) = 4.41$, $p < .016$，及第四週時 $t(9) = 4.46$, $p < .016$。教學活動開始前及第四週時的教學壓力分數則無顯著差異，$t(9) = 2.49$, $p > .016$。圖 AC.1 為有導師組教師在不同時間點教學壓力的平均數和標準差。

〔**注**：如果你較喜歡使用假設為球形的數值，請以 2 及 18（假設為球形的自由度）取代 Greenhouse-Geisser 的自由度，並且刪除「*Greenhouse-Geisser* 調整後」等文字。〕

時間	導師組	
	平均數（*M*）	標準差（*SD*）
教學活動前	41.00	3.30
第 4 週	39.60	4.09
第 8 週	34.70	6.00

圖 AC.1　學年開始前、第 4 週，及第 8 週時有導師組教師教學壓力的平均數及標準差。

第 12 章　皮爾遜 *r* 相關係數

1. a. $H_0 : \rho = 0$

   $H_1 : \rho \neq 0$

   b. 「讀書時間與考試成績間是否具有相關？」

   c. $r = .68$

   d. 是（$p < .001$）。

   e. 這裡的效果量屬於大型的效果量（$r = .68$）。

   f. 讀書時間與考試成績間具有顯著正相關，$r(23) = .68$, $p < .05$。

2. a. $H_0 : \rho = 0$

   $H_1 : \rho \neq 0$

b. 「婚姻滿意度與同理心間是否存有相關？」

c. $r = .56$

d. 是（$p = .004$）。

e. 這裡的效果量屬於大型的效果量（$r = .56$）。

f. 婚姻滿意度與同理心間存有顯著正相關，$r(23) = .56, p < .05$。

3. a. $H_0：\rho = 0$

   $H_1：\rho \neq 0$

b. 「3 歲時花在閱讀的時間與二年級時英語測驗成績間是否具有相關？」

c. $r = .52$

d. 是（$p = .003$）。

e. 這裡的效果量屬於大型的效果量（$r = .52$）。

f. 3 歲時花在閱讀的時間與二年級時英語測驗成績間具有顯著正相關，$r(28) = .52, p < .05$。

第 13 章　簡單線性迴歸

1. a. $H_0 : \beta_{父親} = 0$

   $H_1 : \beta_{父親} \neq 0$

b. 「父親的樂觀程度分數是否可以用來預測兒子青年時期的樂觀程度分數？」

c. 是（$p = .001$）。

d. $R^2 = .44$。這是一個大型的效果量。

e. $\hat{Y}_{兒子} = 16.313 + .571$（父親）

f. 父親的樂觀程度分數可以顯著地預測兒子青年時期的樂觀程度分數，$\beta = .66, t(18) = 3.75, p < .05, R^2 = .44$。

2. a. $H_0 : \beta_{數學成績} = 0$

   $H_1 : \beta_{數學成績} \neq 0$

b. 「七年級數學技能入學測驗的成績能否預測學生七年級學年末的數學成績？」

c. 是（$p < .001$）。

d. $R^2 = .38$。這是一個大型的效果量。

e.　$\hat{Y}_{數學成績} = 47.92 + .506（數學技能入學測驗成績）$

f.　七年級數學技能入學測驗的成績能顯著地預測學生七年級期末的數學成績，$\beta = .62$, $t(28) = 4.17, p < .05,\ R^2 = .38$。

3.　a.　$H_0 : \beta_{隨和程度} = 0$

$H_1 : \beta_{隨和程度} \neq 0$

b.　「雇員的隨和程度是否可以被用來預測他們上司對於他們工作的滿意程度？」

c.　否（$p = .093$）。

d.　$R^2 = .12$。在實務上，這是一個中型的效果量。

e.　$\hat{Y}_{上司滿意度} = 5.332 + .097（雇員的隨和程度分數）$

f.　雇員的隨和程度不能作為他們上司對於他們工作的滿意程度的顯著預測指標，$\beta = .34$, $t(23) = 1.75, p > .05, R^2 = .12$。

第 14 章　多元線性迴歸

1.　a.　$H_0 : \beta_{工作的重要性} = 0$ ；$H_0 : \beta_{晉升機會} = 0$ ；$H_0 : \beta_{向老闆表達想法的能力} = 0$

$H_1 : \beta_{工作的重要性} \neq 0$ ；$H_1 : \beta_{晉升機會} \neq 0$ ；$H_1 : \beta_{向老闆表達想法的能力} \neq 0$ 。

b.　$H_0 : R^2 = 0$

$H_1 : R^2 > 0$

c.　個別預測變數：

「工作的重要性是否可以預測工作滿意度？」

「工作中的晉升機會是否可以預測工作滿意度？」

「向老闆表達想法的能力是否可以預測工作滿意度？」

所有變數同時：

「當聯合在一起時，工作的重要性、晉升機會，及向老闆表達想法的能力是否可以預測工作滿意度？」

d.　$R^2 = .57$。是的，整個模式是顯著的，$p < .001$。

e.　工作的重要性（$p = .001$）及向老闆表達想法的能力（$p = .018$）是顯著的。晉升機會（$p = .403$）不顯著。

f.　$R^2 = .57$，有大的效果量。

    g. $\hat{Y}_{\text{工作滿意度}} = -5.756 + 1.051$（工作的重要性）$+ .205$（晉升機會）$+ 1.069$（向老闆表達想法的能力）

    h.   以工作重要性、晉升機會，及向老闆表達想法的能力對工作滿意度的預測進行了多元迴歸分析。整體的迴歸是顯著的，$F(3, 26) = 11.51, p < .05, R^2 = .57$。針對預測變數分析，工作重要性是工作滿意度的顯著預測變數，$\beta = .52, t(26) = 3.65, p < .05$；向老闆表達想法的能力也是顯著預測變數，$\beta = .37, t(26) = 2.53, p < .05$。晉升機會不是工作滿意度的顯著預測變數，$\beta = .11, t(26) = .85, p > .05$。

2.   a. $H_0 : \beta_{\text{寬恕}} = 0$ ； $H_0 : \beta_{\text{社會支持}} = 0$

            $H_1 : \beta_{\text{寬恕}} \neq 0$ ； $H_1 : \beta_{\text{社會支持}} \neq 0$

    b. $H_0 : R^2 = 0$

            $H_1 : R^2 > 0$

    c.   個別預測變數：

           「寬恕是否可以預測幸福感？」

           「社會支持是否可以預測幸福感？」

           所有變數同時：

           「當聯合在一起時，寬恕及社會支持是否可以預測幸福感？」

    d. $R^2 = .46$。是的，整個模式是顯著的，$p = .001$。

    e.   寬恕（$p < .001$）是顯著的。社會支持（$p = .246$）不顯著。

    f. $R^2 = .46$，有大的效果量。

    g. $\hat{Y}_{\text{幸福感}} = 5.798 + .399$（寬恕）$+ .299$（社會支持）。

    h.   以社會支持及寬恕對幸福感的預測進行了多元迴歸分析。整體的迴歸是顯著的，$F(2, 22) = 9.32, p < .05, R^2 = .46$。針對預測變數分析，寬恕是顯著的預測變數，$\beta = .66, t(22) = 4.22, p < .05$，社會支持不是顯著預測變數，$\beta = .19, t(22) = 1.19, p > .05$。

3.   a. $H_0 : \beta_{\text{健康}} = 0$ ； $H_0 : \beta_{\text{生命意義感}} = 0$

            $H_1 : \beta_{\text{健康}} \neq 0$ ； $H_1 : \beta_{\text{生命意義感}} \neq 0$

    b. $H_0 : R^2 = 0$

            $H_1 : R^2 > 0$

    c.   個別預測變數：

           「健康是否可以預測死亡恐懼？」

「生命意義感是否可以預測死亡恐懼？」

所有變數同時：

「當聯合在一起時，健康及生命意義感是否可以預測死亡恐懼？」

d.　$R^2 = .13$。是的，整個模式是顯著的，$p < .05$。

e.　生命意義感（$p = .010$）是顯著的。健康（$p = .176$）不顯著。

f.　$R^2 = .13$，有中度的效果量。

g.　$\hat{Y}_{死亡恐懼} = 36.434 + .290$（生命意義感）$- .349$（健康）

h.　以健康及生命意義感對死亡恐懼的預測進行了多元迴歸分析。整體的迴歸是顯著的，$F(2, 47) = 3.60$, $p < .05$, $R^2 = .13$。針對預測變數分析，生命意義感是顯著的預測變數，$\beta = -.41$, $t(47) = -2.68$, $p < .05$，但健康不是顯著預測變數，$\beta = .21$, $t(47) = 1.38$, $p > .05$。

第 15 章　卡方適合度檢定

1.　a.　H_0：眼睛大小與吸引力無關（對照片沒有特別偏好）

　　　H_1：眼睛大小與吸引力有關（對照片有特別偏好）

　　b.　「眼睛大小與吸引力是否有關？」

　　c.　是（$p < .001$）。

　　d.　一般人較喜歡大眼的照片，$\chi^2(1, N = 80) = 20.0$, $p < .05$。75%的參與者認為有大眼睛的人較有吸引力，25%的人認為有小眼睛的人較有吸引力。

2.　a.　H_0：沒有知覺到電漿及 LCD 電視的畫質差異

　　　H_1：有知覺到電漿及 LCD 電視的畫質差異

　　b.　「是否有知覺到電漿及 LCD 電視的畫質差異？」

　　c.　否（$p = .535$）。

　　d.　沒有知覺到電漿及 LCD 電視的畫質差異，$\chi^2(1, N = 65) = .39$, $p > .05$。

3.　a.　H_0：對三種咖啡沒有特別的偏好

　　　H_1：對三種咖啡有特別的偏好

　　b.　「對三種咖啡是否有特別的偏好？」

　　c.　是（$p = .002$）。

d.　對三種咖啡有特別的偏好，$\chi^2(2, N=150)=12.16$，$p<.05$。在三種價格的咖啡中，20% 的參與者喜歡 3 元的品牌，41%的參與者喜歡 6 元的品牌，39%的參與者喜歡 10 元 的品牌。

第 16 章　卡方獨立性檢定

1.　a.　H_0：嬰兒時期被哺育的方式與一年級時的體重無關

　　　　H_1：嬰兒時期被哺育的方式與一年級時的體重有關

　　b.　「嬰兒時期被哺育的方式與一年級時的體重是否有關？」

　　c.　是（$p=.022$）。

　　d.　效果量 $=-.13$（或 .13）。為小的效果量。

　　e.　嬰兒時期被哺育的方式與兒童在一年級時的體重是否過重有關，$\chi^2(1, N=300)=5.26$，$p<.05$, Cramer 的 $V=.13$。接受母乳哺育者過重的比例較低（16%過重），而未接 受母乳哺育者過重的比例較高（28%過重）。

2.　a.　H_0：性別與電影偏好無關

　　　　H_1：性別與電影偏好有關

　　b.　「性別與電影偏好是否有關？」

　　c.　是（$p<.001$）。

　　d.　效果量 $=-.40$（或 .40）。為中度的效果量。

　　e.　性別與電影偏好有關，$\chi^2(1, N=160)=26.02$，$p<.05$, Cramer 的 $V=.40$。從動作片或 是文藝片中選擇，女性比較喜歡文藝片（84%對 16%），男性比較喜歡動作片（54%對 46%）。

3.　a.　H_0：老年人運動與心臟病發作無關

　　　　H_1：老年人運動與心臟病發作有關

　　b.　「老年人運動與心臟病發作是否有關？」

　　c.　是（$p=.029$）。

　　d.　效果量 $=-.11$（或 .11）。為小的效果量。

　　e.　老年人運動與心臟病發作比例有關，$\chi^2(1, N=405)=4.77$，$p<.05$, Cramer 的 $V=.11$。 不運動者的心臟病發作比例（13.7%）比有運動者（6.7%）來得高。

〔**注**：即使依 Cohen 的經驗法則，是小的效果量，但是不運動者心臟病發作的比例是運動者的兩倍（13.7 / 6.7 = 2.04），說明小的效果量有時在實際上也**可以**有大的重要性。〕

注　釋

第 1 章

1.　圖示是你電腦上的圖形，[圖示] 及 [開始] 是圖示的一種。

2.　「雙擊」滑鼠表示連續快按左邊按鈕兩次；「點擊」滑鼠表示按左邊按鈕一次（或稱為單擊）；「右擊」滑鼠表示按右邊按鈕一次。

3.　對話窗是一個允許選擇選項、點擊按鈕、移動變數等特定操作的視窗。

4.　"data"（資料）是複數，代表兩個以上的數值，"datum" 是單數，代表一個數值。

5.　內定值是 SPSS 程式啟動時的初始設定。

6.　SPSS 11.5 或更早期的版本，變數名稱不能超過八個字元。如果你使用 11.5 或更早期的版本，使用 **employ** 變數名稱來代替 **employment**。

7.　如果你直接點擊**值**儲存格的最右邊（當點擊儲存格時會出現刪節號），會立即開啟**數值註解**對話窗（也就是一個步驟就開啟對話窗）。

8.　如果你比較喜歡移動個別的變數，就選擇 **gender** 並點擊向右箭頭按鈕，接著選擇 **age** 並點擊向右箭頭按鈕，持續此操作直到所有變數都移到**變數**窗格中。

第 2 章

1.　可以選擇 **gender** 並點擊向右箭頭按鈕（ [→] ），接著選擇 **college** 並點擊向右箭頭按鈕（ [→] ），將個別變數依次移動。

2.　集中趨勢及變異量數也可以使用 SPSS 的**描述性統計量**程序獲得。要執行**描述性統計量**程序，從選單列中選擇**分析＞敘述統計＞描述性統計量**…並移動要分析的變數到**變數**窗格中。在**描述性統計量**程序中，平均數、標準差、最小值，及最大值是內定的選項。其他的描述性統計量可以經由點擊**選項**按鈕來選擇。

3. 超出範圍的數值表示在變數中超過最小值及最大值的資料（在 **satquant** 變數中數值 50 就是超出範圍的數值）。沒有超出範圍的數值不代表資料輸入沒有錯誤（在範圍之內的數值也可能出錯），它是用來檢查常見資料輸入錯誤的一種方法。為了確保在範圍內的數值輸入無誤，小心地輸入資料，並至少雙重確認所有輸入的數值。

第 4 章

1. 評分者信度是不屬於這兩種形式的一種信度。評分者信度是測量評分者或評審在評量某些特質時的一致性。

2. Alpha 係數可能是負數，這通常表示在計算時出現錯誤，例如在估計係數時將未反向轉碼的一個或更多的反向題納入（反向題將在後面加以說明）。

3. 使用美國心理學會（American Psychological Association, APA）格式時，M 及 SD 分別是平均數及標準差的縮寫。

第 5 章

1. 在這個例子裡，另一種變通的效果量數為直接寫出這家重要的會計事務所員工每週工作時數與全國會計師平均工作時數的差距（這家重要會計事務所員工每週平均多工作七小時）。當依變數直覺上就容易讓人了解時，這種表達方式在實務上是合理可行的（我們還是可以將 d 值一併寫出）。不過，如果依變數並不存在直覺上的意義時（比如說，利用一範圍為 10 到 50 分的量尺測量自信心時），使用類似 d 的標準化量數會較適當。

2. 雖然第六版的 APA 出版手冊建議在結果報告中直接寫出 p 值，在這本書裡，為了提供一些使用 SPSS 分析作為紙筆計算之補充的課程（如統計入門）的連續性，在本書中，我們仍然使用傳統 "$p < .05$" 的報告方式。但在撰寫研究論文或是論文發表時，我們仍然建議你寫出特定的 p 值來。舉例來說，如果 SPSS 中告訴我們 p 值等於 .003，那麼在你的報告中，你應該報告 "$p = .003$" 而非 "$p < .05$"。但是如果 SPSS 告訴你 p 值等於 .000，這時在報告中你應報告 p 值為 "$p < .001$"。

第 6 章

1. 另一種計算 *d* 值的方式為拿兩組平均數之差除以全部樣本（pooled）的標準差。儘管這種作法在直覺上較具說服力，但因 SPSS 並未提供全部樣本的標準差，所以我們在這裡並沒有提供這樣的公式。

2. 研究者有責任確保遵循美國心理學會對於參與研究者人權所訂定之行動準則。

第 7 章

1. 本文中自變數的用詞並不一定意味著這變數由研究者主動操弄，在這裡使用這名稱的目的在於協助辨認每一統計方法中的角色。不管變數為自變數、準實驗變數，或者是非實驗變數，都不會影響 *t* 檢定的計算，會影響的是我們從這研究所獲得結論的型態。

第 8 章

1. 在 ANOVA 中，「因子」為自變數的另一種名稱。而「水準」則為類別或是群組的別名。舉例來說，性別因子有男性與女性兩個水準。

2. *Brown-Forsythe* 和 *Welch*（圖 8.7）為相對於 ANOVA 的變通檢定方法，其主要目的在處理組間變異數不等的情形。如果 Levene 檢定結果顯示變異數不等，那麼我們就可以使用前述方法中的一種，來代替標準的單因子 ANOVA（接下來我們會很快討論到 Levene 檢定及變異數同質性假定）。

3. 如果 Levene 檢定的結果顯示變異數不等，那麼我們就必須使用**不假定變異數相等**的事後檢定方法來取代 Tukey 的方法。

4. Tukey 的事後檢定方法，有內建機制來控制這三個檢定的整體 alpha（第一類型錯誤）機率不超過 .05。我們將在第 10 章及第 11 章對如何控制事後檢定的整體第一類型機率作更多說明。

5. 在 SPSS 中，我們可以使用**一般線性模式——單變量**方法來計算 eta 平方的值。我們將於接下來的第 9 章說明**一般線性模式**方法及計算 eta 平方值的方法。

第 9 章

1.　固定因子為一種自變數，這種自變數中的水準為這個研究特別挑選的，目的不在於將結果普遍化到其他潛在水準。反之，隨機因子則為一種自變數，它的水準為自一較大數量的潛在水準中隨機選取得來，這樣做的目的在於企圖將結果普遍化到較大母群水準中。儘管在某些領域中會有一定程度數量的隨機因子產生，相較於隨機因子，在大多數領域的研究中我們較常使用固定因子。

2.　在**受試者間效應項的檢定**表格中校正後的總數平方和等於 **phyther**、**relax**、**phyther*relax**，及誤差項平方和的總和，而校正後的模式平方和則為 **phyther**、**relax**，及 **phyther*relax** 項平方和的總和。在二因子 ANOVA 中我們通常對於截距項及總數項的值不感興趣。

3.　顯著交互作用的出現並不意味著主要效應的結果就一定沒有意義，而是告訴我們主要效應的結果**可能**會有偏差或誤導。在解讀主要效應時，我們必須**注意**交互作用可能帶來的影響。

第 10 章

1.　儘管受試者內因子常常是由同一人於不同時間受測的方式組成，這些因子也可以由相關的人，每人施測一次的方式組成（如夫與妻）。

2.　儘管在 SPSS 裡我們將 **before**、**week8**、**after** 等視為**變數**，在單因子相依樣本變異數分析設計裡，它們其實只是 **time** 變數的三個**水準**。

3.　當受試者內因子只有兩個水準時，並不需要球形性假定。

4.　儘管在這裡並沒有進行 Mauchley 的球形檢定，我們仍然對於它的作法做介紹：其中它的虛無假設為這些資料的母群應為球形的；如果 Mauchley 的球形性檢定結果顯示 $p \le .05$，那麼我們就必須拒絕虛無假設，並且假定球形假定並未達到滿足。如果 $p > .05$，那麼我們就不能拒絕虛無假設，並且假定球形假定得到滿足。

5.　在**受試者內效應項的檢定**表格中，我們可以看到所列四種方法的 F 值都相等，這四種方法的不同處在於它們的自由度（也因此導致它們 p 值的不同）。

第 11 章

1. 儘管受試者內因子常常是由同一人於不同時間受測的方式組成，這些因子也可以由相關的人，每人施測一次的方式組成（如兄弟姊妹）。

2. 因為對立假設沒有特定性，如果 **time** 變數達到顯著，我們必須做進一步的檢定以了解差異處在哪裡。但是我們對於 **support** 變數之假設的處理方式就與前面 **time** 變數的處理方式不同，由於只有兩組的緣故，如果 **support** 變數達顯著，我們只須比較兩組的平均數來決定哪一組有著較少壓力（換言之，不需做進一步檢定）。

3. 到目前為止，我們還未在 SPSS 中對受試者因子建立變數名稱〔我們已經為受試者因子中的**水準**（**before**、**week4**、**week8**）建立名稱〕。

4. **多變量檢定**表格檢定受試者內因子（**time**）及任何包含受試者內因子的交互作用。受試者間因子則沒有在這個表格中接受檢定。

5. 當受試者內因子只有兩個水準時，並不需要球形性假定。

6. 由於球形性假定並不適用於受試者間因子，這裡並沒有對於 **support** 變數提供校正的方法。

7. 舉例來說，導師組與無導師組可能只有在第 3 個受測時間點顯著不同，或者也有可能在第 2 個時間點及第 3 個時間點都有著顯著不同。

第 12 章

1. 大部分的相關係數需要兩個變數都為連續量變數，但皮爾遜相關係數也可以使用在一個變數為二分變數而另一個為連續量的情況下（我們稱點二系列分析），或者是兩個變數都為二分變數的情況下（稱 phi 相關）。

第 13 章

1. 線性迴歸分析與相關係數彼此相關（我們於第 12 章討論過相關）；事實上，兩個變數間的相關要達顯著，其中一個變數在線性迴歸中才能成為另一變數的顯著預測變數。儘管如此，兩種方法在目的上還是有些不同。相關係數的目的在於描述兩變數

間的關係，而線性迴歸的目的則是在評估一個變數是否能為另一個變數的顯著預測變數。

2.　在簡單迴歸中，我們通常會使用連續量的預測變數，不過預測變數也可以是類別變數，只要這一個類別變數只含有兩個值（換言之，它為二分變數）。如果這個類別變數包含超過兩個類別，我們須對這個變數進行特殊編碼，並且使用多元迴歸的方法來處理。

3.　雖然 *ANOVA* 及**係數**表格在簡單迴歸中均提供相同的檢定，不過在多元迴歸分析（我們將於第 14 章進行說明）中這兩個表格卻是不相等的。

4.　在 SPSS 中，我們可以藉由點擊**線性迴歸**對話窗中的**儲存**按鈕（呈現於圖 13.6），並在**線性迴歸：儲存**對話窗預測值部分點選**未標準化**選項而獲得預測的分數。預測分數會出現在資料檔中變數 **wellbeing** 的右邊一欄。

5.　當迴歸係數加以標準化，Y 截距會等於 0 並從**係數**的表格中移除（這也就是**標準化係數**這欄的**常數**中沒有數值的緣故）。

第 14 章

1.　多元迴歸是相當複雜的議題，本章只做簡介的說明。Stevens（2002）在此議題上提供更多的資訊，是相當好的資源。

2.　兩個水準（如性別）的類別變數在 SPSS 中可以直接輸入為一個預測變數；三個或更多水準的類別變數，在將它們投入迴歸方程式時，要先轉碼成多個預測變數（預測變數數目是類別－1）。要獲得三個或更多水準之類別變數編碼方式的資訊，請參考 Cohen、Cohen、West，及 Aiken（2002）。

3.　預測變數間的高相關會導致多元共線性的問題，這會使得迴歸方程式中預測變數的估計變得不穩定。請見 Stevens（2002）以獲得多元共線性的細節。

4.　在階層迴歸中，一個或更多的預測變數先進入模式並進行第一次分析，接著新一個或更多的預測變數進入模式並進行第二次分析，依此類推。階層迴歸分析的主要目標在於了解後面進入的預測變數，是否比先前進入的預測變數有更顯著的解釋變異。

5.　SPSS 可以在**線性迴歸**對話窗（見圖 14.6）中點擊**儲存**按鈕，並勾選**未標準化預測值**以獲得這些分數。預測值會放在資料集 **success** 變數右邊的新變數中。

6. 當迴歸係數加以標準化，Y 截距會等於 0 並從**係數**的表格中移除（這也就是**標準化係數**這欄的**常數**中沒有數值的緣故）。

7. 如果一個或更多個類別預測變數包含在模式中，而樣本數的不均等性是中度到高度，等分散性的存在會影響多元迴歸程序中的正確性。

第 15 章

1. 嚴格來說，卡方值也受到期望次數大小的影響。

2. 當使用加權觀察值的輸入方法，在進行卡方分析之前如果沒有先以觀察值做加權，結果就會不正確。

3. 要留意，在關閉加權觀察值（在**加權觀察值**對話窗中點擊**觀察值不加權**，並點擊**確定**）或關閉 SPSS 之前，觀察值都會持續加權。未關閉加權觀察值之前，如果執行卡方檢定之外的其他分析，會得到不正確的分析及／或錯誤訊息。

4. 每個類別中人數的百分比可以在 SPSS 中對 **groupsize** 執行**次數分配表**程序求得（假如已對觀察值加權）。參見第 2 章以獲得更多在 SPSS 中使用**次數分配表**程序的資訊。

第 16 章

1. 要留意，在關閉加權觀察值（在**加權觀察值**對話窗中點擊**觀察值不加權**，並點擊**確定**）或關閉 SPSS 之前，觀察值都會持續加權。未關閉加權觀察值之前，如果執行卡方檢定之外的其他分析，會得到不正確的分析及／或錯誤訊息。

附錄 A

1. 雖然重新編碼的過程中，3→3 好像是不需要的，但如果少了這一步驟，資料中所有的 3 都會變成遺漏值。（**譯注：如果選擇重新編碼成同一變數**則可省略 3→3。）

2. 對於相同數值的變數（例如，所有變數的反應選項都是 1、2、3、4，及 5），可以使用一次 SPSS 的重新編碼程序來完成。要增加其他變數，移動每個變數到**數值變數→輸出變數**窗格中（見圖 A.5），並指派適當的名稱給每個要重新編碼的變數。例如，

假設第四個變數 **meaning4** 是反向題，就要將 **meaning4** 移到**數值變數→輸出變數**窗格中，並在**輸出之新變數**窗格中輸入 **meaning4_recode**。由於重新編碼值在 **meaning2_recode** 中已經輸入過，因此不必再輸入。

3. 由於 **meaning2** 是反向題，所以使用 **meaning2_recode** 計算總分。

4. 在 SPSS 另一個將變數加總的方法是使用函數 sum。函數是 SPSS 內建用來對變數進行特定運算的指令。不過，對函數的說明超過本書的涵蓋範圍。

5. 雖然使用 *t* 檢定來說明**選擇觀察值**的程序，只有五個參與者的樣本數是不太可能顯著的（因為低的統計檢定力）。

附錄 B

1. 在 SPSS 18.0 中也可以使用以下的方法開啟 Excel 檔案：從選單列中選擇**檔案＞開啟＞資料…**，然後從**開啟資料**對話窗的**檔案類型**下選擇 *Excel* 檔。接著找到並選擇所要開啟的 Excel 檔，點擊**開啟**按鈕，並跟著 SPSS 中**開啟 *Excel* 資料來源**的指引開啟檔案。如果 Excel 檔的格式是工作表第 1 列有變數名稱，且資料從第 2 列開始，則在**開啟 *Excel* 資料來源**視窗點擊**確定**就可以成功地在 SPSS 中開啟檔案。

參考文獻

American Psychological Association (2009). *Publication manual of the American Psychological Association* (6th ed.). Washington, DC: Author.

Cohen, J. (1988). *Statistical power analysis for the behavioral sciences* (2nd ed.). Hillsdale, NJ: Lawrence Erlbaum Associates.

Cohen, J., Cohen, P., West, S. G., & Aiken, L. S. (2002). *Applied multiple regression/correlation analysis for the behavioral sciences* (3rd ed.). Mahwah, NJ: Lawrence Erlbaum Associates.

Howell, D. C. (2007). *Statistical methods for psychology* (6th ed.). Belmont, CA: Wadsworth.

Maxwell, S. E., & Delaney, H. D. (2004). *Designing experiments and analyzing data: A model comparison perspective* (2nd ed.). Mahwah, NJ: Lawrence Erlbaum Associates.

Stevens, J. P. (2002). *Applied multivariate statistics for the social sciences* (4th ed.). Mahwah, NJ: Lawrence Erlbaum Associates.

Tabachnick, B. G., & Fidell, L. S. (2007). *Using multivariate statistics* (5th ed.). Boston: Allyn and Bacon.

國家圖書館出版品預行編目（CIP）資料

SPSS 就是這麼簡單／Ronald D. Yockey 著；
　陳正昌, 簡清華譯. --初版. -- 臺北市：心理, 2012.03
　　面；　　公分. --（社會科學研究系列；81218）
　譯自：SPSS demystified: a step-by-step guide to
　　successful data analysis, 2nd ed.

ISBN 978-986-191-486-2（平裝）

1.統計套裝軟體　　　2.統計分析

512.4　　　　　　　　　　　　　　101000867

社會科學研究系列 81218

SPSS 就是這麼簡單

作　　者：Ronald D. Yockey
譯　　者：陳正昌、簡清華
執行編輯：李　晶
總 編 輯：林敬堯
發 行 人：洪有義
出 版 者：心理出版社股份有限公司
地　　址：231 新北市新店區光明街 288 號 7 樓
電　　話：(02) 29150566
傳　　真：(02) 29152928
郵撥帳號：19293172　心理出版社股份有限公司
網　　址：http://www.psy.com.tw
電子信箱：psychoco@ms15.hinet.net
駐美代表：Lisa Wu（lisawu99@optonline.net）
排 版 者：辰皓國際出版製作有限公司
印 刷 者：辰皓國際出版製作有限公司
初版一刷：2012 年 3 月
初版四刷：2019 年 5 月
Ｉ Ｓ Ｂ Ｎ：978-986-191-486-2
定　　價：新台幣 450 元